Campagnes d'enfance

DU MÊME AUTEUR

Les Hommes d'Uriage,
La Découverte, 1988.

Les Champs du départ,
La Découverte, 1989.
Prix Émile Guillaumin.
(En collaboration avec Pierre Alphandéry et Yves Dupont.)

L'Équivoque écologique,
La Découverte, 1991.
(En collaboration avec Pierre Alphandéry et Yves Dupont.)

La Facture. Le Train de vie de l'État et des élus,
Albin Michel, 1993.

Voyage au pays de la démocratie moribonde,
Albin Michel, 1995.

Les Cumulards. La Confiscation de l'argent, du pouvoir et de la parole,
Stock, 1998.

Éloge des fonctionnaires. Pour en finir avec le grand matraquage,
Calmann-Lévy, 2001.

ISBN 2 905596 95 3

Campagnes d'enfance

Une anthologie littéraire

Textes réunis,

présentés et commentés par

PIERRE BITOUN

Éditions Cénomane

Note de l'éditeur :
L'ornement (❧) placé à la fin d'un extrait indique que celui-ci est suivi d'un ou plusieurs autres appartenant au même ouvrage. La référence et le copyright de l'ensemble se situent à la fin du dernier extrait.
Tous les titres des extraits sont de Pierre Bitoun à l'exception de ceux de Jean-Claude Carrière, Alphonse Daudet, Guy de Maupassant, Prosper Mérimée, Jules Renard et Arthur Rimbaud qui sont les titres originaux.

Introduction

Un paradoxe est à l'origine de ce livre. Alors qu'il existe une littérature considérable, souvent de grande qualité, sur le monde rural, alors qu'au sein même de ce fonds, l'enfance occupe une place de choix, on ne trouvait jusqu'à présent aucun recueil de morceaux choisis, aucune anthologie comparable à *Campagnes d'enfance*. Curieux oubli, alors que nous sommes tous, directement ou à peu de générations près, des enfants de la campagne ! Si cette absence tient sans doute à l'abondance et à la dispersion du matériau, elle renvoie aussi à la façon dont s'est forgée, au cours des derniers siècles, notre identité de « modernes ». Dévalorisation de la culture et des savoirs paysans au profit des valeurs et des modes de vie urbains, quête des racines considérée comme forcément archaïque, mauvaise réputation de la littérature dite « régionaliste » puis « de terroir », ont longtemps fait partie de nos pensées-réflexes, expliquant ainsi le caractère inédit du présent ouvrage. Et, de ce point de vue, il n'est pas surprenant, quoi qu'il en soit de l'intérêt personnel de l'auteur à son sujet, qu'un tel livre paraisse aujourd'hui, à une époque où ces préjugés, ces idées réductrices et manichéennes n'ont plus leur vigueur d'autrefois. Depuis deux ou trois décennies, nous sommes en effet entrés dans un nouvel âge où, sans pour autant tomber dans le mythe du « bon vieux temps », beaucoup ont pris conscience des dégâts et des risques du Progrès et souhaitent surmonter, dans les idées comme dans la réalité, ces vieilles oppositions. Vivre moins vite, concilier le rural et l'urbain, mettre un peu de tradition dans la modernité et un peu de modernité dans la tradition, tout cela, désormais, forme une certaine conception du bonheur humain…

Quel que soit le genre littéraire auquel elle se réfère, qu'elle soit poétique, érotique, comique ou policière, toute anthologie est, par nature, sélective, arbitraire, imparfaite. Elle procède d'un certain nombre d'intentions, de choix de l'auteur, qui méritent d'être clairement énoncés dès le départ, faute de quoi le lecteur ne sait ni où il va, ni à quoi s'en tenir. Pour résumer d'un mot ma démarche, je dirais qu'elle a été gouvernée par la recherche de la diversité, garantie d'un regard le plus riche et le plus objectif possible sur la littérature et le monde rural.

Diversité temporelle. *Campagnes d'enfance* couvre une période historique relativement longue : du début du XIXe aux années 1950 pour l'essentiel des textes, auxquels il convient d'ajouter quelques incursions en amont, sur la condition paysanne avant la Révolution, et en aval, certains écrivains contemporains se livrant à des comparaisons entre leur jeunesse et le temps présent. Ainsi trouvera-t-on, dans cette anthologie, des représentants de nombreuses écoles ou courants littéraires (roman rustique, romantique et naturaliste au XIXe, roman social au tournant des deux siècles, littérature de témoignage particulièrement abondante au XXe, etc.) et pourra-t-on, aussi, y mesurer le basculement de civilisation opéré durant cette période, à tous égards décisive. Elle forme en effet charnière entre une France encore largement rurale et paysanne, où règne « l'ordre éternel des champs », et une France à dominante urbaine, caractérisée par une diminution drastique de la population agricole et l'entrée des campagnes dans la modernité.

Diversité spatiale. Confronté à une littérature qui est presque toujours localisée, j'ai souhaité couvrir le plus grand nombre de régions, de telle sorte que l'on puisse voir l'influence des lieux, l'impact des traditions, des coutumes, régionales ou locales, sur la vie de l'enfant. S'il existe en effet des universaux de l'enfance, si tous les enfants du monde, et du monde rural, d'une certaine façon se ressemblent, un petit Provençal n'est pas un petit Alsacien, qui se distingue lui-même de son homologue breton ou auvergnat. « On est de son enfance comme on est d'un pays », écrivait Saint-Exupéry, et cela est particulièrement vrai dans la période considérée, qui voit le mouvement d'homogénéisation culturelle propre à la construction républicaine s'effectuer, certes avec constance, mais également une grande lenteur.

Diversité dans le choix des écrivains et des thèmes. Ici aussi, j'ai opté pour un large éventail. Auteurs classiques, écrivains « régionalistes » réputés, plumes méconnues, hommes et femmes de toutes extractions sociales composent cette anthologie, leur seul point commun étant d'avoir écrit une autobiographie de leur enfance ou d'avoir créé, de façon plus ou moins distanciée, un personnage d'enfant. Si les œuvres retenues sont toutes des textes en prose – romans ou nouvelles pour l'essentiel –, les thèmes abordés concernent, peu ou prou, tous les aspects de la vie de l'enfant rural, tant sur le plan individuel que collectif, et témoignent d'une multiplicité de caractères et de conditions : enfants sédentaires ou nomades, enfants de petite noblesse, de bourgeois ou de paysan pauvre, jeux, disputes, amours d'enfants mais aussi enfants au travail, à l'école ou à la messe, enfants pleins d'obéissance, révoltés ou honteux de n'être que des paysans, enfances heureuses ou tragiques... Ce sont des mondes, autant que le monde de la campagne, que nous restituent, par la pluralité de leurs expériences, les auteurs ici rassemblés.

Diversité, enfin, du fait de la présentation choisie, par ordre alphabétique. Elle a bien sûr ses défauts puisque d'Alain-Fournier à Émile Zola, on « saute » d'un temps, d'une région, d'un thème à un autre. Mais, en même temps, il n'existe pas de présentation parfaite et ce mode de classement a, au moins, deux qualités essentielles : il respecte l'auteur, la cohérence de son œuvre et le lecteur ne devrait pas s'y ennuyer ! De plus, afin de compenser l'éclectisme inhérent à l'ordre alphabétique, j'ai pris soin de constituer des index, de mentionner en table des matières les régions concernées et j'ai rédigé, pour chaque auteur, un commentaire introductif (indications biographiques, localisation, intérêt littéraire, historique ou sociologique de l'œuvre et des extraits retenus, contexte, etc.). Grâce à ces différents éléments, le lecteur de *Campagnes d'enfance*, non seulement n'entrera pas sans information ni explication dans les textes sélectionnés (ce qui est trop souvent le cas dans les anthologies), mais il pourra aussi, par la suite, s'engager dans d'autres types de lectures, d'autres modes d'examen, plus systématiques. Par période, région ou thème.

Avant qu'il n'entre dans le vif du sujet, je voudrais dire au lecteur tout le plaisir que m'a procuré la confection de cette anthologie. Tout le réconfort, aussi, car c'est peu de mois avant sa publication que mon père s'en est allé : il aurait aimé la lire, il m'en avait un peu parlé, et c'est donc à son souvenir que je dédie ce travail. Travail ? Le mot est mal choisi, même si la phase de recherche et, surtout, de sélection des œuvres ne fut pas de tout repos, m'occasionnant autant de redoutables dilemmes face au trop grand nombre de textes de qualité que de vaines colères contre certains titres, non du terroir, mais plus prosaïquement, du terroir-caisse ! Toutefois, hormis ces moments, somme toute passagers, *Campagnes d'enfance* fut, c'est vrai, un véritable régal ! Lecture d'auteurs que je croyais connaître mais connaissais, en réalité, bien mal, découverte de nouvelles plumes, talentueuses et témoignant de réalités souvent passées sous silence, confrontation à des opinions, des sensibilités qui n'étaient pas les miennes, cette anthologie aura été, pour moi, une source constante d'intérêt intellectuel, d'émotions littéraires, de connaissances intimes, vécues, d'un monde rural dont je ne suis pas originaire, mais auquel je suis depuis longtemps attaché. Que le lecteur, rural ou urbain, y trouve matière à semblables satisfactions est d'ailleurs mon vœu le plus cher.

Campagnes d'enfance m'aura aussi permis d'approfondir, grâce à la littérature, quelques idées déjà rencontrées dans mon parcours de sociologue rural.

La première d'entre elles est que la réalité des campagnes des années 1800-1950 ne correspond à aucune des visions, stéréotypées et extrémistes, dans lesquelles on s'est obstiné à les enfermer. On a pu les idéaliser ou les mépriser, on a pu dresser des cierges à Mère Nature, à la bonté innée, primitive du paysan ou, au contraire, voulu résumer le monde rural dans la figure du péquenaud, du rustre demeuré à l'état sauvage, de toute façon, on s'est toujours trompé : les campagnes n'ont jamais mérité ni cet excès d'honneur ni cet excès d'indignité. Ce que montrent en effet les auteurs ici réunis – dont certains se trouvent pris eux-mêmes au piège de ces discours caricaturaux –, c'est que les campagnes, les paysans sont, en réalité, rétifs à toute généralisation. On lira ainsi, dans les pages qui suivent, autant de scènes de plaisirs champêtres, d'harmonie de l'homme avec la nature que de tableaux de la misère et des souffrances causées par elle ou les injustices sociales. De même, on rencontrera autant de paysans généreux, solidaires, dotés d'une grande culture que d'êtres féroces, ivrognes et abrutis. Et on verra également, entre les deux, quantité de caractères moins tranchés, ainsi que toute la palette des sentiments ordinaires que procure la nature à l'homme qui la travaille. Ni blanches ni noires, mais tour à tour lumineuses, sordides ou banales, ainsi apparaissent, par les vertus de l'autobiographie ou de la « fiction » romanesque, les campagnes d'antan.

Mais pourquoi, alors, s'est-on à ce point complu, et pendant si longtemps, dans la caricature, noire ou idyllique ? Si l'explication tient à ce que l'on pouvait aisément trouver des exemples de l'une ou l'autre de ces visions, et les monter en épingle, elle réside surtout, dans le fait que les campagnes ont presque toujours été « parlées de l'extérieur », du point de vue des couches dominantes, noblesse et bourgeoisie. Celles-ci vivaient de l'oppression réelle et symbolique de la paysannerie, mais, voyant en même temps leurs destins happés par la ville et l'industrie, elles cultivaient logiquement une nostalgie exacerbée des campagnes. Depuis lors, l'avènement de la classe moyenne, les progrès généraux des conditions matérielles et d'éducation, la démocratisation de la parole qui fut le combat d'Émile Guillaumin et de tant d'autres paysans après lui, ont heureusement fait évoluer les mentalités. Si les changements extrêmement rapides et brutaux intervenus dans le dernier demi-siècle ont conduit à ce que la nostalgie, d'une certaine façon, se diffuse à tous, si l'on trouve hélas encore, ici et là, quelques caricatures rusticophiles ou rusticophobes, ce sont des images plus équilibrées, plus fidèles à la réalité, qui dominent désormais.

Un autre enseignement majeur que l'on peut tirer de cette anthologie, c'est que les campagnes ont longtemps constitué, par-delà les différences de classe, un véritable monde commun. Tous les témoignages, sur ce point, convergent. Les inégalités sociales et les luttes qui en découlent, les conflits et animosités de toutes sortes qui rythment la vie rurale, ne semblent pas empêcher l'existence, dans chaque région, dans chaque village, d'un sentiment d'être-ensemble. Celui-ci résulte de l'imbrication de différents éléments : un espace limité et une lenteur du temps, l'usage du patois, l'appartenance à la famille élargie et à la communauté villageoise, le travail et la fête souvent mêlés, l'école qu'on aime buissonnière mais qui représente, en même temps, l'unique espoir des pauvres, la ville qu'on sent si proche et si lointaine à la fois, la religion, chrétienne, catholique le plus souvent, mais partout fortement teintée de paganisme, ainsi, bien sûr, que le contact permanent avec les animaux, la nature, sauvages ou domestiqués. C'est entre ces éléments que se déploie la vie, tout à la fois immuable et changeante, plus gaie que ce que la mémoire collective en a conservé, plus dure et ennuyeuse aussi qu'à la ville. Mais le sentiment, la volonté de cohésion ont longtemps prévalu, en raison, précisément, de la solidarité, organique et historique, qui liait tous ces éléments. Et c'est leur unité qui, quasiment au sens propre du terme, a volé en éclats sous la pression des transformations du dernier demi-siècle, engendrant par contrecoup ce sentiment de perte d'une communauté de vie et de destin que nous sommes si nombreux, désormais, à ressentir. À la ville, bien entendu, mais également à la campagne.

Cette anthologie permet aussi de se pencher sur la fameuse question des racines, source de tant de controverses idéologiques et politiques. Chacun connaît, même s'il ne s'y est pas vraiment intéressé, la nature de l'affrontement. D'un côté, campent les opposants à l'homme abstrait de la Révolution française, qui vouent aux racines un culte aveugle, antidémocratique, dont la France de Vichy a constitué le débouché historique et qui continue d'alimenter le discours du Front national. De l'autre, se tiennent les gardiens sourcilleux de l'Individu, pour lesquels l'enracinement serait automatiquement synonyme d'enfermement sur soi, de refus des valeurs universelles et conduirait donc, presque inévitablement, au fascisme. En fait, c'est entre ces deux positions, une fois de plus caricaturales, que se situe le sens, multiple, des racines.

Faut-il citer ici Pierre Loti qui éprouva, dès le plus jeune âge, un attrait pour les voyages au lointain et sut le concilier avec un attachement sans failles à Rochefort et à la Saintonge ? Faut-il penser à Bernard Clavel, homme du Jura et écrivain errant, qui a déménagé plus de quarante fois dans sa vie et pour lequel les mots de tradition, de racines ont toujours rimé avec les valeurs de solidarité paysanne ou ouvrière ? Ils sont nombreux dans ce cas : George Sand, qui puisa dans la communauté paysanne de Nohant son rêve d'une société égalitaire et fraternelle, Eugène Le Roy et son *Jacquou le Croquant*, périgourdin et révolté, Émilie Carles, l'institutrice militante des Hautes-Alpes, etc. Ou doit-on encore songer à André Chamson qui se déclara, très tôt, citoyen de la planète – « le monde est ma paroisse » lui avait légué pour devise sa grand-mère – mais qui ne cessa jamais, pour autant, de revendiquer ses appartenances cévenoles ? Et que dire de Marcel Pagnol, qui aimait à souligner que « l'universel, on l'atteint en restant chez soi », ou de Claude Vigée, le poète aux doubles racines, juives et alsaciennes ?

Loin d'être forcément pesantes et dictatoriales, les origines apparaissent ainsi, à la lumière de *Campagnes d'enfance*, comme un donné, tout à la fois fondateur et malléable, à partir duquel l'enfant construira, avec plus ou moins de difficultés, ses choix d'adulte. Elles composent un socle particulier, qui l'imprègne, le conditionne, vers lequel il revient presque toujours, mais qui ne l'empêche nullement de s'ouvrir à l'Autre, à l'Universel. Autrement dit, il est grand temps de sortir des pensées schématiques, très franco-françaises de surcroît : les racines poussent en tous sens et on peut être enraciné et néo-nazi, enraciné et démocrate réformiste, de droite ou de gauche, enraciné et révolutionnaire ! Ou aimer simplement son terroir, sans plus d'opinions politiques que cela ! Et on peut, tout aussi bien, s'être inventé des racines rurales quand on est né citadin, l'inverse étant également envisageable. Nul stéréotype, nulle généralisation, là encore, ne fonctionnent et les déclinaisons des racines sont, en réalité, aussi variées que le genre humain.

Un dernier mot, avant de laisser le lecteur prendre connaissance des textes. Ou plutôt une question : pourquoi tant de livres, tant d'écrits sur l'enfance à la campagne ? Pour les uns, à l'image d'un Loti, on verra qu'il s'est agi, au moins au départ, d'un projet personnel d'introspection visant à « toucher l'énigme » du commencement de la vie. On pourrait classer dans la même catégorie, quoique dans un style fort différent, le cri de révolte du Rimbaud des *Premières proses*. Pour d'autres auteurs, de loin les plus nombreux, c'est l'âge venant, la retraite aidant, le besoin de laisser une trace et, surtout, de témoigner d'un monde disparu ou agonisant qui prévaut. Pour un troisième groupe – ceux qui ne racontent pas leurs propres souvenirs mais mettent en scène un personnage d'enfant –, celui-ci peut être la figure emblématique d'un milieu, riche ou pauvre, l'occasion d'adresser un message patriotique (le Daudet de « La Dernière Classe ») ou bien encore le moyen de bousculer des valeurs communément admises, telles que l'innocence supposée des enfants. Maupassant excelle dans le genre. Mais, peu à peu, il m'est apparu qu'il y avait à cette profusion une raison supplémentaire : l'enfance est, pour tout homme, ce qui est définitivement perdu et ce qui n'en finit pas, en même temps, de perdurer. Comme la Nature, en fait, et peut-être bien aussi quelques « morceaux » de cet ancien monde rural ici reconstitué.

« On est de son enfance comme on est d'un pays. »
Antoine de Saint-Exupéry

Alain-Fournier
(1886-1914)

Roman villageois, roman d'amitié et d'amour juvéniles, roman hésitant entre réalisme et rêve pour mieux atteindre la profondeur et l'universalité des sentiments, Le Grand Meaulnes *est l'œuvre d'un homme mort trop tôt, à vingt-huit ans, sur les champs de la guerre de 14, qui ne demandait « ni prix, ni argent » mais seulement que son ouvrage « fût lu ». Son vœu fut exaucé et Henri-Alban Fournier, dit Alain-Fournier, devint selon l'expression consacrée l'homme d'un livre passé à la postérité.*
Dans l'extrait choisi, qui se situe aux toutes premières pages du roman, le narrateur, François Seurel, âgé de quinze ans et fils d'instituteur, se remémore le bouleversement que provoqua chez lui l'arrivée d'un nouveau pensionnaire, Augustin Meaulnes, de deux ans son aîné. On est à Sainte-Agathe (en réalité Épineuil-le-Fleuriel), dans le Berry, à la fin du XIXe, mais on pourrait en fait être partout – Alain-Fournier envisagea un temps d'appeler son livre Le Pays-sans-nom *– et bien longtemps après tant la sobriété du style délocalise le propos, confère à la peinture de l'école de campagne, de l'atmosphère de village une impression d'éternité. Le sentiment de l'universel vient enfin du regard porté sur l'enfance : qui que nous soyons, nous grandissons par l'amitié, semble nous dire Alain-Fournier, alias François Seurel…*

L'ARRIVÉE DE MEAULNES

Je n'avais guère été, jusqu'alors, courir dans les rues avec les gamins du bourg. Une coxalgie, dont j'ai souffert jusque vers cette année 189…, m'avait rendu craintif et malheureux. Je me vois encore poursuivant les écoliers alertes dans les ruelles qui entouraient la maison, en sautillant misérablement sur une jambe…

Aussi ne me laissait-on guère sortir. Et je me rappelle que Millie[1], qui était très fière de moi, me ramena plus d'une fois à la maison, avec force taloches, pour m'avoir ainsi rencontré, sautant à cloche-pied, avec les garnements du village.

1. Millie : la mère du narrateur.

L'arrivée d'Augustin Meaulnes, qui coïncida avec ma guérison, fut le commencement d'une vie nouvelle.

Avant sa venue, lorsque le cours était fini, à quatre heures, une longue soirée de solitude commençait pour moi. Mon père transportait le feu du poêle de la classe dans la cheminée de notre salle à manger; et peu à peu les derniers gamins attardés abandonnaient l'école refroidie où roulaient des tourbillons de fumée. Il y avait encore quelques jeux, des galopades dans la cour; puis la nuit venait; les deux élèves qui avaient balayé la classe cherchaient sous le hangar leurs capuchons et leurs pèlerines, et ils partaient bien vite, leur panier au bras, en laissant le grand portail ouvert...

Alors, tant qu'il y avait une lueur de jour, je restais au fond de la Mairie, enfermé dans le Cabinet des Archives plein de mouches mortes, d'affiches battant au vent, et je lisais assis sur une vieille bascule, auprès d'une fenêtre qui donnait sur le jardin.

Lorsqu'il faisait noir, que les chiens de la ferme voisine commençaient à hurler et que le carreau de notre petite cuisine s'illuminait, je rentrais enfin. Ma mère avait commencé de préparer le repas. Je montais trois marches de l'escalier du grenier; je m'asseyais sans rien dire et, la tête appuyée aux barreaux froids de la rampe, je la regardais allumer son feu dans l'étroite cuisine où vacillait la flamme d'une bougie.

Mais quelqu'un est venu qui m'a enlevé à tous ces plaisirs d'enfant paisible. Quelqu'un a soufflé la bougie qui éclairait pour moi le doux visage maternel penché sur le repas du soir. Quelqu'un a éteint la lampe autour de laquelle nous étions une famille heureuse, à la nuit, lorsque mon père avait accroché les volets de bois aux portes vitrées. Et celui-là, ce fut Augustin Meaulnes, que les autres élèves appelèrent bientôt le grand Meaulnes.

Dès qu'il fut pensionnaire chez nous, c'est-à-dire dès les premiers jours de décembre, l'école cessa d'être désertée le soir, après quatre heures. Malgré le froid de la porte battante, les cris de balayeurs et leurs seaux d'eau, il y avait toujours, après le cours, dans la classe, une vingtaine de grands élèves, tant de la campagne que du bourg, serrés autour de Meaulnes. Et c'étaient de longues discussions, des disputes interminables, au milieu desquelles je me glissais avec inquiétude et plaisir.

Meaulnes ne disait rien, mais c'était pour lui qu'à chaque instant l'un des plus bavards s'avançait au milieu du groupe, et, prenant à témoin tour à tour chacun de ses compagnons, qui l'approuvaient bruyamment, racontait quelque longue histoire de maraude que tous les autres suivaient, le bec ouvert, en riant silencieusement.

Assis sur un pupitre, en balançant les jambes, Meaulnes réfléchissait. Aux bons moments, il riait aussi, mais doucement, comme s'il eût réservé ses éclats de rire pour quelque meilleure histoire, connue de lui seul. Puis, à la nuit tombante, lorsque la lueur des carreaux de la classe n'éclairait plus le groupe confus des jeunes gens, Meaulnes se levait et, traversant le cercle pressé :

« Allons, en route ! » criait-il.

Alors tous le suivaient et l'on entendait leurs cris jusqu'à la nuit noire, dans le haut du bourg…

Il m'arrivait maintenant de les accompagner. Avec Meaulnes, j'allais à la porte des écuries des faubourgs, à l'heure où l'on trait les vaches… Nous entrions dans les boutiques, et, du fond de l'obscurité, entre deux craquements de son métier, le tisserand disait :

« Voilà les étudiants ! »

Généralement, à l'heure du dîner, nous nous trouvions tout près du Cours, chez Desnoues, le charron, qui était aussi maréchal. Sa boutique était une ancienne auberge, avec de grandes portes à deux battants qu'on laissait ouvertes. De la rue on entendait grincer le soufflet de la forge et l'on apercevait à la lueur du brasier, dans ce lieu obscur et tintant, parfois des gens de campagne qui avaient arrêté leur voiture pour causer un instant, parfois un écolier comme nous, adossé à une porte, qui regardait sans rien dire.

[*Le Grand Meaulnes*, 1913.]

Jean Anglade

Né en 1915

Souvent surnommé « le Pagnol auvergnat », Jean Anglade est né à Thiers, dans le Puy-de-Dôme, d'une mère domestique et d'un père maçon, mort sur le front de la Somme en 1916. Enfant du peuple, mais également fils de la République de l'effort et du mérite, son parcours scolaire et professionnel est exemplaire : cours complémentaire (le collège des pauvres), École normale d'instituteurs de Clermont-Ferrand, professorat de lettres et, enfin, agrégation d'italien. En 1952, à trente-sept ans, il fait paraître son premier roman, Le Chien du Seigneur. *Il s'en faut de peu pour que celui-ci soit mis à l'index par le Saint-Siège : raconter la vie d'un prêtre-ouvrier équivaut en effet, pour M*gr *de la Chanonie, alors évêque de Clermont, à un quasi sacrilège ! Depuis, Jean Anglade a publié près de quatre-vingts autres ouvrages, explorant tous les genres (biographies, essais, livres d'histoire, albums, poésies, théâtre, traductions), mais avec une prédilection certaine pour le roman. Romans des rives lointaines, de l'Irlande aux Philippines, durant sa « période bleue » puis, à partir de 1969 et d'*Une pomme oubliée, *romans auvergnats. Auvergnats mais pas régionalistes, fait-il fermement remarquer, car « la notion d'« écrivain régionaliste » est une invention récente de certains critiques parisiens » et que sa « véritable région, c'est l'homme ».*

Appartenant à sa période auvergnate et publié en 2000, Un souper de neige *est un roman de querelle villageoise et d'amour enfantine. Il s'inspire de la contiguïté de deux villages, Saint-Santin-de-Maurs dans le Cantal et Saint-Santin dans l'Aveyron, tous deux fusionnés et renommés par l'auteur Saint-Coutain-en-Aveyron. Dans l'extrait choisi, on suivra le petit Léonce à l'église, après le vol d'une orange chez l'épicier. « Qu'on m'appelle (…) le Pagnol auvergnat, déclarait récemment Jean Anglade, me convient : tous deux, nous voulons faire rire avec des histoires tristes. » Par la vivacité de l'écriture, le sens du dialogue, l'ironie à l'égard de la religion, l'histoire du petit Léonce confirme pleinement cette proximité.*

LA VIERGE À L'ORANGE

L'étal des Méroninque n'exposait pas de mandarines. Il passa plusieurs fois devant ces fruits venus d'Algérie, lorgnant de droite et de gauche. Des inconnus allaient à leurs affaires, sans le regarder. Il n'intéressait personne. Qui pouvait s'intéresser à Léonce Bros, un enfant sans père, le gamin de Mélanie, une femme sans mari, laveuse, repasseuse, rapetasseuse ? Il reconnut tout de même à son képi, à sa blouse bleue, à son ceinturon, Tirabi le garde champêtre de Saint-Coutain-en-Aveyron. Il lui tournait le dos et se dirigeait vers le soleil, traînant derrière lui l'ombre de son ventre et de son cul.

Léonce attendit qu'il se fût éloigné. Il revint vers l'épicerie, choisit des yeux la plus belle des oranges, jeta un regard dans la boutique, ébloui par le reflet des vitres. Le cœur battant très fort sous sa chemise, il avança la main, saisit l'orange, la glissa dans sa poche et partit sans payer. Il avait pensé ne pas courir afin de ne pas se dénoncer lui-même. Mais à peine eut-il fait trois pas que madame Méroninque jaillit de son épicerie, criant :

« Au voleur ! Au voleur ! »

Valait-il vraiment la peine de pousser de tels brames pour une orange de vingt sous ? Épouvanté, il prit ses jambes à son cou, ses galoches faisaient plic-plac, plic-plac, plic-plac sur le pavé. Il enfila la rue des Écuelles, arriva sur la place du Monument, entra dans Saint-Christophe. Tout de suite, la pénombre parfumée d'encens l'enveloppa, le rassura, calma l'affolement de son cœur. Après être resté un long moment derrière un pilier, il s'avança à petits pas vers le protecteur des Auvergnats de Saint-Coutain qui se tenait derrière l'autel, en bois doré, luisant de cire fraîche. Avec sa belle barbe carrée, l'Enfant Jésus assis sur son épaule gauche. Le sacristain Esquirol l'astiquait et l'époussetait chaque matin. Léonce le considéra avec une gratitude anticipée, se plaçant lui aussi sous sa garde.

C'est alors, debout devant lui, qu'il eut conscience de la poche de sa culotte, du poids de l'orange volée. Il lui sembla que les yeux de Christophe s'abaissaient vers cette boursouflure. Le moment était venu de s'expliquer. Il fit un signe de croix et s'adressa par la pensée au céleste barbu :

« Oui, je l'ai prise à Méroninque... Il est riche, il en a beaucoup d'autres. »

Réponse de Christophe :

« A-t-on le droit de voler un riche ?

— Je... ne sais pas.

— On n'a le droit de voler personne. Ni les riches, ni les pauvres. En plus, tu commets le péché de gourmandise.

— Mais... Je ne l'ai pas prise pour la manger !

— Comment, pas pour la manger ? En plus, péché de mensonge !

— Elle n'est pas pour moi.

— Pour qui donc ? »

Léonce hésita avant de révéler son secret :

« Je veux la donner à Flora.

— Flora ? Quelle Flora ?

— Flora Margoël.

— Qui est-ce ?

— La fille de monsieur Margoël, le géomètre.

— Géomètre ? Ainsi, c'est pour l'amour de la géométrie que tu te fais voleur ? »

Léonce baissa la tête. Christophe souriait un peu dans sa barbe. L'Enfant Jésus regardait ailleurs. Après un moment de confusion, le jeune Bros releva les yeux :

« Saint Christophe, je vous ai dit la vérité. Faites que... que...

— Faites que quoi ?

— Que je puisse la donner à Flora.

— Je ne protège pas les malfaisants. »

Il éteignit son sourire comme on éteint l'électricité. Son visage redevint sombre. Léonce sortit alors son gros argument :

« Je vous rappelle que je rends service à l'église. Je suis enfant de chœur et je porte la croix dans les processions.

— Parlons-en de ta manière de porter la croix ! Parlons-en ! »

Il est vrai que, le 25 juillet, lorsqu'il marchait en tête du défilé, dans sa soutanette rouge recouverte d'un surplis blanc, il est vrai que parfois Léonce avait de singulières pratiques : il s'amusait à la tenir en équilibre. Pour ce faire, ses mains lâchaient la hampe; il la confiait uniquement au gobelet de cuir fixé au fond du baudrier. Il devait bomber le ventre, tantôt vers la droite, tantôt vers la gauche, pour empêcher la croix de faire la culbute. En même temps, il comptait les pas qu'il pouvait faire ainsi les mains dégagées, cherchant à battre son record de la fois précédente. Pour l'instant, il avait atteint cinquante-deux pas. Derrière, le curé ne s'apercevait de rien. À la fin, quand la croix semblait vraiment vouloir lui échapper, il la rattrapait et arrêtait ses oscillations. Il faut dire que Léonce était une sorte d'acrobate. Il savait «planter les équilibres», c'est-à-dire marcher sur les mains, les jambes en l'air. Il gagnait toutes les courses en sac. Il grimpait aux poteaux télégraphiques. Il faisait le grand écart.

«Parlons-en de ta manière de porter la croix! s'indigna saint Christophe.

— Je n'ai jamais eu d'accident. Jo Cayla est content de mes services.

— Parle plus respectueusement, je te prie, du curé de cette église, le père Joseph Cayla. Quand on a l'honneur d'être porte-croix, on doit toujours avoir une conduite exemplaire. Je te conseille donc, je t'ordonne d'aller remettre cette orange où tu l'as prise.»

Le cœur navré, l'enfant regarda autour de lui, comme pour chercher un avocat contre la sévérité de saint Christophe. Ses yeux rencontrèrent la liste des soldats de la paroisse tombés pendant la guerre, dont l'âme résidait maintenant dans la lumière de Dieu comme l'indiquait l'inscription *Per crucem ad lucem,* selon ce qu'il en avait compris. Rien à espérer de ces bienheureux inconnus. En revanche, la Sainte Vierge paraissait l'attendre dans une chapelle latérale. Il alla s'agenouiller devant elle et demanda que lui fût autorisé l'enlèvement de l'orange au profit de Flora. Toute vêtue de bleu, les bras bénissants, elle l'écouta avec patience. Il n'entendit point sa réponse; mais elle l'honora d'un sourire. Il voulut y voir une acceptation. Il récita un *Je vous salue* et sortit de l'église.

À peine en avait-il franchi la porte qu'une main s'abattit sur son épaule : celle de Tirabi, le garde champêtre aveyronnais.

«Je te tiens, petit bâtard!»

[*Un souper de neige,* © Presses de la Cité, 2000.]

Paul Arène

(1843-1896)

Le hasard de l'alphabet fait bien les choses… Pour entendre rire ou pleurer la Provence, il ne faut pas seulement lire Daudet, Mistral ou Pagnol mais également Paul Arène, ce « natif de Sisteron et qui n'a pas le rond ». Ami de Daudet avec lequel il publia en 1866, sous le double pseudonyme de Marie-Gaston, plusieurs des nouvelles qui figureront ensuite dans les Lettres de mon moulin, *il fut aussi proche de Mistral dont il avait toujours, « exilé » à Paris, « la languison ». On lui doit plusieurs romans* (La Chèvre d'or, Jean-des-Figues), *des pièces de théâtre* (Les Comédiens errants, Le Char *en collaboration officielle avec Daudet), ainsi que de très nombreux contes* (Contes de Noël, Contes de Paris et de Provence, Au bon soleil).

Dans le premier texte que j'ai sélectionné, extrait de Jean-des-Figues, *Paul Arène évoque l'histoire de sa propre naissance, bien provençale, et d'un coup de soleil qui ne le fut pas moins. On pourra y admirer, dans une langue riche et pétillante, un style souvent lyrique mais n'excluant jamais le sens de l'autodérision, la qualité de l'incipit, la description de la sieste ou bien encore les mots de la fin, empreints de tristesse et où se manifeste la cruauté des relations entre paysans. Quant au second texte, c'est un hymne à la Provence et à l'enfance tout à la fois puisqu'il nous conte comment un garçonnet de huit ans, confronté pour la première fois à la mort, en apprivoise l'idée grâce au paysan Peu-Parle et au chant des cigales…*

L'OREILLE DE L'ÂNE BLANQUET

Je vins au monde au pied d'un figuier, il y a vingt-cinq ans, un jour que les cigales chantaient et que les figues-fleurs, distillant leur goutte de miel, s'ouvraient au soleil et faisaient la perle. Voilà, certes, une jolie façon de naître, mais je n'y eus aucun mérite.

Aux cris que je poussais (ma mère ne se plaignit même pas, la sainte femme !), mon brave homme de père, qui moissonnait dans le haut du champ, accourut. Une source coulait là près, on me lava dans l'eau vive ; ma mère, faute de langes, me roula tout nu dans son fichu rouge ; mon père, afin que j'eusse plus chaud, prit, pour m'emmailloter, une paire de chausses terreuses qui séchaient pendues aux branches du figuier ; et comme le jour s'en allait avec le soleil, on mit sur le dos de notre âne Blanquet, par-dessus le bât, les deux grands sacs de sparterie tressée ; ma mère s'assit dans l'un, mon père me posa dans l'autre en même temps qu'un panier de figues nouvelles, et c'est ainsi que je fis mon entrée à Canteperdrix, par le portail Saint-Jaume, au milieu des félicitations et des rires, accompagné de tous nos voisins que le soir chassait des champs comme nous, et perdu jusqu'au cou dans les larges feuilles fraîches dont on avait eu soin de recouvrir le panier. Le lit devait être doux, mais les figues furent un peu foulées. De ce jour, le surnom de *Jean-des-Figues* me resta, et jamais les gens de ma ville, tous dotés de surnoms comme moi, les Corbeau-blanc, les Saigne-flacon, les Mange-loup, les Platon, les Cicéron, les Loutres, les Martres et les Hirondelles ne m'ont appelé autrement.

(...) Je n'étais pas né, vous le voyez, pour faire un homme extraordinaire, et je cultiverais encore, comme mon père et mon grand-père l'ont cultivé, notre champ de la Cigalière, sans un accident qui m'arriva lorsque j'avais deux ans.

C'était vers la fin mars ; après avoir, comme toujours, passé les mois d'hiver dans son moulin d'huile de la Grand-Place, au milieu des jarres et des sacs d'olives, mon père, fermant ses portes une fois le beau temps venu, avait repris les travaux des champs.

Nous partions avec l'aube tous les matins : ma mère, à pied suivant l'usage, me faisait marcher et tirait la chèvre ; mon père allait devant, au trot de Blanquet, jambe de-çà, jambe de-là, le bout de ses souliers traînant par terre, et, porté ainsi par ce petit âne gris, vous l'eussiez dit à cheval sur un gros lièvre.

Excellent Blanquet ! Comme je l'aimais avec ses belles oreilles touffues et son long poil blanchi en maint endroit par le soleil, les coups de bâton et la rosée. Outre mon père, qui était lourd, les couffins de sparterie et le bât, on le chargeait toujours de quelque chose encore, sac de semence ou tronc d'amandier, sans compter la pioche luisante mise en travers sur son cou pelé. Mais toute cette charge ne l'empêchait pas de filer gaiement, et son grelot tintant à chaque pas faisait un bruit plus joyeux que mélancolique.

Nous arrivions au champ; mon père et ma mère, suivant la saison, se mettaient aux oliviers ou à la vigne; on déchargeait l'âne, on attachait la chèvre quelque part, et, comme je n'étais pas encore bien solide sur mes pieds, j'avais mission de rester près d'elle à lui tenir compagnie, regardant les lézards courir sur le mur de pierre sèche et voler les sauterelles couleur de coquelicot.

Je les vois encore par bandes de trois ou de quatre, couchés en rond sous l'ombre grêle d'un amandier; le pain de froment s'est durci à la chaleur et le vin a eu le temps de tiédir dans le petit *fiasque* garni de paille tressée; la terre brûle la culotte; l'amandier, de ses feuilles maigres, filtre le soleil comme un crible et fait à peine ombre sur le sol. Cela, néanmoins, paraît excellent aux braves gens, et c'est sans malice, si vous passez, qu'ils vous invitent à vous reposer un instant près d'eux – « au bon frais ! »

Mon père, qui avait des idées sur tout, imagina un meilleur système. Au beau milieu du champ tout blanc de soleil, il apportait une grosse pierre, y attachait l'âne, puis, jetant sa veste à terre, il s'asseyait dessus, tirait le dîner du bissac, et nous voilà tous les trois en train de faire notre repas à l'ombre de l'âne, mon père à côté de la grosse pierre, près de la tête de Blanquet par conséquent, ma mère un peu plus bas, vers la queue, et moi tranquille sous l'oreille gauche, l'ombre de l'oreille droite, d'aussi loin qu'on s'en souvienne, ayant toujours été réservée au *fiasque* de vin.

Le repas fini, on dormait un peu, chacun à sa place. Tout petit que j'étais, il me fallait faire comme les autres. À l'ombre de l'oreille de Blanquet, dans la chaleur assoupissante, je fermais les yeux béatement, puis je les rouvrais, et, sans rien dire, comme effrayé du bruyant silence du midi, je regardais le ciel luisant et tout en satin bleu, le soleil sur la campagne déserte, mon père et ma mère qui dormaient, Blanquet immobile près de sa pierre, et la chèvre mordant les bourgeons gourmands, debout contre le tronc d'un amandier. Puis le sommeil me reprenait et je fermais les yeux de nouveau. Alors je n'entendais plus que le tapage enragé des cigales, le cri de l'herbe brûlée par le soleil, le chant isolé de l'ortolan, le roulement lointain de la Durance, et, de temps en temps, le grelot de Blanquet tourmenté par les mouches.

Ah ! Blanquet, le seul vrai sage que j'aie rencontré de ma vie, quelle mouche philosophique t'avait donc piqué, le jour, où, contre ton habitude, tu remuas si fort l'oreille – cette adorable oreille gauche, gris d'argent par-dehors comme la feuille d'olivier, et garnie en dedans de belles touffes de poils fauves –, l'oreille à l'ombre de laquelle je dormais ? Qui sait ? Les ânes ainsi que les hommes ont parfois leur moment de paresse sublime et de poésie. Face à face avec l'ardent paysage, peut-être remâchais-tu, en même temps qu'une bouchée d'herbe, quelque savoureuse théorie, et confondant ton être avec l'être universel, te roulais-tu dans le panthéisme comme dans une bonne et fraîche litière. Peut-être aussi, Blanquet, rêvais-tu plus doucement ; car si ton crâne dur et tout bossué sous l'épaisseur du poil était d'un philosophe, ta lèvre gourmande, ton œil profond et noir étaient d'un poète ou d'un amoureux ! Peut-être songeais-tu aux vertes idylles de ta jeunesse tout embaumées des senteurs du foin nouveau, et à cette folle petite bourrique de mon oncle, qui, lorsqu'on la menait au mas, te répondait de loin par-dessus la rivière.

Mais que la cause de ta distraction ait été la philosophie ou l'amour, je t'en prie, ô Blanquet ! ne garde aucun remords au fond de ton âme d'âne. Comment t'en voudrais-je d'avoir une fois par hasard remué l'oreille, moi qui, dans le courant de ma vie remuai l'oreille si souvent ! Est-on d'ailleurs jamais sûr que ceci soit bonheur et cela malheur en ce monde ? J'avoue pour mon compte qu'après y avoir réfléchi vingt-cinq ans j'en suis encore à me demander si le brûlant rayon de soleil qui, par ton fait, m'est entré dans le cerveau, il faut le bénir ou m'en plaindre.

Donc, ce jour-là, Blanquet remua l'oreille ; il la remua même si fort, qu'au lieu de dormir à son ombre, je dormis à côté, une demi-heure durant, ma tête nue au grand soleil. Que vous dirai-je ? Je n'y voyais plus quand je m'éveillai ; je trébuchais sur mes jambes comme une grive ivre de raisin, et il me semblait entendre chanter dans ma tête des millions, des milliards de cigales.

« Ah ! mon pauvre enfant ! il est perdu... » s'écriait ma mère.

Je n'en mourus pas cependant. À la ferme voisine, une vieille femme, avec des prières et un verre d'eau froide me tira le rayon du cerveau. Vous connaissez le sortilège. Mais si bonne sorcière qu'elle fût, il paraît que le rayon ne sortit pas tout entier et qu'un morceau m'en resta dans la tête. Le pauvre Jean-des-Figues ne se guérit jamais bien de cette aventure ; il en garda la raison un peu troublée, le cerveau plus chaud qu'il n'aurait fallu ; et quand par la suite, déjà grandet, je passais des heures entières à regarder l'eau couler ou à poursuivre des papillons bleus sur les roches :

« Il y a du soleil là-dedans, disaient les paysans, il restera ainsi ! »

Alors, d'entendre cela, ma mère pleurait, et mon père, se détournant bien vite, feignait de hausser les épaules.

[*Jean-des-Figues*, 1870.]

« ÇA, FIT PEU-PARLE, C'EST UNE CIGALE QUI MEURT... »

Derrière le fort, sur un plateau pierreux, battu du vent, parfumé de maigre lavande et d'œillets sauvages où, dans un trou d'eau qui suintait, les gamins allaient tendre des gluaux aux queues-rousses et aux merles de roche, il y avait un enclos blanc planté de croix noires ; avec un fossoyeur, – ancien soldat de la grande armée que la rumeur publique accusait de nourrir ses lapins de l'herbe des tombes, – creusant tout le long du jour une éternelle fosse. Un grand tilleul faisait ombre au milieu ; et quand il avait défleuri, nous en mangions les graines molles et douces que nous appelions le pain des morts. Nous rêvions aux morts – à cause de ce pain – une existence de sous terre non pas effrayante précisément, mais vague, paresseuse et mystérieuse.

Quelquefois les cloches sonnaient à l'église. Alors on disait dans la ville : « Le vieux Catignan a trépassé, la vieille Ravousse a rendu l'âme... »

On racontait les circonstances. Son testament signé, le vieux Catignan avait beaucoup remercié le notaire ainsi que les messieurs venus comme témoins ; et puis, pour montrer son usage du monde, il avait soupiré, croyant citer du latin : « Siou mor, mortus ! Siou mor, mortus ! » et il était mort...

Quant à la Ravousse, elle gardait, paraît-il, dans sa table fermée, une robe de drap toute neuve que son fils lui avait envoyée de Marseille et qu'elle n'avait jamais osé porter, la trouvant trop belle pour une simple paysanne. Mais pendant sa maladie les voisines l'avaient tant priée et suppliée qu'elle avait consenti à ce qu'on la lui mît lorsqu'elle serait morte. Et la brave femme répétait encore en riant, une minute avant d'expirer :

« C'est là-haut qu'on va être étonné ; personne ne me reconnaîtra plus ; ici les gens m'appelaient La Ravousse, le bon Dieu me dira : Madame Ravous. »

Les plus hardis allaient voir Catignan et La Ravousse exposés devant leur porte (la coutume en durait encore !), sévères et raides avec leurs beaux habits, entre les cierges, dans la caisse ouverte que veillaient deux pénitents blancs en cagoule. Mais cela ne nous impressionnait guère. Catignan et La Ravousse étaient des vieux ! pourquoi étaient-ils des vieux ? c'est-à-dire des êtres maussades et lents, ne riant pas, ne criant pas, enfin d'une autre espèce que nous ; et, par un sentiment d'égoïsme naïf et féroce, on trouvait juste, naturel, amusant presque, que la Mort vînt prendre les vieux.

Bien entendu, on ne prévoyait pas le cas où grand-père, grand-mère seraient morts. L'enfant a peu d'idées générales ; et puis, pour chacun de nous, grand-père et grand-mère n'étaient pas des vieux comme les autres : c'était grand-père et c'était grand-mère.

Mais personne n'échappe au Destin ! je devais bientôt connaître à mon tour et avant mon tour l'amertume des séparations douloureuses.

J'arrivais alors sur mes huit ans et j'avais une camarade de mon âge que j'aimais d'une affection enfantine. Des cheveux d'or, des yeux bleu clair, genre de beauté rare chez nous où les filles brûlées et brunes ont longtemps l'air de garçonnets. On l'appelait indifféremment Ninette, Nine ou bien Domnine du nom de son patron Domnin qui est un grand saint dans le pays.

Quand, galopinant dans les bas quartiers, après la classe, nous passions sous la voûte sombre où débouche un antique égout, et que la bande prenait sa course en criant : « Homme à la barrette rouge, attrape le dernier ! » je prenais la main de Domnine, et, pour la faire mieux courir, je restais souvent le dernier bien que j'eusse grand'peur de la barrette rouge.

L'été, on nous laissait aller ensemble hors des remparts de la ville jusqu'à la lisière des champs, ce qui nous semblait être très loin.

L'hiver il m'arrivait de lui donner une aile de raisin pendu, des sorbes mûries sur la paille, et même de mon sucre pour mettre dans son pain de noix.

Un jour Domnine ne vint plus chanter dans nos rondes les chansons qu'elle chantait si bien : « Garde les abeilles, Jeannette, garde les abeilles au pré ! » ni celle du pont de Marseille sur lequel « il pleut et soleille. » Et quand il pleuvait et soleillait, quand, dans un ciel nuageux troué de bleues éclaircies le diable battait sa femme, Domnine n'était plus avec nous pour répéter en chœur l'incantation irrésistible qui force le Dieu à se montrer : « Viens vite, soleil, beau soleil, je te donnerai un rayon de miel ! »

Mon amie Domnine était au lit. Un matin, assis sur le banc de pierre de sa porte, je vis le médecin descendre et je l'entendis qui disait :

« C'est fini, la petite ne passera pas la nuit. »

Je compris alors vaguement qu'il m'arrivait un grand malheur. Triste et fiévreux, on me crut malade, et, me dispensant de l'école, on me confia à Peu-Parle, un paysan qui faisait aller le petit bien de la famille, et devait cette après-midi relever les sarments de notre vigne de Toutes Bises. C'était là mon remède ordinaire et rarement mes maladies avaient résisté à quelques heures de promenade à la vigne en compagnie de cet homme sentencieux et réfléchi qui savait le nom des plantes, la place des astres, reconnaissait les oiseaux à leur chant et me paraissait un peu sorcier.

Le plus souvent je voulais l'aider ; mais cette fois je préférai rester tout seul, assis à l'écart, près de la source.

Le travail fut long : il s'agissait, sans éborgner les jeunes pousses, de descendre les fagots de l'année d'avant, épars entre les souches, jusqu'au bas des allées où broutait l'âne.

De temps en temps, Peu-Parle me criait :

« T'ennuies-tu, petit ?... Si tu as faim, cueille une figue. »

Mais je n'avais pas faim et ne m'ennuyais pas : le cœur un peu gros, je pensais à Domnine.

« Il faut pourtant achever aujourd'hui, nous nous en irons avec la lune ! »

Lorsque Peu-Parle eut achevé, lorsqu'il eut lié la charge de l'âne, il profita d'un reste de jour pour faire un feu de brindilles entre trois pierres et préparer une omelette d'œufs dénichés au poulailler et de fines herbes que nous cueillîmes.

Puis on s'installa par terre sous la treille, qui, entre ses ceps tortus pareils à de grands serpents noirs, laissait passer le regard des premières étoiles. La nuit était venue, et Peu-Parle n'avait pas apporté de lanterne, ne croyant pas rester si tard.

Peu-Parle, sans perdre un morceau, raisonnait des choses de la terre, et blâmait mon père sévèrement de conserver deux amandiers poussés au hasard dans sa vigne.

« Le soleil crée le vin, et la vigne ne veut que l'ombre de l'homme !... »

Moi je ne mangeais pas, je ne comprenais guère ; à mon chagrin s'ajoutait la mélancolie de ce long dîner dans le noir.

Mais bientôt, dépassant la crête d'une roche, la lune apparut dans son plein, et jeta sous la treille une blanche nappe de lumière où l'ombre des feuilles se découpait.

Comme si la terre se fût éveillée, de chaque arbre, de chaque caillou, un bruit s'éleva ; les rainettes et les grillons entamèrent leur symphonie, et, avec ses mille voix confuses, le chœur des beaux soirs commença.

Peu-Parle s'était tu. Tout à coup, levant le doigt :

« Chut, écoute ! »

Juste au-dessus de nous vibrait solitaire un chant de cigale, un chant qui était aussi un cri : étrange, comme immatériel.

« Ça, fit Peu-Parle, c'est une cigale qui meurt. »

Et gravement il ajouta :

« Le soleil fait chanter les cigales, mais, avant de mourir, elles chantent une dernière fois au clair de lune, parce que la lune c'est le soleil des morts. »

À cette idée de mort, j'éclatai en sanglots.

« Il faut être fou, un grand garçon, de pleurer pour une cigale ! »

Et, me soulevant dans ses mains rudes :

« Regarde bien, elle doit être là, sous le gros nœud, collée à l'écorce. »

Elle était là, en effet ; je voyais ses ailes transparentes et son corselet brun poudré d'or.

« Tu peux la prendre, elle ne bouge plus. »

Je la tenais entre mes doigts, immobile déjà et si légère !

Je pensais à Domnine. Je disais : Voilà donc la Mort ? Et pendant longtemps, consolé, je m'imaginai, ne trouvant plus à cela rien d'effrayant ni rien de bien triste, que l'on devait mourir ainsi, un soir de clair de lune, en chantant, – comme les cigales !

[*La Mort des cigales*, 1887.]

Honoré de Balzac

(1799-1850)

En l'espace de seulement un demi-siècle, Honoré de Balzac aura écrit une œuvre monumentale, réunie en 1842 dans le projet demeuré inachevé de La Comédie humaine. *S'y côtoient le meilleur et, il faut bien le remarquer, non pas le pire, mais tout bonnement l'ennuyeux : qui n'a jamais «sauté», chez Balzac, quelques inutiles feuillets de description ?*

Le Médecin de campagne, *publié en septembre 1833 et donc premier des romans qui composent, au sein de* La Comédie humaine, *les* Scènes de la vie de campagne, *relève, lui, du meilleur. Bien que rédigé dans des conditions particulièrement difficiles – Balzac a alors, plus qu'à l'accoutumée, un besoin pressant d'argent –, l'ouvrage évite en effet le remplissage et on n'y rencontre pas, de surcroît, le traditionnel mépris, aveuglement de l'auteur à l'égard de la paysannerie. Nulle trace, ici, comme dans* Les Paysans, *d'êtres «ignorants», sans «aucune délicatesse», vivant «d'une vie purement matérielle qui se rapproche de l'état sauvage auquel les invite leur union constante avec la Nature». Nulle trace, non plus, comme dans la célèbre introduction au même livre, de prophétie dont l'Histoire s'est chargée de démontrer l'ineptie : «Cet élément insocial [la paysannerie] créé par la Révolution absorbera quelque jour la Bourgeoisie, comme la Bourgeoisie a dévoré la Noblesse», s'y alarmait Honoré de Balzac. En réalité, si les deux derniers siècles, et surtout le xxe, prouvent quelque chose, c'est que la Bourgeoisie a absorbé la Paysannerie et non l'inverse !*

En comparaison des Paysans, Le Médecin de campagne *apparaît ainsi comme une œuvre plus sereine, seulement marquée par un paternalisme napoléonien et chrétien, qu'incarne bien le héros, le médecin Benassis, figure tutélaire et bienfaitrice de «sa vallée», située dans l'Isère, près de la Grande-Chartreuse. Dans l'extrait sélectionné, on suivra ce dernier au chevet d'un jeune paysan poitrinaire, en compagnie de l'autre personnage central du livre, l'officier Pierre Bluteau, dit Genestas, capitaine à Grenoble. C'est du grand Balzac, sans scories, sans excès idéologique, et où sa fameuse puissance d'observation, son génie de la langue viennent servir une peinture compréhensive et émouvante de la misère paysanne. Un fait tellement rare, chez lui, que cela mérite d'être remarqué.*

LE CHANT DE L'ENFANT POITRINAIRE

Ils allèrent alors lentement et en silence, écoutant le pas de leurs chevaux qui résonnait dans cette galerie de verdure, comme s'ils eussent été sous les voûtes d'une cathédrale.

« Combien d'émotions dont ne se doutent pas les gens de la ville, dit le médecin. Sentez-vous les parfums exhalés par la propolis des peupliers et par les sueurs du mélèze ? Quelles délices !

— Écoutez, s'écria Genestas, arrêtons-nous. »

Ils entendirent alors un chant dans le lointain.

« Est-ce une femme ou un homme, est-ce un oiseau ? » demanda tout bas le commandant. « Est-ce la voix de ce grand paysage ?

— Il y a de tout cela, » répondit le médecin en descendant de son cheval et en l'attachant à une branche de peuplier.

Puis il fit signe à l'officier de l'imiter et de le suivre. Ils allèrent à pas lents le long d'un sentier bordé de deux haies d'épine blanche en fleur qui répandaient de pénétrantes odeurs dans l'humide atmosphère du soir. Les rayons du soleil entraient dans le sentier avec une sorte d'impétuosité que l'ombre projetée par le long rideau de peupliers rendait encore plus sensible, et ces vigoureux jets de lumière enveloppaient de leurs teintes rouges une chaumière située au bout de ce chemin sablonneux. Une poussière d'or semblait être jetée sur son toit de chaume ordinairement brun comme la coque d'une châtaigne, et dont les crêtes délabrées étaient verdies par des joubarbes et de la mousse. La chaumière se voyait à peine dans ce brouillard de lumière ; mais les vieux murs, la porte, tout y avait un éclat fugitif, tout en était fortuitement beau, comme l'est par moments une figure humaine, sous l'empire de quelque passion qui l'échauffe et la colore. Il se rencontre dans la vie en plein air de ces suavités champêtres et passagères qui nous arrachent le souhait de l'apôtre disant à Jésus-Christ sur la montagne : *Dressons une tente et restons ici.* Ce paysage semblait avoir en ce moment une voix pure et douce autant qu'il était pur et doux, mais une voix triste comme la lueur près de finir à l'occident ; vague image de la mort, avertissement divinement donné dans le ciel par le soleil, comme le donnent sur la terre les fleurs et les jolis insectes éphémères. À cette heure, les tons du soleil sont empreints de mélancolie, et ce chant était mélancolique ; chant populaire d'ailleurs, chant d'amour et de regret, qui jadis a servi la haine nationale de la France contre l'Angleterre, mais auquel Beaumarchais a rendu sa vraie poésie, en le traduisant sur la scène française et le mettant dans la bouche d'un page qui ouvre son cœur à sa marraine. Cet air était modulé sans paroles sur un ton plaintif par une voix qui vibrait dans l'âme et l'attendrissait.

« C'est le chant du cygne, dit Benassis. Dans l'espace d'un siècle, cette voix ne retentit pas deux fois aux oreilles des hommes. Hâtons-nous, il faut l'empêcher de chanter ! Cet enfant se tue, il y aurait de la cruauté à l'écouter encore.

— Tais-toi donc, Jacques ! Allons, tais-toi, » cria le médecin.

La musique cessa. Genestas demeura debout, immobile et stupéfait. Un nuage couvrait le soleil, le paysage et la voix s'étaient tus ensemble. L'ombre, le froid, le silence remplaçaient les douces splendeurs de la lumière, les chaudes émanations de l'atmosphère et les chants de l'enfant.

« Pourquoi, disait Benassis, me désobéis-tu ? je ne te donnerai plus ni gâteaux de riz, ni bouillons d'escargot, ni dattes fraîches, ni pain blanc. Tu veux donc mourir et désoler ta pauvre mère ? »

Genestas s'avança dans une petite cour assez proprement tenue, et vit un garçon de quinze ans, faible comme une femme, blond, mais ayant peu de cheveux, et coloré comme s'il eût mis du rouge. Il se leva lentement du banc où il était assis, sous un gros jasmin, sous des lilas en fleur qui poussaient à l'aventure et l'enveloppaient de leurs feuillages.

« Tu sais bien, dit le médecin, que je t'ai dit de te coucher avec le soleil, de ne pas t'exposer au froid du soir, et de ne pas parler. Comment t'avises-tu de chanter ?

— Dame, monsieur Benassis, il faisait bien chaud là, et c'est si bon d'avoir chaud! J'ai toujours froid. En me sentant bien, sans y penser, je me suis mis à dire pour m'amuser : *Malbroug s'en va-t-en guerre*, et je me suis écouté moi-même, parce que ma voix ressemblait presque à celle du flûtiau de votre berger.

— Allons, mon pauvre Jacques, que cela ne t'arrive plus, entends-tu? Donne-moi la main. »

Le médecin lui tâta le pouls. L'enfant avait des yeux bleus habituellement empreints de douceur, mais qu'une expression fiévreuse rendait alors brillants.

« Eh bien, j'en étais sûr, tu es en sueur, dit Benassis. Ta mère n'est donc pas là?

— Non, monsieur.

— Allons! rentre et couche-toi. »

Le jeune malade, suivi de Benassis et de l'officier, rentra dans la chaumière.

« Allumez donc une chandelle, capitaine Bluteau, » dit le médecin qui aidait Jacques à ôter ses grossiers haillons.

Quand Genestas eut éclairé la chaumière, il fut frappé de l'extrême maigreur de cet enfant, qui n'avait plus que la peau et les os. Lorsque le petit paysan fut couché, Benassis lui frappa sur la poitrine en écoutant le bruit qu'y produisaient ses doigts; puis, après avoir étudié des sons de sinistre présage, il ramena la couverture sur Jacques, se mit à quatre pas, se croisa les bras et l'examina.

« Comment te trouves-tu, mon petit homme?

— Bien, monsieur. »

Benassis approcha du lit une table à quatre pieds tournés, chercha un verre et une fiole sur le manteau de la cheminée, et composa une boisson en mêlant à de l'eau pure quelques gouttes d'une liqueur brune contenue dans la fiole et soigneusement mesurées à la lueur de la chandelle que lui tenait Genestas.

« Ta mère est bien longtemps à revenir.

— Monsieur, elle vient, dit l'enfant, je l'entends dans le sentier. »

Le médecin et l'officier attendirent en regardant autour d'eux. Aux pieds du lit était un matelas de mousse, sans draps ni couverture, sur lequel la mère couchait tout habillée sans doute. Genestas montra du doigt ce lit à Benassis, qui inclina doucement la tête comme pour exprimer que lui aussi avait admiré déjà ce dévouement maternel. Un bruit de sabots ayant retenti dans la cour, le médecin sortit.

« Il faudra veiller Jacques pendant cette nuit, mère Colas. S'il vous disait qu'il étouffe, vous lui feriez boire de ce que j'ai mis dans un verre sur la table. Ayez soin de ne lui en laisser prendre chaque fois que deux ou trois gorgées. Le verre doit vous suffire pour toute la nuit. Surtout ne touchez pas à la fiole, et commencez par changer votre enfant, il est en sueur.

— Je n'ai pu laver ses chemises aujourd'hui, mon cher monsieur, il m'a fallu porter mon chanvre à Grenoble pour avoir de l'argent.

— Eh bien, je vous enverrai des chemises.

— Il est donc plus mal, mon pauvre gars ? dit la femme.

— Il ne faut rien attendre de bon, mère Colas, il a fait l'imprudence de chanter ; mais ne le grondez pas, ne le rudoyez point, ayez du courage. Si Jacques se plaignait trop, envoyez-moi chercher par une voisine. Adieu. »

Le médecin appela son compagnon et revint vers le sentier.

« Ce petit paysan est poitrinaire ? lui dit Genestas.

— Mon Dieu ! oui, répondit Benassis. À moins d'un miracle dans la nature, la science ne peut le sauver. Nos professeurs, à l'École de Médecine de Paris, nous ont souvent parlé du phénomène dont vous venez d'être témoin. Certaines maladies de ce genre produisent, dans les organes de la voix, des changements qui donnent momentanément aux malades la faculté d'émettre des chants dont la perfection ne peut être égalée par aucun virtuose. »

[*Le Médecin de campagne*, 1833.]

Georges Bernanos
(1888-1948)

Journaliste, essayiste et romancier, Georges Bernanos fut, plus que tout, un homme révolté. Influencé par l'antisémitisme anticapitaliste de Drumont et révolté de l'extrême droite jusqu'au début des années trente, antimunichois et partisan du général de Gaulle au moment de Vichy, non conformiste qui refusera à plusieurs reprises la Légion d'honneur et l'Académie française, Bernanos se fit un devoir, par ses écrits politiques ou littéraires, de défendre la grandeur et la liberté de l'homme contre les formes diverses de la dictature : totalitaire, autoritaire, religieuse, technicienne ou démocratique. Incarnant toute la complexité – c'est-à-dire aussi bien les erreurs que le courage et la profondeur – d'une génération qui débuta sa vie politique avec l'affaire Dreyfus et l'acheva avec Hiroshima, il fut, selon ses propres mots, ni de droite ni de gauche mais un « chrétien irrécupérable ».

« Je suis né le 20 février 1888 à Paris où mes parents résidaient pendant l'hiver, mais j'ai passé les meilleurs jours de mon enfance et de ma jeunesse dans une vieille propriété de campagne, appartenant à notre père, au petit village de Fressin (Pas-de-Calais), dans un pays de grands bois et de pâturages où j'ai plus ou moins fait vivre depuis tous les personnages de mes romans », écrivait-il en 1945. Paradoxe du romancier ou désespoir du chrétien vivant dans un monde déserté par l'honneur et hanté par le Mal, la campagne de Bernanos, loin d'être celle des « meilleurs jours » de son enfance, est presque toujours un univers âpre et noir, dominé par la solitude et la mort. Il en est ainsi de la Nouvelle histoire de Mouchette, *publié en 1937, juste après son illustre* Journal d'un curé de campagne. *On lira ci-dessous le passage où la jeune fille, âgée de quatorze ans, se fait violer par Arsène, un braconnier ivrogne qui croit, à ce moment du roman, avoir tué un garde chasse. Une langue admirable, une force d'évocation doublée d'une finesse psychologique peu commune, une attention à la condition féminine et à la noirceur des campagnes bien rares dans la littérature rurale : nulle anthologie, en ce domaine, ne saurait ignorer ce Dostoïevski français que fut Bernanos.*

LE VIOL DE MOUCHETTE

Il l'observe sans colère, mais avec une attention tranquille, sûre d'elle-même, comme il examine à la lisière du bois, parmi les feuilles mortes, une trace connue de lui seul. « Je sens le gibier », a-t-il coutume de dire. Ni colère ni pitié, dans son regard pensif.

« Je me souviendrai de tout, monsieur Arsène, n'ayez crainte ! Et demain aussi vous vous souviendrez de tout, c'est la boisson maintenant qui vous empêche, il faut dormir. S'ils m'interrogent avant que je vous aie revu, je raconterai que...

— Minute ! s'écrie-t-il. De quoi tu vas te mêler là ? Si tu touches un mot de cette histoire à qui que ce soit, je te tords le cou, parole d'honneur ! »

Sa voix paraît soudain terrible à Mouchette, parce qu'elle est maintenant basse et rauque. Mais pour rien au monde, elle ne quitterait la place. Fuir n'est plus possible ; elle a moins peur des coups.

« Monsieur Arsène, commence-t-elle, j'aimerais mieux me tuer que de vous nuire. »

Elle n'a pas besoin d'achever. Son mince visage exprime une résolution si merveilleuse que l'ivrogne la considère avec surprise. Dans le silence qui suit, elle croit entendre bondir son cœur dans sa poitrine.

« Écoute, dit-il enfin avec la gravité de l'ivresse – et sa voix se fait encore plus basse – pourquoi as-tu si grand-peur de me nuire, petite ? »

Elle essaie de répondre, mais c'est tout juste si elle peut avaler sa salive.

« Pour une fille de ton âge, tu ne manques pas d'esprit. Tu serais bien capable d'en remontrer à de plus vieilles. »

Les braises du foyer noircissent une à une. Il ne reste plus qu'une lueur étrangement douce qui semble venir de partout à la fois. La grande ombre de M. Arsène se distingue à peine sur le mur. Il n'est plus lui-même qu'une ombre, mais on voit encore briller son sourire, le sourire de ses dents blanches.

« J'ai toujours eu de l'estime pour toi, commence-t-il, en faisant claquer sa langue. »

Cette fois Mouchette ne s'y trompe pas. Elle a reconnu l'accent de cette bouche invisible, la voix comme suspendue dans la nuit, et si terriblement proche. Drôle de voix ! Elle a eu ce tremblement, cette sorte de frémissement velouté, avec on ne sait quoi, tout à coup, de grimaçant, une note fausse et fêlée. Les mots les plus simples, les plus inoffensifs, ne s'y reconnaîtraient plus, ressembleraient à ces masques de carton entrevus dans les foires.

Ainsi parlent les garçons, à travers la fumée des pipes, la buée des bistouilles, un soir de ducasse, lorsque Mme Aufray l'embauche pour laver les tasses. Bien des filles, avant l'âge de l'amour, n'y prêtent guère attention, l'écoutent sans crainte ni dégoût. Et plus tard, crainte ou dégoût, elles l'étoufferont dans ces grands éclats de rire nasillards qui leur mettent le feu aux joues… Il en est de cette voix comme des odeurs de la misère. À de rares moments, elles incommodent ou humilient. Mais pourvu qu'on les accepte sans révolte, elles deviennent l'un des éléments familiers de la vie quotidienne, ne se distinguent plus de la tiédeur et de la sécurité du pauvre nid.

Le silence est retombé entre eux, un silence aussi louche que le reflet de l'âtre. Quelle force cloue Mouchette au sol ? Elle ne songe pas à fuir, bien qu'elle ne soit plus qu'attente angoissée, terreur. Attente et terreur physiques, charnelles, car à cette minute fatale qui va décider de son destin, alors que s'étend déjà sur sa tête orgueilleuse le voile funèbre, elle est bien incapable de la moindre prévision consciente. Mais l'homme qui est là devant elle, dont elle sent déjà le souffle sur sa nuque, est le seul devant lequel – fût-ce pour sauver sa vie – elle ne voudrait pas fuir.

Elle lui échappe cependant d'un premier bond si brusque qu'il chancelle, se raccroche gauchement au mur. Peut-être eût-il suffi à ce moment d'une parole pour en imposer à l'ivrogne, mais pas une syllabe ne sortirait de la gorge contractée. Les dents de la fille sont si serrées qu'elle en entend le grincement. Il jette sur elle, au hasard, ses mains violentes auxquelles le paroxysme du désir prête une force effrayante, une diabolique sûreté. Elles ne peuvent pourtant maîtriser les reins ployés en arc, elles les briseraient plutôt. Il la repousse brutalement contre le mur. Le choc la plie en deux, lui arrache un bref gémissement. Ce fut d'ailleurs le seul qui s'échappa de ses lèvres. Les dernières braises croulaient dans la cendre. Il n'y eut plus rien de vivant au fond de l'ombre que le souffle précipité du bel Arsène.

[*Nouvelle histoire de Mouchette*, © Éditions Plon, 1937.]

Léonce Bourliaguet

(1895-1965)

Fils de cordonnier, Léonce Bourliaguet est né en Dordogne, à Thiviers, entre Limousin et Périgord. Traumatisé par la guerre de 14 qui lui inspirera par la suite plusieurs de ses livres (Le Franzmann, La Forêt sereine, Un village au bord de la mer), *il devient en 1919 instituteur, puis dix ans plus tard inspecteur du primaire, le plus jeune de France. Une première mission d'enseignant, de diffuseur de la pédagogie en milieu rural qui le marquera profondément et décidera de sa seconde vocation, celle d'écrivain pour la jeunesse. « Toute mon œuvre, fait-il observer en préface aux* Contes de mon père le jars, *peut être considérée comme inspirée par mon goût pour l'enseignement ; j'ai pensé plutôt à des élèves qu'à des lecteurs. » Auteur de près de six cents contes, de cinquante-cinq ouvrages dont une dizaine primés, Léonce Bourliaguet a fait paraître en 1954* La Villa des grillons, *publié dans la légendaire Bibliothèque Verte.*
De ce roman, qui raconte l'histoire d'une famille d'artisans ambulants «promenant dans une mobilité continuelle le regret de la fixité», j'ai retenu les pages où Jacques Chaudefour, l'enfant narrateur, témoigne de sa condition de petit nomade dans les campagnes du Centre de la France. «J'écris pour les enfants chez lesquels s'éveille l'intelligence de l'homme et pour les hommes qui ont encore la fraîcheur d'imagination des enfants», disait encore, de son œuvre, Léonce Bourliaguet. Une belle et juste définition.

À ROULOTTE

En ce temps-là, j'étais l'enfant le plus heureux du monde, encore que mon père ne fût qu'un pauvre rétameur auvergnat : mais rétameur ambulant. Cela signifie que je passais le plus clair de mon temps assis sur le devant de notre roulotte, à lire sans savoir lire, à feuilleter sans avoir la peine de tourner les pages, le plus beau livre qui soit, relié en vert et en bleu, celui des grands chemins sans fond, qui est dans la bibliothèque de tout le monde.

Cinq ou six provinces françaises étaient le vaste espace où nous errions sans autre but que de trouver du travail, dépourvus de cartes que nous n'aurions su utiliser, et prenant toujours à droite dans les carrefours, par superstition.

À vrai dire, après la grande ruine qui le détacha du sol de ses ancêtres et l'envoya rouler d'horizon en horizon, mon père était parti pour les parcourir toutes, ces provinces françaises, de la mer grise à la mer bleue, des montagnes levantines à la côte couchantine : mais les forces de notre mulet Zabulon n'étaient pas inépuisables, et, une douce ornière ronde s'offrant aux roues, il s'était peu à peu mis à tourner sur le pivot de son Cantal originel en une « virée » qui embrassait Bourbonnais, Marche, Limousin, Quercy, Périgord, avec de profondes incursions en Guyenne, en Languedoc, en Gascogne, et un prompt retour sur les pistes familières. J'ai compris plus tard que ce paysan, devenu par force artisan, restait attaché par l'invisible corde de l'*Espérance* au point du globe où était son ancien champ : l'espérance de devenir un jour cultivateur, petit roi rustique d'un fonds lui appartenant. Aussi bien avait-il ajouté en lettres plus modestes sur la plaque portant : Ulysse Chaudefour, rétameur ambulant… et intérimaire.

Car, pour gros Cantalou qu'il était, mon père avait un petit filon d'humour sous son air fruste, et cet argenteur de fourchettes savait parfois dorer sa propre langue d'un bon mot.

Mettez-vous à ma place sur le devant de notre roulotte, derrière la croupe de Zabulon que la marche balance, avec tout l'infini de la route dans le V de ses oreilles ; emplissez-vous les yeux de monts et de collines, de champs bigarrés et de bois, de villages et de villes se succédant sans interruption ; chantez les mélopées vagues que vous inspire le sourd et monotone écrasement du gravier sous les roues ; riez au beau temps et faites la nique à la bourrasque ; laissez-vous peu à peu accroire que tout cet espace, que vous avalez, vous appartient, et vous comprendrez mon bonheur d'enfant sans jouets, mais libre – libre de la liberté du vent, libre de la liberté de l'eau courante –, et mon mépris pour l'autre marmaille, celle des petits garçons et des petites filles que je voyais au passage, rivés à leurs lourdes maisons de pierre comme à des cages perfectionnées dont il leur était seulement permis de faire le tour.

LORS D'UNE HALTE...

Promenant ainsi dans une mobilité continuelle le regret de la fixité, il [mon père] lui arrivait de dire, en contemplant un site rural : « Voilà un bon coin où il serait plaisant de pouvoir enfin s'arrêter. » Il regardait les cultures d'un œil sagace, tandis que ma mère s'intéressait surtout aux bêtes, particulièrement à la volaille. Il lui arrivait de quitter la route, de s'avancer dans un champ fraîchement labouré, d'en prendre une motte entre ses mains, de l'effriter et d'en faire l'éloge. Si le fonds lui semblait mauvais, il n'en disait rien, on le sentait respectueux de la terre jusqu'en sa stérilité. Et, la motte ainsi expertisée, il ne la rejetait jamais d'un geste désinvolte, mais la laissait couler doucement entre ses doigts et revenir au sol comme en un épanchement de libation. Nous ne rencontrions pas un troupeau qu'il ne distribuât d'affectueuses tapes sur les échines des bêtes; il grattait les bovins derrière les cornes, faisait sonner à main plate la couenne des porcins, prenait les ovins à pleine laine et arrêtait le pâtre pour lui parler de ses bêtes avec un tendre intérêt. Il s'inquiétait du temps comme s'il avait eu sous le ciel quelque herbe adolescente qui pût en souffrir. « En ce moment, disait-il parfois, on fait chez nous, là-haut, telle ou telle chose aux champs. » Son ambition était d'apprendre à tailler la vigne, d'où des arrêts fréquents dans les pays qui en portaient, au printemps, les jours où crépitent partout les coups de sécateur, comme si toute la plaine n'était qu'un vaste salon de coiffure. Il avait en horreur les pays muets d'eaux courantes, disposition que j'ai héritée de lui; une terre sèche lui semblait une terre morte; une mare lui donnait la nausée; tout ru mouvant, il le déclarait descendre de chez nous et, neuf fois sur dix, il avait raison, car notre Auvergne est le grand cœur d'eau de la France.

Ce pauvre Ulysse Chaudefour défilait donc entre des cultures où d'autres s'employaient, peut-être sans joie, avec la tristesse secrète et l'humiliation d'un homme qui a été interdit, rejeté de sa vocation naturelle. Et il lui fallait, au village suivant, fourbir la fourchette d'autrui comme si un tribunal impitoyable l'avait déclaré indigne de manier sa propre fourche.

Il ne se rattrapait qu'à l'occasion des grandes festivités agricoles, foins, moissons, dépiquages, lorsqu'il pouvait se faire engager par des fermiers manquant de main-d'œuvre. Nous dételions alors Zabulon devant le portail de l'exploitation ; ce devenait notre lieu de séjour pour une semaine ; mon père retroussait ses manches jusqu'à l'épaule et se ruait au travail, fauchant avec un tel abattage que nul n'osait rester à ses côtés, soulevant deux gerbes de la même fourchée, jonglant avec les sacs de grain, bref, faisant le travail de cinq à lui seul et, le soir, aux longues tables dressées dans les granges, à la lueur fumeuse des lampes, redressant avec ses plaisanteries et ses grands rires les autres qui, de fatigue, se recroquevillaient sur leurs assiettes. En ces moments-là, sortant de sa vie solitaire, se relevant pour un temps trop court de la réprobation qui l'avait frappé, hardi en son verbe comme s'il avait été un gros fermier du voisinage, il se replongeait, avec une ivresse enfantine, dans la communauté des hommes de son espèce, des pieds-terreux.

« Si tous les rétameurs te ressemblent, lui disait-on, vraiment, ils n'ont pas besoin d'être rétamés !

— Au diable les fourchettes et les cuillers ! répondait-il. Donnez-moi une terre et je m'y plante.

— Un tel cherche un domestique.

— Grand merci, et non ! Je veux être maître de mon grat[1]. »

Ma mère, pendant ce temps, aidait en cuisine. Et quand, de la grange, venait une bourrasque de rires :

« C'est encore votre homme qui a dit quelque chose de dru !

— Oh oui ! répondait-elle, quand il a un peu bu, il friture comme une poêle qui se croit en argent ! »

C'est à l'occasion de ces arrêts prolongés plusieurs jours qu'on m'envoyait à l'école voisine avec les enfants de la ferme où nous nous étions arrêtés.

À huit ans je ne savais encore absolument rien, bien qu'ayant ainsi fréquenté dix ou vingt écoles.

« Madame, c'est un baraquin ! » disaient mes compagnons pour me présenter à la maîtresse, qui soupirait aussitôt :

« Encore un oiseau de passage !... D'où viens-tu, mon gentil canard sauvage ? À moins que tu ne sois un bécasseau ? Où

1. Grat : de la terre que je gratte.

en es-tu de la lecture, mon enfant ? au A ?... très bien... Et en calcul ? au 3 ?... c'est déjà mieux ! »

Elle me versait à la section des chantres de l'alphabet et ne s'occupait plus guère de moi si ce n'est pour me faire rester tranquille.

Il ne me souvient clairement que d'une petite école rurale où me reçut une vieille demoiselle proche de la retraite et dont toute la physionomie exprimait une simplicité définitive. Elle jugea bon de m'interroger :

« De quelle région viennent tes parents ? D'Auvergne. Et comment t'appelles-tu ? »

Or, ce jour-là, j'étais précisément dans la lune. Je lui répondis d'un trait machinal, avec une emphase passée en habitude :

« Adhémar de Trémazenc, chevalier de Capestang, madame ! »

Elle ouvrit de grands yeux derrière ses lunettes, me considéra attentivement avec une sorte de respect, ne dit rien, écrivit mon nom dans le registre d'appel, et, toute la matinée, me marqua une évidente considération, particulièrement en ne me tutoyant pas, comme c'était sa règle avec les autres. Là-dessus, par conjoncture, arriva l'inspecteur, un gros petit homme encore jeune, polyglotte, ethnologue, ou du moins s'y amusant, à ce que j'ai supposé depuis en pensant à cette scène. Dès qu'assis au bureau, il se livra à sa manie qui était de déterminer à première vue l'origine raciale des écoliers, et de leur baragouiner des questions dans leur langue quand ce n'étaient pas des Français.

« Vous avez certainement des étrangers, mademoiselle ?

— Oui, monsieur l'inspecteur, j'ai cinq...

— Arrêtez ! ne me les montrez pas. Je vais les trouver moi-même au premier coup d'œil. »

Et, m'avisant parmi les autres :

« Ce noiraud-là nous arrive des Pouilles ou de la Basilicate. Un Italien !

— Non, monsieur l'inspecteur.

— Alors, c'est un Espagnol, un jeune *batueco* des environs de Salamanque !

— Non plus, monsieur l'inspecteur.

— Et qu'est-il donc ? » s'écria le petit homme d'un air vexé en secouant ses lunettes tandis que la vieille chaise du bureau poussait sous lui un craquement d'effroi.

« Hélas !, répondit la pauvre demoiselle, qui avait eu grand-peine à s'empêcher d'en faire autant, hélas ! ce n'est qu'un Auvergnat, monsieur l'inspecteur, mais de très bonne famille... d'une famille noble ruinée, puisque son père est maintenant rétameur ambulant... Il se nomme... »

Consultant ses écritures et déclamant comme moi, sans doute en une imitation involontaire :

« Il se nomme Adhémar de Trémazenc, chevalier de Capestang ! »

L'inspecteur, un instant stupéfait, éclata de rire :

« Mais c'est le nom d'un héros du *Capitan*, mademoiselle !... Vous rêvez !... Ou plutôt vous n'avez jamais lu les feuilletons de Zévaco ? Cet enfant s'est moqué de vous, ou c'est un mythomane ! Je parie qu'il se nomme Tripou, Bretagnolle, Chastaing, Bourniague ou Truchassou ! Voyons... comment t'appelles-tu, mon petit ?

— Jacques Chaudefour, monsieur.

— Chaudefour, à la bonne heure ! »

Et, se retournant vers la pauvre vieille institutrice atterrée :

« Au fond, je regrette qu'il n'en soit pas ce que vous avez cru... Comment faire toucher du doigt à ces petits paysans, lors de vos leçons sur l'Ancien Régime et la Révolution, la réalité, l'existence concrète de la noblesse ?... Si ç'avait été vrai, vous auriez pu leur dire : Des nobles, mes enfants, il en reste encore, et même nous en avons un parmi nous, c'est M. le chevalier de Capestang qui est en train, pendant que je parle, de se fourrer un doigt dans le nez. »

UN JOUR DE COMICES AGRICOLES

Moi, j'adorais ces comices en leur ravissant désordre, la ferraille du quincaillier jouxtant le vert étalage du maraîcher, le marchand de vaisselle au milieu de ses assiettes comme une grenouille parmi les nénuphars, le charlatan cornant sa pommade dans le meuglement des bestiaux, le marchand de paniers toisant avec mépris le marchand de balais, le hourvari roulant des auberges bondées, les disputes des chiens de l'endroit et des chiens de la campagne, dans les jambes des gens, les roulements de tambour, les pièces de toile déroulées et mesurées, les protestations perçantes des gorets portés à pleins bras, les nez sagaces expertisant les melons, le mendiant montrant ses moignons et vannant de la monnaie en sa sébile, tout en mêlant sa patenôtre à cette puissante rumeur séculière, les jeunes garçons et les jeunes filles errant par beaux couples au milieu des autres, des passés, déjà ventrus, déjà flétris, déjà chauves, déjà laids, et des vieux, des cassés, des tordus, des noués, des desséchés, des plus extraordinaires et des plus douloureuses sculptures de l'effigie humaine par le rude labeur des champs. Le tout revêtu de pantalons trop longs, de vestes trop courtes, de chapeaux déformés, comme si le monde agricole se trompait de clou, le matin, en décrochant ses vêtements pour s'habiller. Oui, ce samedi-là j'aurais bien voulu le passer à me faufiler de groupe en groupe, écouter les propos, les discussions, les marchandages à main plate, les querelles, admirer les éventaires, ramasser des fruits de rebut et des sous perdus : mais il me fallut rester dans notre salle de classe bien close, remplie du bourdonnement de la foire environnante comme une coquille des mers, au point que Mlle Mirande devait pousser des sifflets de machine à vapeur pour se faire entendre.

[*La Villa des grillons,* © Hachette-Livre, 1954.]

Émilie Carles

(1900-1979)

*Née avec le siècle à Val-des-Prés, dans les Hautes-Alpes, Émilie Carles fut paysanne, institutrice, militante à soixante-quinze ans pour la défense de sa vallée contre un projet autoroutier et auteur, à soixante-dix-huit, d'*Une soupe aux herbes sauvages. *Livre d'une vie, patiemment rédigé après son départ à la retraite, livre d'une femme engagée qui ni ne mâchait ses mots ni ne cachait ses idées pacifistes et révolutionnaires, l'ouvrage connut à sa sortie un succès retentissant. Très vite, il devint un best-seller de la littérature rurale, vendu à des millions d'exemplaires et traduit en de nombreuses langues. Mais Émilie Carles n'eut guère le loisir d'en profiter : un an et demi après la parution du livre, elle s'éteignait, tout à la fois mal vue dans son village car elle en avait sans doute trop dit sur certains de ses « secrets » et honorée, récompensée par des milliers de lettres de lecteurs, enthousiastes, auxquelles elle ne put malheureusement répondre.*

De ses mémoires qu'elle voulait « drôles ou dramatiques, truculentes ou sauvages », c'est-à-dire pareilles à la variété des herbes entrant dans la composition de sa soupe préférée, j'ai sélectionné trois passages. On lira d'abord le récit de l'accident – hélas coutumier dans les campagnes d'alors – qui faillit, à six ans, lui coûter la vie : sa chute du grenier à blé de la ferme sur l'aire de battage, dans la cour. Puis Émilie Carles nous raconte le jour du cochon, jour de fête pour les enfants et de nécessité pour l'alimentation de la famille. Enfin, dans le dernier extrait, elle évoque sa passion précoce pour la lecture qui l'amena, plus tard, à embrasser le métier d'institutrice. Un livre témoignage sur la dureté de la condition paysanne dans la montagne briançonnaise d'il y a un siècle, tout imprégné d'espoir et d'humanité.

« UN ACCIDENT DE LA VIE... »

À six ans la mort n'a pas voulu de moi. Si je suis en vie, je peux dire que ce jour-là, c'est une chance ou un miracle qui a fait que je m'en suis tirée sans dommage. Lorsque je suis tombée du grenier sur l'aire de battage dure comme du ciment, pour mes sœurs qui m'ont ramassée et pour mon père qui avait été le témoin impuissant de ma chute, j'étais quasiment morte.

C'était en 1906, à l'automne, au moment où les moissons terminées les paysans commencent à battre le blé, l'orge ou l'avoine. À cette époque je ne quittais jamais mon père. Du soir au matin je le suivais comme son ombre et, du moment qu'il était au grenier, j'y étais moi aussi. Je voulais faire comme lui, je voulais prendre les gerbes et les jeter deux étages plus bas, là où les sœurs les étalaient avant de les battre au fléau. Comme tous les accidents ça s'est passé très vite, pendant que mon père me tournait le dos. Je crois qu'il ne s'est rendu compte de rien. Il me voyait jouer avec les gerbes mais il ne pensait pas que je prenais ce jeu au sérieux, que je voulais en envoyer une en bas, tout comme lui. Lorsque je l'ai fait dès la première gerbe je suis partie avec.

Deux étages... je suis tombée comme une masse et je suis restée sans bouger sur le sol. Sur le coup Rose et Catherine crurent que je m'étais tuée... Elles m'ont ramassée et m'ont transportée dans la maison. Ce jour-là mon père s'apprêtait à partir en Maurienne pour y chercher le taureau de commune. Ma chute ne l'émut guère, pour lui c'était un accident de la vie, un accident qui n'empêcherait pas la terre de tourner. Il n'a pas dit, il faut appeler un médecin, ni rien, à mes sœurs qui ne savaient que faire et qui se lamentaient, il avait seulement dit : « Soignez-la, faites-lui des compresses, moi il faut que je parte. »

Rose qui était l'aînée, ne sachant à quel saint se vouer, avait demandé :

« Mais père, si la petite sœur meurt, qu'allons-nous devenir ?

— Si elle meurt, avait répondu mon père, vous irez chez l'ébéniste et vous commanderez un cercueil, on l'enterrera à mon retour. »

Mon père n'était pas un homme sans cœur, au contraire, il était bon, généreux et charitable. De ses six enfants j'étais sa préférée... mais, à cette époque, la vie que menaient les paysans de nos montagnes était si âpre, si misérable, que la mort ne pouvait guère les émouvoir et puis, le taureau de commune était autrement important que la mort d'une enfant. Toute la vie du village en dépendait.

COCHON, BOUDIN ET CHARCUTAILLES

Le jour du cochon – on appelle ça ici le jour de la tuerie du cochon – ce jour était tout à fait exceptionnel : toute la famille, les plus proches venaient, c'était l'occasion de se retrouver avec les oncles, les tantes et les petits neveux. Tout le monde s'y mettait, les femmes préparaient la bouillabaisse ou l'aïoli et les hommes s'occupaient des cochons. En plus, ça se passait toujours autour de la Noël et du jour de l'An, il régnait une ambiance de fin d'année, avec parfois quelques cadeaux surprises et puis, tuer le cochon, c'était un événement. Nous, les enfants, étions aux premières loges et nous n'en perdions pas une miette.

À Val-des-Prés c'était mon oncle Auguste qui était le tueur de cochons en titre. L'oncle Auguste était un personnage. Outre qu'il avait la réputation d'être un égorgeur qui ne ratait jamais son coup, il avait du tempérament. C'était un gai luron, un plaisantin qui trouvait le temps de faire des farces pour amuser les enfants. Pendant qu'il s'installait et qu'il préparait ses instruments, il ne manquait jamais de nous appeler et, quand nous étions autour de lui, suffisamment nombreux, il commençait à faire son numéro. « Approchez, approchez, qu'il nous disait, voilà encore un phénomène qui va essayer de me jouer des tours. » Pendant que l'oncle Auguste faisait son boniment, le cochon, les quatre pattes attachées, n'arrêtait pas de sauter et de pousser des cris abominables… « Ah oui, il veut me jouer un vilain tour, je crois bien qu'il va falloir lui tenir la queue, sans ça ! Tiens, toi, approche un peu ici, prends-lui la queue et tiens-la bien pendant que je lui fais son affaire, mais fais bien attention, si tu ne la tiens pas comme il faut je vais le manquer. »

Nous on y croyait dur comme fer à son histoire, de queue… Il y en avait toujours un qui la prenait et qui la tenait hardiment tandis que l'oncle Auguste, d'un coup de lame égorgeait le cochon. Tout de suite après, pendant que le goret finissait de s'égoutter en poussant ses derniers cris, l'oncle en faisait le tour, il inspectait les oreilles, hochait la tête de l'air d'un homme qui a beaucoup de soucis… « Bon Dieu, disait-il, quelles oreilles il a ce cochon, je n'ai jamais vu des oreilles aussi sales de toute ma vie, il va falloir faire le tour du pays pour me trouver un cure-oreilles, je ne peux rien faire avec cette bête tant qu'elle a les oreilles dans cet état-là. Il faut que je lui nettoie les oreilles avec un cure-oreille. » Ça ne ratait jamais, ça prenait une fois jamais deux, mais chaque année il y avait un benêt qui partait en courant et faisait le tour du village en demandant partout le cure-oreilles. Tout le monde était au courant, chacun disait « Ah non ! moi je n'en ai pas, va donc voir à côté chez les voisins, peut-être qu'ils en ont un. »

L'oncle Auguste débitait le cochon et il faisait le boudin le jour même. Par la suite on se débrouillait comme on pouvait. Faire la charcutaille n'était pas une mince affaire, c'était même tout ce qu'il y avait d'important, les saucisses et les jambons que l'on tirait de nos cochons constituaient l'essentiel de notre nourriture pendant toute l'année, autant dire qu'il fallait réussir, sinon c'était la catastrophe. Un jambon qui travaille il n'y a plus qu'à le jeter ou à l'enterrer, les chiens eux-mêmes n'en veulent pas, il n'est plus bon à rien. Heureusement, mon père s'y entendait, sans être un maître charcutier il savait y faire. Pour les jambons il commençait par les mettre dans la saumure pendant une quinzaine, ensuite il les laissait s'égoutter et sécher et, lorsqu'ils étaient bien secs, on les frottait avec de l'ail, du sel, du poivre et du genièvre avant de les coudre bien serrés dans de la toile de chanvre. On les suspendait au grenier quelque temps et puis après on les mettait dans la maille au grain à l'abri de l'air et des mouches ; on était sûrs qu'ils ne ranciraient pas.

Pour les saucisses, mon père avait acheté une machine, je l'ai toujours vu faire sa saucisse avec cet engin-là. C'était une machine à manivelle, très grosse et archaïque mais il se débrouillait avec ça. Il faisait tout lui-même… Il allait aux abattoirs de Briançon pour acheter ce que nous appelions les tombées, c'est-à-dire le foie, le cœur et d'autres bas morceaux, il les nettoyait, il les passait à l'eau bouillante et il les raclait… Il les laissait même geler dehors pendant trois ou quatre nuits. D'après lui, c'était la seule façon de leur faire perdre leur odeur et, disait-il encore, c'était plus facile à découper en lamelles. Ensuite il pétrissait tout ça dans une chapouelle et il enfournait sa saucisse avec sa machine. Il en préparait de deux sortes.

Une aux choux, que nous appelions de ménage et une autre, sans choux et plus maigre, que nous laissions sécher et que nous mangions comme du saucisson. C'est avec ces saucisses-là que nous nous nourrissions pendant tout l'hiver.

LIRE, À TOUT BOUT DE CHAMP...

En ce temps-là il n'y avait ni maternelle, ni rien, on entrait à cinq ans et on en ressortait à quatorze ou quinze ans. Les plus malins arrivaient à décrocher leur certificat, les autres devaient se contenter du fameux « sait lire et écrire » que l'on met sur les papiers officiels. C'est comme ça que ça se passait. Ça m'a plu tout de suite, comment dire ?... C'était comme si jusque-là j'avais été une éponge privée d'eau. Est-ce que j'étais une enfant particulièrement douée ? Je n'en sais rien. Ce qui est sûr c'est que j'avais des dispositions, dès que j'ai su lire je me suis mise à dévorer les bouquins. Tout y passait... Il faut dire que dans un village comme le nôtre le choix était limité, mais j'avais toujours un livre dans les mains. Je lisais partout où je me trouvais, en me levant, dans la cuisine et pendant les récréations. J'avais un instituteur, ça le rendait malade de me voir lire pendant que les autres enfants jouaient, ça le mettait dans tous ses états. Il s'approchait de moi, il venait par-derrière et il m'arrachait le livre des mains, disant : « Allez, va jouer avec les autres, t'as bien le temps de lire plus tard. » Moi je pleurais, je trépignais, je réclamais mon livre, il fallait que ce soit sa femme qui intervienne, elle était plus compréhensive, elle lui disait « mais rends-lui donc son livre, elle ne fait de mal à personne », et moi je lui disais « vous savez bien que je ne peux pas lire chez moi, il y a trop de choses à faire, il n'y a qu'ici que je suis tranquille ». Finalement il me le rendait et je me replongeais dans la lecture.

Je lisais tout ce qui me tombait sous la main. Oh, ce n'était pas bien méchant ! *Jacquou le Croquant, La Mare au diable* et d'autres livres du même genre. Il y avait un autre endroit où j'aimais bien lire, c'était l'étable. J'allais tenir compagnie à ma sœur Catherine pendant qu'elle s'occupait des vaches et je lui faisais la lecture... Les nuits où elle veillait en attendant que la vache mette bas, je restais avec elle. Pendant qu'elle tricotait, assise sur son tabouret, je lui lisais des chapitres entiers, des histoires ou des contes. Elle aimait ça et moi j'étais aux anges.

C'était normal que je lui dise ça à l'instituteur, parce qu'en dehors des heures de classe, mon père ne me laissait guère le temps de rêvasser. Sur ce chapitre il était toujours aussi inflexible, école ou pas, il fallait « rapporter ». Pendant l'interclasse de midi je courais avec Joseph jusqu'à la Draille, à l'autre bout du village, pour m'occuper des moutons. Mon frère faisait le fourrage, moi j'allais à la corvée d'eau... quand ce n'était pas les moutons il y avait le crottin à ramasser ou bien les pignons pour allumer le feu et il n'était pas question de revenir avec le panier à moitié plein. Le plus dur c'était la corvée d'eau, il fallait aller la chercher dans la Clarée avec des seaux et l'hiver, quand il gelait, c'était une vraie patinoire, sans compter la pente, on fait un pas en avant, deux en arrière, c'est un miracle que je ne sois pas tombée dedans. Quand on avait terminé on revenait en courant à la maison pour déjeuner et à une heure on retournait en classe. On recommençait le soir.

Je garde de ces années un souvenir extraordinaire, malgré les corvées, malgré la fatigue. Je ne pouvais pas m'ennuyer ou trouver le temps long. Quand je me couchais j'avais le corps brisé mais la tête pleine d'images et je m'endormais en me racontant des histoires ou en faisant des projets d'avenir. Le lendemain, je repartais fraîche et dispose. Les lectures, les seaux d'eau glacée, les odeurs de l'étable, la sensation de grandir et d'apprendre chaque jour davantage, ces années-là me restent comme le souvenir d'un grand gâteau dans lequel il suffisait de mordre. Il était inépuisable. Les quelques pépins ne comptaient guère en regard de tout ce qu'il y avait de bon. Je les recrachais sans même y penser.

Jean-Claude Carrière
Né en 1931

Historien de formation, scénariste des plus grands cinéastes (Buñuel, Schlöndorff, etc.), dramaturge, romancier, passionné par le bouddhisme ou le langage de l'amour, Jean-Claude Carrière est un auteur éclectique, prolifique, toujours intéressant. Dans Le Vin bourru, *publié en 2000, il a raconté son enfance languedocienne, à Colombières-sur-Orb, dans l'Hérault, de sa naissance en septembre 1931 au sein d'une famille de viticulteurs au 1er avril 1945, date à laquelle « un train bondé » de fin de guerre l'emmena vers Paris, un autre monde, une « autre culture ».*
De cette œuvre prenante et instructive, mélange de souvenirs personnels et de descriptions plus distanciées de la vie rurale, j'ai retenu le passage où Jean-Claude Carrière revient sur la seule fois où il vit pleurer son père. Il s'agit d'une simple « anecdote », mais elle en dit long sur les sentiments attachés à l'ancienne autarcie paysanne.

LES SEULES LARMES DE MON PÈRE

Ce souci de garder, de préserver l'objet utile s'accompagnait d'une tentative d'autarcie économique qui remontait sans doute à des temps très anciens et se perpétuait tant bien que mal, malgré la récente avancée du vin. Mes parents, comme leurs voisins, n'achetaient ni légumes, ni fruits, ni lait, ni œufs, ni vin bien sûr. À la volaille et au gibier s'ajoutait de temps en temps un morceau de mouton, tranche ou côtelettes grillées, ou bien encore de chevreau, qui se mangeait au four ou en blanquette. Les cochons fournissaient une bonne réserve de charcuteries et de salaisons. Je n'ai mangé du bœuf qu'à de très rares occasions. Jamais de cheval, de chevreuil ou de cerf, de coquillages, de poissons de mer (sauf quand j'allais chez mon oncle et ma tante, à Marsillargues, qui est à moins de vingt kilomètres de la mer).

Nous n'achetions – en plus des vêtements, de quelques objets nécessaires, du sulfate et du soufre pour soigner les vignes – que le pain à la boulangerie, la farine, le sel, le sucre, quelques condiments comme la moutarde, le café, des pâtes aussi, une fois par mois, pour préparer des macaronis au gratin, un peu de fromage de Roquefort et de Gruyère et des matières grasses, beurre et huile.

La seule fois où je vis pleurer mon père fut le jour où il cassa une bonbonne d'huile d'olive de quinze litres qu'il venait d'acheter et qu'il montait à la maison. Il la tenait de la main droite, un peu d'huile s'était échappée et se répandait autour du bouchon, sa main glissa, la bonbonne se fracassa juste au bas de l'escalier extérieur.

Nous sortîmes au bruit, ma mère et moi. Il se tenait immobile au milieu d'une flaque d'huile qui s'infiltrait dans le sol entre les pierres. Le bouchon lui restait à la main et il pleurait. Ma mère descendit et tenta de le consoler. Maladresse impardonnable. Je ne l'ai jamais vu pleurer à la mort d'un proche, ni lorsqu'il était gravement malade, ni lorsqu'il lui arriva, plus tard, de se disputer avec ma mère. Il ne pleura peut-être de sa vie que ce jour-là, sur son huile perdue par sa faute.

André Chamson

(1900-1983)

Né à Nîmes, dans le Gard, et enterré au col de La Luzette, près du mont Aigoual, « sa montagne sainte », André Chamson n'aura jamais cessé de revendiquer ses racines cévenoles et camisardes. La majeure partie de son œuvre de romancier et d'historien – ses « romans dans l'Histoire » comme il aimait les appeler – y est consacrée, de Roux le bandit, *publié en 1925, à* Castanet *ou* Catinat, *parus en 1979 et 1982. Il y est aussi longuement revenu dans ses ouvrages autobiographiques* (Les Quatre Éléments, Le Chiffre de nos jours, Devenir ce qu'on est), *où l'on voit bien combien ses choix d'homme furent largement influencés par les Cévennes de sa jeunesse : une carrière professionnelle vouée à la protection du patrimoine historique et culturel – André Chamson fut conservateur des Musées puis directeur des Archives de France – auquel ce pays de montagne, chargé d'histoire et de légende, le prépara ; un engagement politique en faveur du combat antifasciste et antinazi, prolongement contemporain de la lutte des camisards ; une vie entière, enfin, de fidélité à ses ascendances paysannes et à sa région, qui ne furent jamais, pour lui, synonyme d'enfermement mais, au contraire, source, creuset d'humanisme et d'universalité. « Pour fidèle que je sois à mes origines, j'aurais été citoyen de toute cette planète et la phrase de Wesley que ma grand-mère m'a transmise en héritage peut me servir vraiment de devise. "Le monde est ma paroisse" et je n'ai jamais senti de séparation, ni de différence entre les autres hommes et moi. Ma naissance m'a libéré de tout préjugé de classe. J'ai grandi au milieu des paysans, des garçons de la montagne et me suis considéré comme l'un des leurs. Je n'ai jamais eu non plus aucun préjugé de race. Il me suffit d'aller chez les peuples les plus lointains, les plus différents de moi, pour me sentir, aussitôt, happé par les mystérieux pouvoirs de leurs origines et prêt à les laisser confondre avec les miennes. C'est par l'originel que je me sens proche des autres hommes et le natif, une fois encore, me permet de mieux comprendre l'acquis », écrit-il dans* Devenir ce qu'on est.

Des Quatre Éléments *et du* Chiffre de nos jours, *livres plus descriptifs et axés sur ses souvenirs d'enfance, j'ai retenu trois textes où André Chamson revient sur les principaux événements qui marquèrent son appartenance à la commu-*

nauté paysanne cévenole. C'est d'abord l'apprentissage du patois, acquis sans étude, « simplement par l'exemple et par le jeu de la vie », au contact d'un métayer qui cultivait la vigne de sa grand-mère. C'est ensuite la cérémonie du bizutage scolaire, rite initiatique qui fera de lui un membre de ce « peuple de pâtres toujours prêts à devenir des guerriers ». Enfin, on lira le récit du combat avec les enfants de « l'autre école », celle des « fils du pape » que Chamson et ses petits camarades protestants et républicains aimaient à affronter. Un auteur qui sait conjuguer sociologie, histoire et art littéraire, pour notre plus grand plaisir et que nous soyons natifs des Cévennes ou d'ailleurs...

LE PATOIS, LANGUE DU TRAVAIL ET DE L'HISTOIRE

Je ne sais pas très bien à quel moment j'ai vraiment su la langue de nos montagnes. C'est entre douze et quatorze ans que j'ai dû l'apprendre lentement, comme une seconde langue maternelle. Ce fut pour moi une nouvelle conquête du langage, aussi naturelle que la première. Elle ne me demanda aucune étude et se réalisa simplement par l'exemple et par le jeu de la vie.

Pendant longtemps, tous les mots qui composent cette langue me semblèrent épars, comme les choses le sont dans le monde. Pour apprendre à lier ces mots les uns aux autres, il me suffisait d'écouter les hommes qui trouvent en eux le seul moyen de s'exprimer sans contrainte. Dans nos vallées, si la langue de la prière et de la méditation était le français, la langue du travail était restée le parler d'oc. Je l'entendais partout où s'élevait une muraille, contre la ligne pure des fils à plomb, partout où tournaient les métiers en dévidant l'éclair de la soie, partout où sonnait l'acier d'une pioche, où grinçaient des souliers cloutés, où s'élevaient des voix d'hommes.

Dans nos vieux pays, on est encore fidèle à cet antique langage. Qu'un voyageur passe et tous parleront en français devant lui. Mais qu'il s'éloigne un peu et chacun reviendra à la vieille chanson. Il sera le seul à ne pas l'avoir entendue. La pudeur, la politesse et peut-être, un léger mépris entourent ainsi nos langues locales d'une sorte de secret. Mais ce secret, nul ne songe à le dérober à l'enfant qui grandit au milieu des montagnes. L'homme au travail ne pense pas à changer son parler devant lui. L'enfant l'écoute et le temps suffit à lui révéler les mystères de cette langue.

Entre tous les maîtres naïfs dont j'ai reçu cette leçon, j'ai surtout gardé le souvenir de celui qui cultivait à mi-fruit la petite vigne de grand-mère. Il a non seulement fixé pour moi un des modes du langage, mais encore un type humain dont je ne peux me déprendre. Chaque fois que j'imagine une histoire, il apparaît dans un des personnages qui se présentent à moi. Bon gré, mal gré, il faut lui faire place et le laisser régner de page en page. À chaque coup, il pousse en avant un des côtés de sa nature et semble devenir un être nouveau. C'est pourtant toujours le même homme, le paysan, le travailleur qui a fait alliance avec la terre.

Encore une fois, je le retrouve devant moi, la chemise ouverte, le poil dur, la figure insensible au temps, les mains serrées sur le bois des outils. C'est ainsi qu'il me parlait, en marquant un temps de halte au milieu de son ouvrage. Il continuait à me parler en travaillant et les mots dont il se servait semblaient être des outils pareils à ceux avec lesquels il forçait la fécondité de la terre.

Si les réunions du mercredi [consacrées à la prière] m'ont révélé qu'il existe, une puissance au-delà du langage et, déjà, dans le langage lui-même, les discours de ce vieux remueur de terre m'ont appris que tout ce qui touche à la vie des hommes peut s'exprimer durement dans une langue pareille au rythme du travail et créatrice comme lui.

Trois grands thèmes se retrouvaient dans ses discours : la guerre de 70, la République et la Montagne. Il commençait à me parler en français, en cherchant un peu ses mots, en donnant une cadence étrange à ses phrases. Ce n'était pas seulement l'accent du Midi qui n'est que le souvenir d'une autre langue, mais une façon plus chantante et plus âpre encore d'accentuer et de poser les mots. Il parlait ainsi comme s'il avait voulu réciter un poème. Mais, brusquement, quand il arrivait au moment où les mobiles du Gard se déployaient dans les plaines de la Loire, il se mettait à parler en langue d'oc, d'un seul coup, comme si ce passage eût été une transition naturelle de son discours.

Ce changement m'avertissait que nous entrions au plein de l'action, dans ce petit matin glacé où luisaient les premiers casques ennemis. Mais alors, aussi brusquement qu'il avait changé de langue, il me regardait, s'arrêtait en plein élan et, devant les premières maisons basses de Beaune-la-Rolande, l'arme prête, il me demandait :

« Tu comprends ce que je dis ? Je parle patois sans y porter attention. Tu comprends quand même ? »

Je faisais oui de la tête, en crispant tout mon corps. Je ne voulais pas dire un seul mot de peur d'interrompre le fil de l'histoire. Le vieux me fixait un moment et reprenait son récit dans sa langue. Je comprenais tout ce qu'il disait. J'étais entraîné par l'histoire, je marchais au canon et c'est en avançant de talus en talus, au péril de nos deux vies, liées par la camaraderie du combat, que je comprenais le sens de toutes les phrases.

Nous passions ainsi des heures à revivre les petits événements de l'Histoire, ceux qui tiennent l'homme à la chair et le font participer aux plus grandes catastrophes. L'orgueil d'avoir surmonté la peur nous faisait oublier la défaite. Deux jours sans pain, trois nuits sans feu nous donnaient le droit d'être quittes avec l'Histoire et de revenir au pays. Nous nous y retrouvions brusquement, l'un devant l'autre, au milieu des terres remuées et l'Histoire s'ouvrait alors logiquement sur d'autres récits qui ne lui appartenaient pas encore. Il ne s'agissait plus de savoir ce qui s'était passé, ce qui avait été imposé à l'homme par les événements, mais ce que l'homme voulait faire.

Le vieux paysan parlait alors du destin comme d'une terre labourable. Comment n'aurais-je pas compris ses discours ? Même quand il parlait du gouvernement des hommes, il me semblait le voir tracer des lignes au cordeau, défoncer le sol, semer, poser des tuteurs et tendre des fils de fer sur lesquels pourraient venir prendre appui les rameaux et les feuillages. Il me disait :

« Alors, nous avons fait la République... Mais on n'a jamais fini avec elle, c'est comme avec la terre... »

Il avait un geste de la main sur tous les carrés inégaux qu'il avait plantés lui-même et dont il allait récolter les fruits pour les replanter à nouveau. Il retournait une motte de terre et recommençait à parler. La langue qu'il employait ne me faisait plus penser aux grandes eaux roulant dans leur toute-puissance. Ce n'était plus un élément déchaîné. Elle s'imposait à moi comme le rythme de la marche ou de l'effort. Elle créait un rapport exact entre l'action et la parole. Elle était quelque chose comme un engagement musculaire, une conséquence de la volonté et de la décision.

« Tu comprends ? me demandait-il à nouveau. Oui ! Mais qui t'a enseigné notre langue ? Ce n'est pas chez toi que tu as pu l'apprendre, ni à l'école... Après tout, moi non plus, je ne l'ai apprise nulle part. Mais, nous autres, nous étions au travail de la terre. »

Il sous-entendait que le travail était le plus sûr moyen d'apprendre à s'exprimer, mais ne songeait pas à me proposer une philosophie du langage. Je répondais pourtant :

« Bien sûr, moi aussi, je l'ai appris sur la montagne. »

UN BIZUTAGE CÉVENOL

« Puisqu'il va rester avec nous, il faut le crester, avaient dit mes camarades en me regardant à la dérobée, quelques jours après la rentrée des classes.

— On le crestera ! » répondaient les grands en prenant des poses d'athlètes, le bras plié pour faire saillir les biceps, les pectoraux remontés à la mode des lutteurs de foire.

Chaque soir, dès que la cloche sonnait, ils se précipitaient sur mes pas. Mais ma mère venait m'attendre à la sortie de l'école et, pendant toute une semaine, je pus rentrer chez moi sain et sauf. J'avais peur et je me serrais contre elle qui me protégeait sans le savoir. Je savais fort bien, en effet, ce que crester voulait dire. C'était un mot de notre dialecte secret, un mot de légionnaire ou de charretier des voies romaines, un mot de berger, plutôt, car « crester » les moutons, c'était les châtrer, et crester un camarade d'école c'était le soumettre au simulacre de ce supplice.

Ma mère venait toujours m'attendre en feignant de se trouver là par hasard. On commençait à rire de moi.

« Les filles ne rentrent pas seules à la maison ! » me disait La Sisse, méprisant.

Je finis par supplier maman de ne plus venir à la sortie de l'école et le jour arriva donc où, la classe finie, quarante garnements se lancèrent à ma poursuite.

« Cresto-lou ! » hurlaient-ils en s'excitant à la course.

J'avais des jambes de fer, le souffle dru, et des réflexes de chat. Au premier cri, j'avais démarré, pris vingt longueurs et, la bouche fermée, respirant à fond par les narines, je maintenais mon avance. Quelques-uns de mes poursuivants s'étaient jetés sur ma droite et me rabattirent vers l'avenue qui monte à la sous-préfecture. J'étais encore à quarante mètres devant eux en passant devant la chapelle méthodiste. Mais leur meute était sur mes pas. Quand je débouchai sur le champ de foire, les plus rapides étaient presque sur mes talons. Ils se déployèrent en demi-cercle et me forcèrent comme un sanglier, dans le coin le plus solitaire de la promenade des Châtaigniers.

Quand je les sentis souffler dans mon dos, je fis front, les mains en avant, la tête basse. Mais, à la première poussée, je succombai sous le nombre. Un croc-en-jambe me fit chanceler, une bourrade acheva de me faire perdre l'équilibre. Ma nuque sonna sur le sol et je sentis s'abattre sur moi des grappes de mes camarades.

« Cresto-lou ! » hurlaient-ils en s'entassant les uns sur les autres.

Les plus petits s'étaient mis à danser en rond autour de moi, comme on voit danser les Peaux-Rouges, sur les images. La cérémonie avait ses rites et chacun y jouait son rôle, en se souvenant de sa propre initiation :

« Cresto-lou ! » criaient les plus petits aux plus grands qui cherchaient à me réduire à l'impuissance.

Poignets cerclés par dix mains, chevilles clouées au sol, attrapé par les cheveux et par les épaules, je subis mon supplice en poussant un cri de bête. C'était une brusque torsion, douloureuse mais prudente, un geste de berger qui cherche à ne pas gâter son bétail.

« Il est cresté ! hurlaient les petits en accélérant leurs danses de gnomes.

— Il est cresté ! répondaient les plus grands en essuyant d'un revers de main la sueur qui coulait sur leurs visages. »

Tous s'étaient écartés de moi et me regardaient en formant un demi-cercle. En quelques secondes, je fus debout, le souffle encore coupé, déjà prêt à me battre.

« C'est un balest ! disaient les plus forts en me considérant avec sympathie. Un vrai balest de la forte espèce ! »

Qui pouvais-je provoquer ? À qui fallait-il demander raison ? Au plus fort ? Au plus gros ? À celui qui m'avait fait le croc-en-jambe ? À celui... C'est en vain que je défiais du regard mes adversaires. Aucun d'eux n'avait l'air de vouloir se battre avec moi. J'avais subi ce que la coutume exigeait que je subisse. Nul n'y avait mis de méchanceté, ni de haine. Il n'était pas question d'en venir aux coups. Je venais d'être admis dans la tribu. J'avais été reçu dans le clan et les loups ne se mangent pas entre eux.

« C'est un balest ! répétaient les plus forts en m'appréciant d'un coup d'œil, comme les bergers jugent les béliers cocardés de rouge qui marchent en tête du troupeau. Les moins hardis me faisaient déjà des sourires.

— C'est fini… On peut s'en aller, disaient-ils en me regardant. »

Je n'avais plus mal. Ma fureur s'était dissipée avec ma souffrance. Au bas de la pente des Châtaigniers, j'étais déjà sans rancune. Cent mètres plus loin, mes persécuteurs étaient redevenus mes amis. Je ne me sentais pas humilié, comme je l'aurais fait si j'avais eu le dessous dans une bagarre. J'éprouvais peut-être même une sorte de fierté, en me disant que j'étais maintenant comme les autres.

Nous n'avons jamais soupçonné ce que ces jeux voulaient dire. Nous crestions les nouveaux venus. C'était la coutume et cette coutume avait sûrement traversé les siècles. Nos aînés avaient dû la suivre avant nous, mais ils semblaient l'avoir oubliée, comme si la tradition s'en était perdue après eux. C'est ce que je pense moi-même, à l'heure actuelle. On m'étonnerait bien si l'on me disait qu'elle se pratique encore ! C'est ce que devait penser M. Gorlier. S'il s'était douté de ce que nous faisions, parfois, après la sortie des classes, il nous aurait sûrement fait copier trois ou quatre mille fois : « Je suis une brute infecte ! » en ronde, en bâtarde et en anglaise, en changeant toutes les trois lignes.

Les plaisirs douteux n'avaient rien à voir avec ces pratiques secrètes. Ce n'étaient que les jeux d'un peuple de pâtres toujours prêts à devenir des guerriers. Pendant des siècles, il avait fallu que les hommes de nos montagnes soient vraiment des hommes. Il ne s'agissait donc pas d'humilier le nouveau venu, mais de vérifier sa virilité. Il devait prouver qu'on ne pouvait rien contre elle. Il devait sortir de l'épreuve bélier têtu et non pas mouton, petit mâle enragé encore prêt à se battre.

« À ce coup-ci, m'avaient dit mes compagnons, tu es tout à fait de notre école. »

Entrer dans un groupe, c'est déjà s'affronter à ses ennemis. Nous avions les nôtres. De vrais ennemis que nous ne pensions pas à crester, mais que nous affrontions à coups de pierres, des ennemis que nous aurions voulu pouvoir piétiner et humilier et qui, pourtant, nous ressemblaient comme des frères. Ces ennemis jouaient aux mêmes jeux que nous. Ils crestaient leurs nouveaux venus. Ils connaissaient les secrets que nous connaissions et cousinaient avec nous, au-delà de trois ou quatre siècles d'Histoire, dans l'obscure communauté d'un peuple de bergers et de bûcherons. C'étaient les enfants de l'autre école !

« EN AVANT, LA LAÏQUE ! »

À force de se mépriser et de se haïr, on finit par entrer en guerre. Pour en venir aux coups, il suffit d'avoir un prétexte. Le meilleur consiste à défendre un lambeau de territoire, Alsace-Lorraine ou Macédoine, champ de bataille et enjeu de cette bataille... Ce fut, pour nous, l'endroit le plus paisible de notre ville, un bois sacré planté d'arbres centenaires, la grande châtaigneraie qui domine le champ de foire.

Cette châtaigneraie était située aux confins des deux zones d'influence qui partageaient notre ville, car chaque école avait son domaine et ses terres interdites. Des limites invisibles, des frontières sans barrières ni poteaux, jalonnaient ces deux territoires. Nos ennemis occupaient la partie haute de la ville. C'est là que se trouvait l'école des Frères. Ils avaient le plan d'Auvergne en partage, les jardins du mont Dausset et le terre-plein de l'église catholique. Nul d'entre nous n'aurait eu l'idée d'aller s'amuser dans ce royaume et je n'étais pas loin de penser qu'il était rempli de maléfices.

Nous étions chez nous, en revanche, au-dessus des ponts du chemin de fer et dans le quartier du sous-quai. C'est là qu'on avait construit l'école de la République. Les châtaigniers faisaient donc partie de notre héritage. Nous y montions en bande, à la sortie de la classe, comme les petits Parisiens vont au bois de Vincennes ou aux Buttes-Chaumont. L'Église libre, la chapelle méthodiste et la sous-préfecture se trouvaient sur notre chemin. C'est même entre le potager du pasteur et le mur jardin du sous-préfet que nous débouchions sur le champ de foire. Comment n'aurions-nous pas été chez nous, dans ce quartier consacré à la République et à la religion protestante ?

Les châtaigniers étaient donc à nous. Mais ce bois sacré était si vaste que les élèves de l'autre école avaient aussi le droit d'y venir jouer, en petits groupes et dans le coin qui s'étend en avant du cimetière. C'était une simple tolérance du temps de paix, un accord tacite, révocable à la moindre alerte.

Notre premier conflit eut lieu au mois de novembre, quelque temps après la rentrée des classes. Un samedi, en tournant le coin du mur préfectoral, nous vîmes nos ennemis déboucher en force, à cinq cents mètres de nous, à l'extrémité du champ de foire. Ils étaient au moins cinquante ou soixante et nous n'étions guère que cinq ou six, La Sisse et moi, Abric et les deux frères Courcier, venus en avant de nos camarades qui flânaient derrière nous.

« Monstre de sort ! dit La Sisse en s'arrêtant brusquement. Regarde-les ! C'est un coup monté… Ils nous cherchent. »

En nous voyant, les enfants de l'autre école s'étaient arrêtés, eux aussi. Alignés sur un seul rang, serrant sur le centre, culotte à culotte et coude à coude, ils tenaient toute la largeur du champ de foire et ce n'était pas par hasard qu'ils s'étaient ainsi rangés en bataille.

« Punaise ! reprit La Sisse, on ne va pas quand même foutre le camp devant eux… Les châtaigniers, c'est à nous…

— Il faudrait aller chercher les autres, dit Abric, plus nègre blanc que jamais. On n'est pas assez pour tenir le coup !

— C'est ça, répondit La Sisse en crachotant de colère. Va chercher tous ceux de notre école. Ils doivent s'amuser devant la sous-préfecture… Pendant ce temps, on va ramasser des cailloux. »

Jamais les châtaigniers n'avaient été traversés par un tel silence.

« Ici, ce n'est pas à eux ! grommelait La Sisse. Ils n'ont qu'à rester de leur côté. »

Abric était parti en courant. Nos ennemis venaient, de reprendre leur marche. Ils étaient maintenant à hauteur de la Caisse d'Épargne et s'avançaient lentement, comme une armée de fourmis.

« S'ils viennent jusqu'ici, on les recevra ! criais-je à La Sisse. Et nous les ferons courir jusque chez eux. »

J'étais furieux. Mes genoux tremblaient de colère et, peut-être aussi, de peur. Je m'étais mis à hurler :

« Faites des petits tas de cailloux... Prenez des plats et des ronds, de ceux qu'on peut lancer à bras cassé... Faites un petit tas tous les mètres et, derrière, à cinq ou six mètres, une autre rangée.

— Bon ! dit La Sisse, une ligne de réserve.

— Non pas... non pas... la seconde ligne est pour commencer et celle de devant est la ligne d'assaut. »

La Sisse était déjà au travail. Nos tas de cailloux montaient à toute vitesse. Les enfants de l'autre école s'étaient arrêtés devant la boutique de Boisson, le maréchal-ferrant, et nous regardaient avec méfiance, en parlant entre eux.

« Les nôtres sont là ! » nous cria Abric qui se mit aussitôt à ramasser des pierres.

Nos camarades arrivaient au pas de course. Meige, Monna, Finiels, Massip, ceux du quartier de la gare, ceux du quai, ceux de l'Elze, prenaient position à côté de nous.

« Faites des tas de cailloux, » leur criait La Sisse.

Nos ennemis avaient repris leur marche en avant et venaient vers nous, en masse compacte.

« Tu peux les tirer ? me hurla La Sisse

— Pas encore... Il faut qu'ils s'avancent un peu plus... Je pourrai tirer quand ils auront fait vingt mètres.

— Comme moi ! dit La Sisse. Mais on est tous les deux les plus forts lanceurs. Les autres ne vont pas si loin. Il vaut mieux attendre encore. Dans l'arc de mes doigts crispés, entre le pouce et l'index, je tenais le plus beau caillou que j'avais trouvé, un galet plat, lourd, lisse et rond.

— On tire ? » souffla La Sisse.

Nous étions maintenant côte à côte, au centre de notre ligne. Il avait suffi de quelques instants pour faire de nous les deux chefs de notre école. Tous nos compagnons nous regardaient, prêts à tirer dès que nous aurions lancé la première pierre.

Nos ennemis s'étaient encore arrêtés, devant le petit café où les bergers du Lingas venaient boire des canettes, les jours de foire. Il y eut un silence, un petit coup de vent sur les feuilles de châtaigniers, un vol de feuilles jaunies.

« Gorges noires… Oreilles collées ! hurla une voix au centre de la ligne sombre alignée en face de nous.

— Oreilles collées… Gorges noires ! reprirent nos ennemis en laissant traîner leurs voix que prolongeaient les échos.

— Enfants de chœur… Fils du pape ! répondîmes-nous en mettant nos mains en cornet devant nos bouches.

— Républicains… Protestants !

— Culs blancs… Royalistes !

— Demi-portions… Poitrinaires !

— Moitiés d'hommes… Allez mettre des robes de filles !

— Vous n'y voyez que d'un œil !

— Vous puez ! hurla La Sisse.

Premier coup de canon tiré sans ordre, une pierre siffla sur nos têtes. Le meilleur lanceur de l'autre école avait donné le signal.

« Je tire… Tire ! » me cria La Sisse.

Mon galet rond partit comme une balle de fronde. Celui de La Sisse s'était envolé en même temps. Les nôtres tirèrent aussi et, déjà, les autres avaient tiré. Une grêle de pierres arrivait sur nous.

« Visez le milieu, c'est là qu'ils ont mis leurs chefs. »

Nous tirions, bras cassés, après avoir craché sur la pierre que nous tenions dans nos doigts. Nous pensions la charger ainsi d'un pouvoir magique et l'obliger à trouver son but. La détente de nos bras faisait le reste. Nous n'avions que dix ou onze ans, mais nous étions déjà de terribles lanceurs. Nos ennemis tiraient aussi bien que nous et chargeaient aussi leurs projectiles de maléfices. Ils avaient bourré de cailloux les poches de leurs tabliers, mais ils les avaient déjà tous lancés quand nous eûmes fini notre première réserve.

« Aux tas de devant ! hurla La Sisse. Feu à volonté ! »

Nos ennemis n'avaient plus de munitions. Pour nous répondre, il leur fallait d'abord trouver de nouveaux cailloux. Ils couraient après ceux que nous leur lancions, en les esquivant de leur mieux. Déjà, plusieurs blessés avaient fait des trous dans leur ligne. Chez nous aussi, les premiers pleurs se mê-laient au premier sang, mais nos ennemis commençaient à battre en retraite.

« Des cailloux dans vos poches… En avant, la laïque… et ne tirez qu'à dix mètres.

— Après les cailloux, la satonnée ! hurlait La Sisse en faisant la boule avec ses biceps.

— Faites place ! criaient les frères Courcier qui, disparus depuis un moment, revenaient vers nous avec un étrange attirail. »

Fils de maçon, ils étaient allés chercher deux cordes dans l'entrepôt de leur père, deux cordes pleines de taches de plâtre au bout desquelles ils avaient amarré une énorme pierre. Ils firent tourner ces pierres sur leurs têtes et, lâchant progressivement leur filin, en firent une fronde qui ne lançait pas son projectile et balayait tout, autour d'elle.

En quelques instants, nos ennemis furent en pleine déroute. Ils se dispersèrent en courant. Les uns foncèrent vers les châtaigniers, d'autres descendirent vers la ville. Un dernier carré battait en retraite en faisant fière contenance, comme la vieille garde à Waterloo. Notre tir le rompit. Nous foncions sur la trace des vaincus que nous accablions sous le nombre. La bataille éclata en vingt combats singuliers.

Dans les tourbillons de cette déroute, je ne perdais pas de vue un grand garçon maigre qui m'avait semblé être un chef. Comme il essayait de prendre le large, je fonçai derrière lui. Sur le point d'être atteint, il se retourna. J'aperçus son visage, coupé de rides comme celui d'un vieil homme… Une pierre ronfla à un centimètre de mon visage. Je fis un saut en arrière et, glissant sur des feuilles mortes, m'étalai de tout mon long. Le garçon que je poursuivais était déjà loin. Il s'arrêta de nouveau, choisit une pierre en la faisant sauter dans sa main pour juger de son poids, m'ajusta lentement et son bras se détendit comme une cinglette de noisetier. Je fis un nouveau saut de truite en voyant la pierre voler vers moi et lâchai ma proie… Le garçon s'en alla à pas comptés, après m'avoir fait une grimace.

La Sisse avait poussé jusqu'en haut des châtaigniers, sans pouvoir arriver à rejoindre les fuyards. Un galop de galoches battait les trottoirs dans la rue qui descend devant la Caisse d'Épargne… La bataille était finie… Nous étions maîtres du champ de foire. Nous avions repris l'Alsace-Lorraine !

Le vent du Rouergue se leva. Un nuage sortait des Quatre-Chemins et faisait des sillons de pluie entre les ramures des arbres où tourbillonnaient les dernières feuilles.

« On rentre à notre maison ? demanda La Sisse.

— Puisqu'on a gagné, répondit Abric, on n'a pas besoin de rester ici. »

[*Le Chiffre de nos jours*, Éditions Gallimard, 1954 ;
et *Le Livre des Cévennes*, Omnibus, 2001, p. 781-784 et 816-821.]

Gaston Chevereau

(1909-2003)

Né dans la Sarthe, Gaston Chevereau fut pâtre, ouvrier agricole avant de devenir, après des études d'autodidacte, instituteur. En 1987, il a publié Une enfance à la campagne, *le récit de ses premières années à L'Hommedaire, un hameau des Proulières, situé sur la commune de Saint-Mars d'Outillé, près d'Écommoy.*

De ses souvenirs, patiemment reconstitués – le projet, dédié à ses enfants, date de 1970 – et soigneusement calligraphiés sur des cahiers d'écolier, on lira d'abord l'histoire, drôle et mouvementée, de sa venue au monde. Il nous conte ensuite l'un des plus pénibles moments de son enfance : quand il voit mourir, « un peu par [sa] faute », Normande, la meilleure laitière d'un troupeau qui n'en comptait alors que trois. C'est enfin, vers douze ans, la joie d'obtenir le certificat d'études, vite ternie par l'obligation d'en rester là, pour l'instant, en matière d'instruction. Sans doute parce qu'il parvint plus tard à reprendre les études et à passer « de l'étable au tableau » – le titre de son deuxième livre –, sans doute parce qu'il avait le culte du mot « juste et irremplaçable », Gaston Chevereau sait dire ce que fut « la honte » de n'être qu'un paysan…

MON ENTRÉE DANS LE MONDE

Dans la nuit, le père Hureau a attelé son Poulot, un petit cheval breton, à la carriole, et en route pour Écommoy ! Dans ce temps-là, il fallait transporter la sage-femme. Mais il faisait froid cette nuit du 18 mars 1909 ; en passant, au retour, devant le café de la Belle-Étoile, le père Hureau a eu envie de se réchauffer. Il a réveillé les gens ; il a fallu allumer un fagot dans la cheminée pour faire chauffer le café. Une flambée, une tasse de jus brûlant, arrosé bien entendu, suivi du pousse-café, cela réchauffe et réjouit. Mais aussi les heures passaient et l'attelage n'était guère rapide. Quand la sage-femme est arrivée à L'*Hommedaire,* l'événement avait eu lieu.

C'est donc la mère Hureau qui a présidé à ma naissance. (Combien de fois m'a-t-elle dit : « C'est moi, tu sais, qui t'ai mis ta première chemise ! »). Mais je ne sais comment elle s'y est prise, elle n'a pas eu le temps de me retenir et je suis tombé sur le pavé. J'avais une bosse sur le front.

Mes parents avaient déjà trois garçons, mais une seule fille : je devais donc être une fille, si bien qu'ils n'avaient pas prévu un nom de garçon. Comment appeler ce petit numéro 5 ?

La mère Hureau avait un neveu prénommé Gaston et qui habitait la ville ; et puis le député était Gaston Galpin ! Un monsieur de la ville, un député, c'était sûrement des gens bien : j'héritai de leur prénom.

Me voilà donc entré dans le monde avec une bosse au front et un prénom prestigieux.

LA PERTE DE NORMANDE

Je devais arriver très tôt le matin, car, dès 10 heures, les taons, plus nombreux dans ce bois qu'ailleurs, harcelaient les vaches qu'il n'était plus possible de retenir. Parfois, elles partaient malgré moi, elles galopaient à travers les champs, excitées par les insectes ; je tentais de les suivre, mais je ne parvenais pas toujours à les maîtriser. On les entravait pourtant avec un « landon » : un rondin fixé au cou par une longe et qu'elles devaient traîner entre leurs pattes. Malgré cela, elles arrivaient dans la cour de la ferme avant moi. Maman, étonnée et pas contente de voir rentrer si tôt les vaches, disait : « Elles ont core *mouchè*. Tu n'as donc pas pu les teni ? » J'étais exténué. Je pleurais. Ces landes de Rhonne !... Cette expression évoque pour moi de mauvais souvenirs. En voici un plus pénible que tous.

Un jour, lorsque je rentrai à la maison avec mon troupeau mes parents remarquèrent que Normande, notre plus belle vache, semblait malade. Elle était gonflée, elle souffrait. Que faire ? On hésitait toujours à appeler *l'affranchisseux*, ça coûtait trop cher. La pivardaine[1] devait être mouillée de rosée ce matin-là, et puis la veille, elle avait mangé trop de trèfle tendre ; elle était météorisée.

« Tu ne t'es donc point aperçu qu'elle était malade ? T'aurais dû rentrer pus toût. »

Mais non, je ne m'étais point rendu compte. C'était en partie de ma faute ce qui arrivait. J'étais atterré. Des voisins arri-

1. Pivardaine : graminée poussant de préférence dans des terres noires et humides, dont les tiges servaient aussi à faire des balais.

vèrent ; chacun donnait son avis. On essaya divers remèdes. L'état de ma pauvre vache empirait. Quelqu'un partit dans le bourg chercher M. Renoux, l'affranchisseux. À pied, cela ne va pas vite. « Dè què qu'il a dit ? Avait-i l'air soûl ? » La vache gonflait de plus en plus, mes parents se lamentaient. On alla voir au bout du chemin : rien, toujours rien... Papa était soulevé de colère, maman était malade d'angoisse.

« Le voilà, c'est li ! » M. Renoux apparaît, mais il ne se presse guère... et papa serre les poings. Sans s'émouvoir, il sort son trocart et l'enfonce dans la panse de la bête. Rien ne sort, les gaz ne s'évacuent pas. Il est trop tard. La vache tombe. L'affranchisseux avait prévu le dénouement. De sa trousse, il sort un couteau de boucher, se met à l'aiguiser. Je me sauve, je ne veux pas voir cela !

Quand je suis revenu, quel spectacle ! Un lit de paille, du sang partout, des tripes, des quartiers de viande. C'était ma pauvre Normande. Mes parents pleuraient à en être malades. Quelle perte ! Notre meilleure laitière... La plus mignonne de mes vaches... Une partie de la viande a été expédiée. Mon père a fait une tournée dans la région pour offrir de la viande, les abats principalement. Les gens sont venus, surtout par solidarité, tout le monde est venu, chacun emporta son morceau.

Quel malheur ! Pendant longtemps, la maison est restée triste, papa ne parlait plus. Pauvre petit pâtou, aussi ! Oh ! oui, je fus malheureux. Sensible, scrupuleux, je souffris de voir mes parents dans la peine, un peu par ma faute.

L'ÉCOLE TROP TÔT ABANDONNÉE

Les années ont passé. Nous voilà en 1921, l'année du certificat d'études. J'ai 12 ans. Nous sommes quatre candidats : Valentin Crossonneau, Henri Bouttier, Robert Charrier et moi. Le père Foulard, malgré son travail de mairie, nous retient le soir pour nous préparer : dictées, problèmes, rédactions.

Je me rappelle un texte de dictée qui commençait ainsi : « Le chien hait Minet. » Le deuxième mot, le verbe m'a fortement intrigué. N'en ayant pas compris la signification, je n'ai pas su l'orthographier. Mes camarades non plus. Mais pour moi, premier en orthographe, c'était vexant.

L'orthographe était une matière primordiale. L'examen comportait une épreuve de dictée fort sévère : les cinq fautes étaient éliminatoires. Même exigence d'ailleurs au niveau plus élevé du Brevet élémentaire. Ces examens de l'enseignement primaire préparaient à l'entrée dans les administrations : instituteurs suppléants, postes, chemins de fer, contributions, banques, police. Pour devenir facteur ou cantonnier, il fallait le certificat. Les cinq fautes constituaient le barrage redouté. Les règles de grammaire, les exceptions, les participes passés donnaient lieu à un entraînement intensif. Nous étions capables de maîtriser ces difficultés. L'orthographe correcte restait le critère de la bonne instruction.

On accordait au calcul la même importance. Il fallait acquérir la connaissance imperturbable des quatre opérations de base, en même temps que la discipline du raisonnement arithmétique. L'épreuve comportait deux opérations et un problème difficile dont la solution exigeait le cheminement logique de la réflexion.

Enfin, la rédaction restait la belle épreuve. On exigeait du candidat un texte en français correct et on appréciait la forme : syntaxe, grammaire, orthographe. Quand les examinateurs se trouvaient hésitants devant le dossier douteux d'un candidat, un dernier coup d'œil à la rédaction décidait de leur jugement. Le garçon ou la fille qui quittait l'école avec le certificat était capable d'écrire une lettre de belle présentation.

L'écriture penchée, avec pleins et déliés et de belles majuscules, constituait une preuve visible d'instruction soignée.

L'enseignement de la géographie et de l'histoire était d'abord affaire de mémoire : toute la nomenclature de la géographie de la France : physique, économique, administrative ; la connaissance des événements politiques de notre pays au cours des siècles, le déroulement chronologique de la formation nationale, les dates, tout cet enseignement donnait lieu à un entraînement quotidien.

On savait lire : le ton expressif qui indique que le sens du texte est compris, la ponctuation, la diction claire étaient exigés.

La qualité essentielle de cette éducation intellectuelle était l'exactitude, la rigueur.

Le père d'Henri Bouttier ayant prêté sa carriole, c'est notre instituteur, Monsieur Foulard, qui conduisit Coquette. Le matin du 8 juillet, nous voilà donc partis tous les cinq, le maître et les élèves, pour Écommoy. En arrivant à la mare du Guéperroux, nous avons rattrapé un garçon ressemblant à un candidat au certificat et qui marchait seul sur la route. Notre instituteur arrêta l'attelage.

« Hé, mon garçon, ne vas-tu pas au certificat ?

— Oui, Monsieur.

— Eh bien ! monte. »

C'est ainsi que Georges Rambaud, qui habitait à la Poitevinière et qui fréquentait l'école d'Écommoy, termina le trajet en notre compagnie.

Dans la grande école du chef-lieu de canton, j'étais bien impressionné, inquiet aussi, car je craignais de ne pas réussir le problème.

Notre camarade Charrier fut refusé. Malgré la peine que nous avons éprouvée en le voyant pleurer, notre joie à tous, Valentin, Henri et moi, fut grande, et notre fierté pas moins.

On peut se représenter notre arrivée triomphale dans le bourg. Madame Bouttier nous a servi un verre de liqueur douce.

Le certificat, à cette époque, jouissait d'un prestige qu'on ne peut imaginer à présent.

Après la distribution des prix, ce fut fini pour moi, l'école. J'aurais pu, j'aurais dû même, continuer pendant une année encore puisque l'obligation allait jusqu'à 13 ans. En fait, les enfants de 12 ans qui obtenaient le certificat cessaient leur scolarité, c'était toléré.

Il y avait du travail pour moi à la maison. Papa, avec sa bronchite chronique, souffrait souvent, il avait besoin d'aide pour le travail des champs.

Le jour de la rentrée, j'eus le cœur bien gros. Mon ami Bouttier continuait, lui. Il préparait l'entrée à une école au Mans. Pourquoi pas moi ? Quelle école faut-il fréquenter pour étudier et devenir instruit ? Je n'étais pas du tout renseigné, mes parents n'en savaient pas davantage. Et puis, enfin, personne ne continuait les études à Saint-Mars. On n'avait jamais vu ça. On n'était pas des bourgeois. Mes frères et ma sœur travaillaient depuis l'âge de 12 ou 13 ans. Donc, personne n'aborda cette question pour nous.

Alors, je continuai de garder mes vaches; mais je devins soucieux. Je rentrais dans la vie active, je devenais un vrai paysan qui fait un travail d'ignorant, par routine, et ce devait être mon état, toujours...

Je sentais pourtant qu'il existait quelque chose de beau à apprendre. Les gens qui avaient écrit mes livres savaient s'exprimer avec aisance. Comment avaient-ils pu s'instruire?

Qui pourrait me renseigner et m'aider? Personne ne vint à mon secours et je m'enfonçai tout seul dans ma peine.

(...) Je trouvai, à cette même époque, un moyen de sortir partiellement de mon isolement mental. L'instituteur adjoint, Monsieur Boutevin, ayant accepté d'enseigner le solfège aux jeunes garçons de mon âge, je décidai, avec l'assentiment de mes parents, d'étudier la musique. J'allais enfin étudier quelque chose!

Au départ, nous étions une dizaine; mais il y eut des abandons. Les cours avaient lieu le soir à 8 heures, donc la nuit. Heureusement, deux camarades des Proulières y venaient, eux aussi. Nous faisions le chemin ensemble. Mais quand ils étaient empêchés, j'avais bien peur seul le long de la route.

Au bout de six mois nous pouvions commencer l'étude d'un instrument. Papa m'acheta un alto, un instrument de cuivre situé, dans la série des saxhorns, entre le bugle et le baryton. La société musicale de Saint-Mars étant une fanfare ne comprenait que des instruments de cuivre. J'aurais pourtant préféré la clarinette ou la flûte. Je suis sûr qu'avec l'un ou l'autre de ces instruments je serais devenu un bon musicien.

J'appris donc à souffler dans l'alto. Le père Foulard me donna les premières leçons; puis je passai chez le chef de musique, le père Grassin. Il habitait la Boulaie, je vous ai dit cela. C'est loin, et le trajet dans les bois n'est pas plaisant la nuit. Je pédalais vite, activé par la peur.

À l'occasion d'un concours de musique à Amboise au mois d'août 1924, je fis ma première sortie avec la société. J'étais le seul admis de ma promotion. J'avais 15 ans.

C'était la première fois que je montais dans le train. On nous hébergea à l'École Primaire Supérieure. C'est là que j'aurais voulu rester pour étudier! Je voyais sur les tableaux noirs des graphiques, des calculs, des formules inconnues avec des signes mystérieux, traces du travail scolaire laissées avant le départ en congé. Ce matériel d'enseignement, les affaires personnelles des élèves, témoins de l'activité intellectuelle, me troublèrent profondément. Ces deux jours passés dans cette école réveillèrent mes aspirations, vous ne pouvez savoir à quel point d'intensité.

Il me fallut pourtant suivre mes grands compagnons qui eux s'amusaient comme des fous et reprendre le chemin de la gare.

Là, on entra au buffet pour prendre un repas. Je me trouvais en compagnie du père Lechat, la grosse caisse.

« Qu'est-ce que tu prends ? me demanda-t-il en me tendant le menu. Il ne se rendait pas compte, sûrement, de mon embarras.

— Mais, comme vous, » osai-je répondre.

On nous servit une tomate farcie. Je n'avais jamais mangé de tomates. Tout était inconnu pour moi. J'étais un ignorant : j'ignorais les usages de la société et je ne savais pas dire mes pensées.

Ce festival de musique était ma première sortie dans le monde. Amboise est une jolie petite ville; j'y vis de belles maisons, des jardins publics merveilleux, des magasins remplis d'objets de luxe, des gens bien vêtus, s'exprimant avec élégance.

Quel contraste avec ma vie de petit paysan. Et quelle révélation!...

J'eus alors conscience de l'indigence de mon milieu campagnard : notre patois, notre vie matérielle, nos rapports sociaux. Tout cela me parut pauvre, grossier. Je ressentis une gêne, comme une honte...

Nous avons fait la visite du château; j'ai écouté avidement les explications du guide : les faits historiques, l'intérêt artistique, tout a captivé mon attention. Je me trouvais pour un instant, devant tant de belles choses qui exaltaient mon esprit avide de connaître! Cela a été comme une fenêtre entrouverte sur les richesses de l'étude et de la culture, sur ce monde qui m'était interdit et dont je rêvais.

Décidément, le certificat qui avait mis fin à ma scolarité m'apparaissait comme un verdict : « Le Tribunal de la Société décide qu'il restera toute sa vie petit paysan aux Proulières. »

Et je me sentis très malheureux.

[*Une enfance à la campagne*, © Éditions Cénomane, 1987.]

Bernard Clavel

Né en 1923

Né à Lons-le-Saulnier, Bernard Clavel est un révolté, un errant et un homme du Jura. Enfant d'un père boulanger et d'une mère fleuriste, il quitte l'école et le domicile familial, à quatorze ans, pour s'embaucher à Dole, comme apprenti pâtissier. Deux années d'exploitation, d'humiliation, de « découverte de la saloperie humaine face à un patron qui était une brute, qui est allé jusqu'à me cracher au visage, mais découverte aussi de l'entraide, de la solidarité ouvrière, de la lutte pour la liberté » qui caractérisent ces temps de Front populaire et de montée du nazisme. Ces années le marqueront à vie, faisant de lui un incorrigible rebelle, qui rejoindra les rangs de la Résistance durant la guerre et restera toujours épris de justice sociale. « Mon expérience est celle d'un homme qui s'est battu et se bat pour vivre ; qui voit des gens sans cesse aux prises avec des problèmes », confiera-t-il, plus tard, dans Bernard Clavel, qui êtes-vous? *À cet humanisme engagé, il faut ajouter un autre trait, essentiel : l'errance, d'abord contrainte puis volontaire. De la boulange à l'usine de lunettes, de la vigne à l'atelier de reliure, de la Sécurité sociale au journalisme écrit ou parlé, Bernard Clavel a exercé de très nombreux métiers, déménagé plus de quarante fois, puisant dans ces vies et dans son imagination – « je suis un menteur né » dit-il encore – la matière d'une œuvre considérable. Plus de quatre-vingt-dix ouvrages de toutes sortes, romans, nouvelles, essais, contes ou poèmes pour la jeunesse, pour lesquels cet autodidacte a reçu plus de vingt prix, dont le Goncourt 1968 pour* Les Fruits de l'hiver, *mais su également, quand il le fallait, repousser quelques distinctions superflues, telles que la Légion d'honneur. Enfin, au sein de cette production, Bernard Clavel n'aura jamais cessé d'accorder une place particulière, privilégiée, à la Franche-Comté et à son Jura natal : de* L'Espagnol, La Saison des loups *à* Meurtre sur le Grandvaux *ou* Les Petits Bonheurs, *publié en 1999.*

De ce dernier titre, qui porte en exergue « à la mémoire de ceux qui ont illuminé ma jeunesse », j'ai choisi le passage où Bernard Clavel nous raconte un jour de fête vigneronne à Vernantois, près de Lons-le-Saulnier. On y verra, en peu de mots, ce qu'est un grand écrivain…

UNE JOURNÉE À VERNANTOIS

Je ne sais plus si c'est saint Martin qui est le patron de Vernantois, mais je me souviens fort bien que c'était vers la mi-novembre que, chaque année, nous nous rendions dans ce village pour un repas, comme on n'en fait plus.

Dès le matin, vêtus comme des princes, nous montions dans un autocar haut sur pattes dont la carrosserie très carrée faisait encore plus de bruit que le moteur.

Rendus à Vernantois, c'était pour moi une immense joie car les enfants ou petits-enfants des vignerons qui nous accueillaient m'entraînaient avec eux. Pour ne pas avoir l'air plus timorée que les autres, ma mère était bien obligée de me laisser aller. Les manèges (encore fermés), les vignes, où l'on pouvait grappiller et la Sorne, où l'on ne manquait pas de gâter nos beaux vêtements, nous offraient un monde de plaisirs.

Nous rentrions pour le repas. Une longue table où les pâtés, les volailles, le cochon, les fromages, les tartes, les brioches, la soupe, les autres viandes, etc., allaient se succéder en un seul repas de midi à dix ou onze heures du soir. S'il n'y avait pas un convive pour nous ramener à Lons à bord de son auto, le vigneron attelait son cheval à un tilbury où nous prenions place en nous tassant un peu. Et c'était merveille que de voir la croupe et le dos de la bête danser dans la lueur de la lanterne.

Mais le plus grand moment de la journée – du moins pour moi – c'était après le premier service, à l'heure des desserts, quand mon père se levait sans qu'on eût à l'en prier, et, posant ses deux mains sur le dossier de sa chaise, se mettait à chanter.

Il commençait invariablement par *La Chanson des blés d'or* puis venait *Le Temps des cerises* dont tout le monde reprenait le refrain. Et il y avait deux chansons qu'il chantait toujours des sanglots dans la voix et qui devaient émouvoir tous les convives, c'étaient *La Butte Rouge* et *Va danser*, ce chef-d'œuvre bouleversant dont j'ignorais alors le nom de l'auteur – comme mon père devait l'ignorer aussi – Gaston Couté.

À quelle heure le vigneron qui nous avait reconduits regagnait-il Vernantois ? Je n'en sais rien, mais je sais qu'au moment où, tombant de sommeil, je montais me coucher, mon père sortait la goutte de l'amitié.

[*Les Petits Bonheurs,* © Éditions Albin Michel, 1999.]

Alphonse Daudet

(1840-1897)

On aurait tort de ne voir en Daudet que l'auteur provençal, celui des Lettres de mon moulin *ou des* Aventures prodigieuses de Tartarin de Tarascon. *Bouleversé par la défaite de 1870, il exerça aussi son talent sur la France de l'Est, au travers de nouvelles rassemblées en 1873 dans les* Contes du lundi.

Pur chef-d'œuvre, « La Dernière Classe », *portant en sous-titre « récit d'un petit Alsacien », raconte l'histoire du jeune Franz auquel son instituteur, M. Hamel, apprend un matin qu'il doit quitter son poste, les Prussiens ayant interdit l'enseignement du français dans les écoles d'Alsace-Lorraine. Écrit limpide et poignant, texte d'un patriote qui ne possède d'autres armes que la langue, éloge de l'école et du métier d'instituteur, cette nouvelle est aussi remarquable par le témoignage qu'elle porte sur un temps où l'instruction avait, aux yeux des paysans, moins d'importance que les travaux des champs. Elle est, enfin, une grande leçon d'humanité : c'est à la vue des faiblesses et des élans du cœur de l'adulte que l'enfant s'éveille à la conscience.*

LA DERNIÈRE CLASSE

Ce matin-là, j'étais très en retard pour aller à l'école, et j'avais grand-peur d'être grondé, d'autant que M. Hamel nous avait dit qu'il nous interrogerait sur les participes, et je n'en savais pas le premier mot. Un moment l'idée me vint de manquer la classe et de prendre ma course à travers champs.

Le temps était si chaud, si clair !

On entendait les merles siffler à la lisière du bois, et dans le pré Rippert, derrière la scierie, les Prussiens qui faisaient l'exercice. Tout cela me tentait bien plus que la règle des participes ; mais j'eus la force de résister, et je courus bien vite vers l'école.

En passant devant la mairie, je vis qu'il y avait du monde arrêté près du petit grillage aux affiches. Depuis deux ans, c'est de là que nous sont venues toutes les mauvaises nouvelles, les batailles perdues, les réquisitions, les ordres de la commandanture ; et je pensai sans m'arrêter :

« Qu'est-ce qu'il y a encore ? »

Alors, comme je traversais la place en courant, le forgeron Wachter, qui était là avec son apprenti en train de lire l'affiche, me cria :

« Ne te dépêche pas tant, petit ; tu y arriveras toujours assez tôt à ton école ! »

Je crus qu'il se moquait de moi, et j'entrai tout essoufflé dans la petite cour de M. Hamel.

D'ordinaire, au commencement de la classe, il se faisait un grand tapage qu'on entendait jusque dans la rue, les pupitres ouverts, fermés, les leçons qu'on répétait très haut tous ensemble en se bouchant les oreilles pour mieux apprendre, et la grosse règle du maître qui tapait sur les tables :

« Un peu de silence ! »

Je comptais sur tout ce train pour gagner mon banc sans être vu ; mais, justement, ce jour-là, tout était tranquille, comme un matin de dimanche. Par la fenêtre ouverte, je voyais mes camarades déjà rangés à leurs places, et M. Hamel, qui passait et repassait avec la terrible règle en fer sous le bras. Il fallut ouvrir la porte et entrer au milieu de ce grand calme. Vous pensez si j'étais rouge et si j'avais peur !

Eh bien ! non. M. Hamel me regarda sans colère et me dit très doucement :

« Va vite à ta place, mon petit Franz ; nous allions commencer sans toi. »

J'enjambai le banc et je m'assis tout de suite à mon pupitre. Alors seulement, un peu remis de ma frayeur, je remarquai que notre maître avait sa belle redingote verte, son jabot plissé fin et la calotte de soie noire brodée qu'il ne mettait que les jours d'inspection ou de distribution de prix. Du reste, toute la classe avait quelque chose d'extraordinaire et de solennel. Mais ce qui me surprit le plus, ce fut de voir au fond de la salle, sur les bancs qui restaient vides d'habitude, des gens du village assis et silencieux comme nous, le vieux Hauser avec son tricorne, l'ancien maire, l'ancien facteur, et puis d'autres personnes encore. Tout ce monde-là paraissait triste ; et Hauser avait apporté un vieil abécédaire mangé aux bords qu'il tenait grand ouvert sur ses genoux, avec ses grosses lunettes posées en travers des pages.

Pendant que je m'étonnais de tout cela, M. Hamel était monté dans sa chaire, et de la même voix douce et grave dont il m'avait reçu, il nous dit :

« Mes enfants, c'est la dernière fois que je vous fais la classe. L'ordre est venu de Berlin de ne plus enseigner que l'allemand dans les écoles de l'Alsace et de la Lorraine... Le nouveau maître arrive demain. Aujourd'hui, c'est votre dernière leçon de français. Je vous prie d'être bien attentifs. »

Ces quelques paroles me bouleversèrent. Ah ! les misérables, voilà ce qu'ils avaient affiché à la mairie.

Ma dernière leçon de français !...

Et moi qui savais à peine écrire ! Je n'apprendrais donc jamais ! Il faudrait donc en rester là !... Comme je m'en voulais maintenant du temps perdu, des classes manquées à courir les nids ou à faire des glissades sur la Saar ! Mes livres que tout à l'heure encore je trouvais si ennuyeux, si lourds à porter, ma grammaire, mon histoire sainte me semblaient à présent de vieux amis qui me feraient beaucoup de peine à quitter. C'est comme M. Hamel. L'idée qu'il allait partir, que je ne le verrais plus, me faisait oublier les punitions, les coups de règle.

Pauvre homme !

C'est en l'honneur de cette dernière classe qu'il avait mis ses beaux habits du dimanche, et maintenant je comprenais pourquoi ces vieux du village étaient venus s'asseoir au bout de la salle. Cela semblait dire qu'ils regrettaient de ne pas y être venus plus souvent, à cette école. C'était aussi comme une façon de remercier notre maître de quarante ans de bons services, et de rendre leurs devoirs à la patrie qui s'en allait...

J'en étais là de mes réflexions, quand j'entendis appeler mon nom. C'était mon tour de réciter. Que n'aurais-je pas donné pour pouvoir dire tout au long cette fameuse règle des participes, bien haut, bien clair, sans une faute ? Mais je m'embrouillai aux premiers mots, et je restai debout à me balancer dans mon banc, le cœur gros, sans oser lever la tête. J'entendais M. Hamel qui me parlait :

« Je ne te gronderai pas, mon petit Franz, tu dois être assez puni... voilà ce que c'est. Tous les jours on se dit : "Bah ! j'ai bien le temps. J'apprendrai demain." Et puis tu vois ce qui arrive... Ah ! ç'a été le grand malheur de notre Alsace de toujours remettre son instruction à demain. Maintenant ces gens-là sont en droit de nous dire : "Comment ! Vous prétendiez être Français, et vous ne savez ni lire ni écrire votre langue !" Dans tout ça, mon pauvre Franz, ce n'est pas encore toi le plus coupable. Nous avons tous notre bonne part de reproches à nous faire.

« Vos parents n'ont pas assez tenu à vous voir instruits. Ils aimaient mieux vous envoyer travailler à la terre ou aux filatures pour avoir quelques sous de plus. Moi-même, n'ai-je rien à me reprocher ? Est-ce que je ne vous ai pas souvent fait arroser mon jardin au lieu de travailler ? Et quand je voulais aller pêcher des truites, est-ce que je me gênais pour vous donner congé ?... »

Alors, d'une chose à l'autre, M. Hamel se mit à nous parler de la langue française, disant que c'était la plus belle langue du monde, la plus claire, la plus solide ; qu'il fallait la garder entre nous et ne jamais l'oublier, parce que, quand un peuple tombe esclave, tant qu'il tient bien sa langue, c'est comme s'il tenait la clef de sa prison... Puis il prit une grammaire et nous lut notre leçon. J'étais étonné de voir comme je comprenais. Tout ce qu'il disait me semblait facile, facile. Je crois aussi que je n'avais jamais si bien écouté et que lui non plus n'avait jamais mis autant de patience à ses explications. On aurait dit qu'avant de s'en aller le pauvre homme voulait nous donner tout son savoir, nous le faire entrer dans la tête d'un seul coup.

La leçon finie, on passa à l'écriture. Pour ce jour-là, M. Hamel nous avait préparé des exemples tout neufs, sur lesquels était écrit en belle ronde : *France, Alsace, France, Alsace.* Cela faisait comme des petits drapeaux qui flottaient tout autour de la classe, pendus à la tringle de nos pupitres. Il fallait voir comme chacun s'appliquait, et quel silence ! On n'entendait rien que le grincement des plumes sur le papier. Un moment des hannetons entrèrent ; mais personne n'y fit attention, pas même les tout-petits qui s'appliquaient à tracer leurs *bâtons,* avec un cœur, une conscience, comme si cela encore était du français... Sur la toiture de l'école, des pigeons roucoulaient tout bas, et je me disais en les écoutant :

« Est-ce qu'on ne va pas les obliger à chanter en allemand, eux aussi ? »

De temps en temps, quand je levais les yeux de dessus ma page, je voyais M. Hamel immobile dans sa chaire et fixant les objets autour de lui, comme s'il avait voulu emporter dans son regard toute sa petite maison d'école... Pensez! depuis quarante ans, il était là à la même place, avec sa cour en face de lui et sa classe toute pareille. Seulement les bancs, les pupitres s'étaient polis, frottés par l'usage; les noyers de la cour avaient grandi, et le houblon qu'il avait planté lui-même enguirlandait maintenant les fenêtres jusqu'au toit. Quel crève-cœur ça devait être pour ce pauvre homme de quitter toutes ces choses, et d'entendre sa sœur qui allait, venait, dans la chambre au-dessus, en train de fermer leurs malles! Car ils devaient partir le lendemain, s'en aller du pays pour toujours.

Tout de même, il eut le courage de nous faire la classe jusqu'au bout. Après l'écriture, nous eûmes la leçon d'histoire; ensuite les petits chantèrent tous ensemble le BA BE BI BO BU. Là-bas, au fond de la salle, le vieux Hauser avait mis ses lunettes, et, tenant son abécédaire à deux mains, il épelait les lettres avec eux. On voyait qu'il s'appliquait lui aussi; sa voix tremblait d'émotion, et c'était si drôle de l'entendre, que nous avions tous envie de rire et de pleurer. Ah! je m'en souviendrai de cette dernière classe...

Tout à coup, l'horloge de l'église sonna midi, puis l'*Angelus*. Au même moment, les trompettes des Prussiens qui revenaient de l'exercice éclatèrent sous nos fenêtres... M. Hamel se leva, tout pâle, dans sa chaire. Jamais il ne m'avait paru si grand.

« Mes amis, dit-il, mes, je... je... »

Mais quelque chose l'étouffait. Il ne pouvait pas achever sa phrase.

Alors il se tourna vers le tableau, prit un morceau de craie et, en appuyant de toutes ses forces, il écrivit aussi gros qu'il put :

« VIVE LA FRANCE! »

Puis il resta là, la tête appuyée au mur, et, sans parler, avec sa main, il nous faisait signe :

« C'est fini... allez-vous-en. »

[*Contes du lundi*, 1873.]

Émile Erckmann
(1822-1899)
Alexandre Chatrian
(1826-1890)

Restons en Alsace-Lorraine mais remontons le temps, avec l'un de ces romans nationaux et populaires qui firent le succès du « couple » Erckmann-Chatrian.
Bien moins connue que L'Ami Fritz, *provoquant l'ire impériale lors de sa sortie en 1867,* Histoire d'un paysan, *sous-titrée « Histoire de la Révolution racontée par un paysan », constitue un précieux témoignage sur la condition paysanne à la fin de l'Ancien régime en même temps qu'un vibrant hommage à l'esprit et l'œuvre de la Révolution française. Dans une langue, tout à la fois précise, politique et chargée d'émotion, Erckmann-Chatrian y donne la parole « à un homme du peuple et qui écrit pour le peuple » : Michel Bastien, vieux cultivateur aux Baraques, près de Phalsbourg.*
De ses souvenirs de jeunesse, on lira ci-dessous trois extraits complémentaires et placés suivant leur ordre d'apparition dans l'ouvrage. Dans le premier, Michel Bastien relate la grande misère des campagnes dont le sauve son parrain, maître Jean Leroux, aubergiste et forgeron. Puis c'est la chance, inespérée, d'aller à l'école, chez le curé Christophe, grâce auquel il ne vivra jamais plus dans l'ignorance, lira les gazettes et acquerra une première conscience révolutionnaire. Conscience qu'il saura très vite mettre en pratique pour défendre les intérêts de la famille face à l'usurier. Bref, il faut lire Histoire d'un paysan *autant et sinon plus que* L'Ami Fritz…

À HUIT ANS, CHEZ MON PARRAIN

La grande misère vous empêche de voir les choses comme elles sont ; avant la Révolution, excepté les nobles et les bourgeois, tous les pères de famille regardaient leurs enfants comme leur bien ; c'est ce qu'on trouve si beau ; c'est ce qui fait dire que le respect des père et mère était plus grand !

Par bonheur notre père avait trop bon cœur pour pouvoir tirer profit de nous ; et souvent le pauvre homme pleurait, lorsqu'au milieu de la grande disette, en hiver, il était forcé de nous envoyer mendier, comme tout le monde. Il ne voulait jamais laisser sortir dans la neige le petit Étienne. Moi, je n'allais pas mendier longtemps non plus ; c'est à peine si je me rappelle être sorti sur la route de Mittelbronn et des Quatre-Vents, deux ou trois fois, et bien jeune, car à huit ans, mon parrain Jean Leroux, aubergiste et forgeron à l'autre bout du village, m'avait déjà pris pour garder son bétail, et je ne retournais plus dans notre baraque que le soir, pour dormir.

(...) Une fois chez le parrain, je n'étais plus à plaindre ; j'avais ma paire de souliers tous les ans et la nourriture. Combien d'autres auraient été heureux d'en avoir autant ! Et je le savais, je ne négligeais rien pour contenter maître Jean, Mme Catherine, sa femme, et jusqu'au compagnon Valentin, jusqu'à la servante Nicole. Je me tenais bien avec tout le monde. Je courais quand on m'appelait, soit pour tirer le soufflet à la forge, soit pour grimper au fenil, jeter le foin aux bêtes ; je n'aurais pas même voulu mécontenter le chat de la maison ; car d'être assis au bout d'une bonne table, en face d'une bonne soupe à la farine, d'un plat de choux, garni de lard les dimanches, de manger du bon pain de seigle autant qu'on veut ; ou d'avoir le nez dans une écuelle de fèves, avec un peu de sel, que la mère épargne, et de compter ses cuillérées, cela fait une grande différence.

Quand on est bien, il faut s'y tenir. Aussi tous les matins, à quatre heures en été, à cinq en hiver, lorsque les gens de l'auberge dormaient encore, et que les bêtes ruminaient à l'écurie, j'arrivais déjà devant la porte, où je donnais deux petits coups. Aussitôt la servante s'éveillait, elle se levait et m'ouvrait dans la nuit. J'allais remuer les cendres à la cuisine, pour trouver une braise, et j'allumais la lanterne. Ensuite, pendant que Nicole s'occupait de traire les vaches, moi je courais au grenier chercher le foin et l'avoine, et je donnais leur picotin aux chevaux des rouliers et des marchands de grains, qui couchaient à l'auberge la veille des marchés. Ils descendaient, ils regardaient et trouvaient tout en ordre. Après cela, je les aidais encore à tirer les charrettes du hangar, à passer la bride, à serrer les boucles.

Et puis, quand ils partaient et qu'ils se mettaient à crier : « Hue, Fox ! Hue, Reppel » mon petit bonnet de laine à la main, je leur souhaitais le bonjour.

Ces gros rouliers, ces marchands de farine ne me répondaient pas seulement ; mais ils étaient contents, ils ne trouvaient rien à redire au service : voilà le principal !

Et Nicole, une fois rentrée dans la cuisine, me donnait une écuelle de lait caillé, que je mangeais de bon appétit. Elle me donnait encore un gros morceau de pain pour aller au pâturage, deux ou trois bons oignons, quelquefois un œuf dur, ou bien un peu de beurre. Je fourrais tout cela dans mon sac, et je rentrais à l'écurie, la bretelle sur l'épaule, en claquant du fouet. Les bêtes défilaient l'une après l'autre, je les caressais, et nous descendions sur une seule file au vallon des Roches ; moi derrière, courant comme un bienheureux.

Les gens de Phalsbourg, qui vont se baigner au vallon de la Zorne, connaissent ces masses de rochers entassés à perte de vue, les maigres bruyères qui poussent dans leurs crevasses, et le filet d'eau plein de cresson des fontaines en bas, qui se dessèche aussitôt que les papillons blancs de juin arrivent.

C'est là que j'allais, car nous avions droit de vaine pâture sur les terres de la ville ; et seulement à la fin d'août, après la grande sève, quand les jeunes pousses avaient pris du bois, et que les bêtes ne pouvaient plus les brouter, nous entrions dans la forêt.

En attendant il fallait vivre au grand soleil.

Le *hardier*[1] de Phalsbourg n'amenait que des pourceaux, qui, pendant les chaleurs de midi, faisaient leur trou dans le sable et se vautraient les uns contre les autres, comme des poules dans un pailler. Ils dormaient, leurs grandes oreilles roses sur les yeux ; on aurait marché dessus sans les faire bouger.

Mais nos chèvres, à nous autres des Baraques grimpaient jusque dans les nuages ; il fallait courir, siffler, envoyer les chiens ; et ces coquines de bêtes, plus on criait, plus elles montaient.

Les garçons des autres villages venaient aussi, l'un avec sa vieille rosse aveugle, l'autre avec sa vache pelée, et presque tous avec rien, pour claquer du fouet, siffler ou courir déterrer des

1. Hardier : pâtre.

navets, des raves, des carottes à droite et à gauche dans les champs. Quand le *bangard*[2] les attrapait, on les promenait en ville, un collier d'orties autour du cou; mais cela leur était bien égal! La seule chose qui leur faisait beaucoup, c'était à la seconde ou troisième fois, selon l'âge, d'être fouettés sur la place, un jour de marché. Le *rifleur*[3] leur écorchait tout le dos avec son nerf de bœuf, et s'ils recommençaient, on les envoyait en prison.

Combien de fois, en écoutant des gens riches crier contre la Révolution, je me suis rappelé tout à coup que leur grand'mère ou leur grand'père avait été *riflé* au bon vieux temps; malgré moi, j'étais forcé de rire : on trouve de drôles de choses dans ce monde!

Enfin, il faut pourtant le dire, c'est aussi ce temps que je regrette; mais pas à cause du *rifleur*, du prévôt, des seigneurs et des capucins, non! c'est parce que j'étais jeune. Et puis, si nos maîtres ne valaient pas grand'chose, le ciel était beau tout de même. Mon grand frère Nicolas et les autres, Claude, Lisbeth, Mathurine, arrivaient. Ils me prenaient mon sac, et je criais; nous nous disputions. Mais, s'ils m'avaient tout pris, maître Jean aurait été les trouver le soir à la baraque; ils s'en doutaient, et me laissaient ma bonne part, en m'appelant : – leur chanoine!

Après cela, notre grand Nicolas me défendait. Tous les villages, dans ce temps, – Hultenhausen, Lutzelbourg, les Quatre-Vents, Mittelbronn, les Baraques d'en haut et d'en bas, – se battaient à coup de pierres et de bâtons; et notre grand Nicolas, son morceau de tricorne sur la nuque, son vieil habit de soldat, tout déchiré, boutonné jusque sur les cuisses, sa grande trique et ses pieds nus, marchait à la tête des Baraquins, comme un chef de sauvages; il criait si fort : « En avant! » qu'on l'entendait jusque sur la côte de Dann.

Je ne pouvais pas m'empêcher de l'aimer car à chaque instant il disait :

« Le premier qui touche à Michel, gare! »

Seulement, il me prenait mes oignons, et cela m'ennuyait.

On avait aussi l'habitude de faire battre les bêtes ensemble; et lorsqu'elles se poussaient cornes contre cornes, jusqu'à se déhancher, Nicolas disait en riant :

2. Bangard : garde-champêtre.

3. Rifleur : bourreau.

« La grande Rousse va bousculer l'autre !... Non ; maintenant, l'autre l'attaque par-dessous... Hardi !... hardi !... »

Plus d'une fois elles attrapaient des entorses ou laissaient une corne sur le champ de bataille.

Vers le soir, on s'asseyait, le dos contre un rocher, à l'ombre, on regardait la nuit venir, on écoutait l'air bourdonner, et tout au loin, dans le ruisseau, les grenouilles commencer leur chanson.

C'était le moment de rentrer. Nicolas cornait, les échos répondaient de toutes les roches, les bêtes se réunissaient et remontaient en ligne aux Baraques, dans un nuage de poussière. Je faisais rentrer les nôtres à l'étable, je garnissais les râteliers et je soupais avec maître Jean, dame Catherine et Nicole. En été, quand on travaillait à la forge, je tirais le soufflet jusque dix heures ; et puis je retournais coucher à la baraque de mon père, tout au bout du village.

Les deux premières années se passèrent ainsi ; mes frères et sœurs continuaient à mendier ; moi, je me donnais mille peines pour rendre service au parrain.

À L'ÉCOLE, CHEZ LE CURÉ CHRISTOPHE

« Allons, mes enfants, dit-il avec douceur, faites-moi place. »

Nous nous serrions, repoussant nos assiettes à droite et à gauche. Enfin, M. le curé s'assit ; et pendant qu'il mangeait sa soupe, moi sur le bout du banc, je le regardais du coin de l'œil, sans oser lever le nez de mon assiette, tellement je lui trouvais l'air terrible, avec ses grands yeux gris, sa tête crépue et ses mains de géant !

C'était pourtant le meilleur des hommes que ce brave curé Christophe. Au lieu de vivre tranquillement du produit de la dîme et de mettre quelque chose de côté pour ses vieux jours, comme beaucoup de ses confrères, il ne pensait qu'à travailler et à se dévouer pour les autres. En hiver, il tenait lui-même l'école de son village ; et, pendant les beaux jours, quand les enfants conduisaient les bêtes à la pâture, il taillait du matin au soir, dans la pierre ou le vieux chêne, des images de saints et de saintes pour les paroisses qui n'avaient pas le moyen d'en acheter. On lui amenait le morceau de bois ou le bloc de pierre, et il vous renvoyait le saint Jean, la sainte Vierge ou le Père éternel.

Maître Jean et M. Materne étaient du même village; c'étaient deux vieux amis, ils s'aimaient bien.

« Hé! dis donc, Christophe, s'écria tout à coup le parrain, qui venait d'achever sa soupe, est-ce que tu recommenceras bientôt ton école?

— Oui, Jean, la semaine prochaine, répondit M. le curé. C'est même pour cela que je suis en route; je vais à Phalsbourg chercher du papier et des livres. Je pensais commencer le 20 septembre, mais il a fallu finir un saint Pierre pour la paroisse d'Aberschwiller, qui rebâtit son église. J'avais promis, j'ai voulu tenir ma promesse.

— Ah! bon!... Alors c'est pour la semaine prochaine.

— Oui, lundi prochain nous commencerons.

— Tu devrais bien prendre ce garçon-là, dit le parrain en me montrant; c'est mon filleul, le fils de Jean-Pierre Bastien. Je suis sûr qu'il apprendrait de bon cœur. »

En entendant cela, je devins tout rouge de plaisir, car je désirais depuis longtemps d'aller à l'école.

M. Christophe s'était retourné de mon côté.

« Voyons, fit-il en posant sa grosse main sur ma tête, regarde-moi. »

Je le regardai les yeux troubles.

« Comment t'appelles-tu?

— Michel, monsieur le curé.

— Eh bien! Michel, tu seras le bienvenu. La porte de mon école est ouverte pour tout le monde; plus il vient d'écoliers, plus je suis content!...

— À la bonne heure, s'écria Chauvel, voilà ce qui s'appelle parler! »

Et maître Jean, levant son verre, porta la santé de son ami Christophe.

Ceux qui vont aujourd'hui tranquillement à l'école de leur village, et qui reçoivent en quelque sorte pour rien les leçons d'un homme instruit, honnête et très souvent capable de remplir une meilleure place, ceux-là ne se figurent pas combien d'autres, avant la Révolution, auraient envié leur sort. Ils ne se figurent pas non plus la joie d'un pauvre garçon comme moi, lorsque M. le curé voulut bien me recevoir, et que je me dis :

« Tu sauras lire, écrire ; tu ne vivras pas dans l'ignorance, comme tes pauvres parents !... »

Non, ces choses il faut les avoir senties ; il faut avoir vécu dans un temps pareil. Aussi les malheureux qui ne profitent pas d'un si grand bienfait sont bien à plaindre ; ils sauront un jour ce que c'est de traverser la vie au dur service des autres ; ils auront le temps de se repentir. Moi, j'étais en quelque sorte ébloui de mon bonheur ; j'aurais voulu courir à la maison, prévenir mon père et ma mère de ce qui m'arrivait ; je ne tenais plus en place !

(...) C'est de ce temps que je commence à vivre. Celui qui ne sait rien, et qui n'a pas le moyen de s'instruire, passe sur la terre comme un pauvre cheval de labour ; il travaille pour les autres, il enrichit ses maîtres, et, quand il devient faible et vieux, on s'en débarrasse.

Tous les matins, au petit jour, le père m'éveillait. Les frères et sœurs dormaient encore. Je m'habillais sans faire de bruit, et je sortais avec mon petit sac, les pieds dans mes sabots, le gros bonnet de roulier sur les oreilles et ma bûche sous le bras. Il faisait froid à l'entrée de l'hiver. Je fermais bien la porte et je partais, soufflant dans mes doigts.

Comme tout me revient après tant d'années : le sentier qui monte et redescend, les vieux arbres dépouillés au bord du chemin, le grand silence de l'hiver dans la forêt ; et puis le village de Lutzelbourg au fond du vallon, avec son clocher pointu, le coq dans les nuages gris ; le petit cimetière en bas, les tombes enterrées dans la neige ; les vieilles maisons, la rivière, le moulin du père Sirvin, qui clapote sur la grande fosse tournoyante... Est-il possible que les choses de l'enfance vivent toujours dans votre esprit, quand le reste est si vite oublié !...

J'arrivais presque toujours avant les autres.

J'entrais dans la salle encore vide. La mère de M. le curé Christophe, une toute petite femme courbée et ratatinée, la jupe de toile rouge montant derrière jusqu'au milieu du dos, à la mode alsacienne, le bonnet en forme de coussin, sur le chignon, Mme Madeleine, alerte comme une souris, venait déjà d'allumer le feu. Je posais ma bûche à côté du poêle, et mes sabots dessous, pour les sécher. Tout est encore là sous mes yeux : les poutres blanchies à la chaux; les petits bancs à la file; le grand tableau noir, contre le mur entre les deux fenêtres; tout au fond, la chaire de M. Christophe, sur une petite estrade; et au-dessus de la chaire, le grand crucifix.

Chacun devait balayer à son tour, mais je commençais en attendant les autres. Il en arrivait de Hultenhausen, des Baraques et même de Chèvrehof.

C'est là que j'ai connu tous mes vieux camarades : Louis Frossard, le fils du maire; il est mort jeune, pendant la Révolution; – Aloïs Clément, qui fut tué d'un coup de mitraille à Valmy; il était déjà lieutenant en 92; – Dominique Clausse, qui s'est établi menuisier, plus tard, à Saverne, – François Mayer, maître tailleur au 6e hussard; en 1820, il s'est retiré riche, à ce que l'on dit, mais où, je n'en sais rien! – Antoine Thomas, chef de bataillon dans la vieille garde; combien de fois il est venu me voir à la ferme, après 1815! Nous causions de nos anciennes histoires je lui donnais toujours la chambre d'honneur, en haut; – Jacques Messier, garde général des eaux et forêts, – Hubert Perrin, maître de la poste aux chevaux de Héming; et cinquante autres, qui ne seraient jamais rien devenus sans la Révolution.

Avant 89, le fils du cordonnier restait cordonnier, le fils du bûcheron restait bûcheron, on ne sortait pas de sa classe. Au bout de trente ou quarante ans, on vous retrouvait à la même place, faisant la même chose, un peu plus gros, un peu plus maigre, voilà tout! Mais aujourd'hui, on peut s'élever par son courage et son bon sens, il ne faut jamais désespérer de rien, le fils d'un simple paysan, pourvu qu'il ait du talent et de la conduite, peut arriver à gouverner la France.

Louons donc le Seigneur de nous avoir éclairés de ses lumières, et réjouissons-nous de ce beau changement.

(...) Sur le coup de huit heures, ils arrivaient tous à la file en criant :

« Bonjour, monsieur Christophe! Bonjour, monsieur Christophe! »

Il n'était pas encore là, et l'on criait tout de même. On se serrait autour du poêle, on riait, on se poussait. Mais à peine les grands pas de M. le curé se faisaient-ils entendre dans l'allée, que tout se taisait. Chacun allait se mettre sur son banc, la croisette sur les genoux et le nez dessus, sans souffler. Car, pour dire la vérité, M. Christophe n'aimait pas le bruit ni les disputes ; je me rappelle l'avoir vu plus d'une fois, pendant la classe, lorsqu'on se donnait des coups de coude, se lever tranquillement, vous tirer du banc par le collet, et vous jeter dehors comme de petits chats.

On n'avait plus envie de recommencer, et même on tremblait dans sa peau, lorsqu'il vous regardait de travers.

M. le curé arrivait donc ; il regardait, debout sur la porte, si tout était en ordre. On entendait bourdonner le feu ; rien ne bougeait ! Puis il montait dans sa chaire, en nous criant « Allez ! » et tous ensemble nous chantions le B A, BA. Cela durait longtemps ; à la fin, M. le curé nous criait : « Halte ! » et l'on se taisait.

Alors il nous appelait chacun à notre tour :

« Jacques ! Michel ! Nicolas ! arrive !... »

On s'approchait, le bonnet à la main :

« Qui vous a créés et mis au monde ?

— C'est Dieu.

— Pourquoi Dieu vous a-t-il créés et mis au monde ?

— Pour l'adorer, pour l'aimer, pour le servir, et par ce moyen obtenir la vie éternelle. »

C'était un bon moyen de nous instruire rien que d'avoir entendu répondre les autres, je savais au bout de trois mois presque tout mon catéchisme.

Il nous faisait aussi réciter le livret par demandes et par réponses ; et puis il avait l'habitude, vers onze heures, de passer derrière les bancs et de se pencher pour reconnaître si vous étudiiez ; quand on épelait bas, il vous pinçait doucement l'oreille, en disant :

« C'est bien... ça marchera ! »

Chaque fois qu'il me disait cela, je ne respirais plus, mes yeux se troublaient de contentement. Une fois même il me dit :

« Tu préviendras maître Jean Leroux que je suis content de toi. Tu m'entends ? Je te donne la commission. »

Ce jour-là le maire de la ville, les échevins, le gouverneur lui-même, n'auraient pas été mes cousins ; et pourtant je ne dis rien à maître Jean, pour ne pas tomber dans le péché d'orgueil.

Au commencement du mois de mars, je savais lire. Malheureusement maître Jean ne pouvait pas me nourrir à ne rien faire toute l'année ; et quand le printemps revint, au lieu de continuer d'aller à l'école, il fallut retourner à la pâture. Mais j'avais toujours le catéchisme dans mon sac, et pendant que mes chèvres grimpaient sur les rochers, moi, tranquillement assis dans une touffe de bruyères, à l'ombre d'un hêtre ou d'un chêne, je repassais ce que M. le curé nous avait appris. Il arriva donc qu'au lieu d'oublier mes leçons comme ceux de Hultenhausen, de Chèvrehof et d'ailleurs, je les savais encore mieux à la fin de l'automne, et que M. Christophe, à la rentrée d'hiver, me fit passer dans la classe des riches de Lutzelbourg, qui suivaient l'école toute l'année. J'appris tout ce qu'on apprenait en ce temps-là dans nos villages : à lire, écrire et calculer un peu ; et le 15 mars 1781, je fis ma première communion. Ce fut la fin de mes études. J'étais aussi savant que maître Jean ; le reste, avec du travail et de la bonne volonté, devait venir tout seul.

Depuis ce temps le parrain me prit tout à fait à sa forge ; il donna son bétail à garder au vieux Yéri, le *hardier* de la ville, je continuais à le soigner dans l'étable, mais j'apprenais en même temps un état ; et quelques mois après, la force m'étant venue, je battais déjà le fer en troisième.

La mère Catherine et Nicole avaient pour moi de la considération, car le soir, lorsque le feu de la forge avait fatigué les yeux de maître Jean, c'est moi qui lisais les gazettes et les petits livres de toute sorte que nous apportait Chauvel. Je lisais, mais sans comprendre, bien des choses ! Par exemple, quand la gazette parlait des droits de la couronne, des impositions des pays d'État et des pays d'élection, j'en suais sang et eau ; cela ne pouvait pas m'entrer dans la tête. Je voyais bien que c'était de l'argent qu'il fallait donner au roi, mais je ne comprenais pas la manière dont on nous le prenait.

Pour tout ce qui regardait notre pays, c'était autre chose. Quand la gazette parlait de gabelles, comme j'allais toutes les semaines en ville pour acheter le sel de la maison, à six sous la livre, ce qui ferait plus de douze sous aujourd'hui, je me figurais le saunier criant par son guichet à quelque pauvre diable :

« Tu n'es pas venu mardi dernier… Tu achètes de la contrebande… J'ai l'œil sur toi… Prends garde !… »

Car, non seulement il fallait acheter le sel au bureau de la gabelle, beaucoup plus qu'il ne valait, mais il fallait en acheter tant par tête et par semaine.

Quand il était question de dîmes, je me figurais le paulier, avec sa perche et ses voitures, criant au loin dans les champs, pendant la moisson :

« Eh ! Ohé ! gare la onzième ! »

Alors, même en temps d'orage, quand la pluie menaçait, il fallait ranger les gerbes en ligne ; et le paulier venait lentement, lentement vous accrocher les plus belles sous le nez pour les lancer sur son tas.

C'était assez clair !

Je comprenais aussi les droits sur les boissons, ceux du treizième sur les ventes, du péage, du halage sur toutes les marchandises, les droits réunis, les droits réservés, les droits de tarif, de cloison, d'imposition, d'entrée, d'octroi, de courtepointe, de graissage, etc. Je n'avais qu'à me représenter les barrières, les halles, la mairie, et puis les contrôleurs-jurés-visiteurs, les marqueurs, les jaugeurs, les courtiers de police sur les vins, les inspecteurs-gourmets, les essayeurs d'eau-de-vie, les essayeurs de bière, les jurés-vendeurs, priseurs et visiteurs de foin, les botteleurs, les leveurs de minot, les auneurs-jurés, les contrôleurs de porcs, les inspecteurs aux boucheries, et mille autres employés, allant, venant, tâtant, regardant, ouvrant, déballant, arrêtant, tançant et confisquant… Tout cela, je le comprenais très bien.

FACE À L'USURIER

« Ne te chagrine pas, Michel. Je sais que l'usurier Robin vous tient dans ses griffes ; tes parents ne pourraient jamais le payer, ils sont trop pauvres, mais c'est toi qui le payeras. Quoique ton apprentissage ne soit pas fini, tu recevras dès maintenant cinq livres par mois. Tu travailles bien, je suis content de ta conduite. »

Il parlait avec force. Dame Catherine et Nicole avaient des larmes plein les yeux et comme je répondais au bout d'un instant :

« Oh ! maître Jean, vous faites pour nous plus qu'un père ! »

Chauvel, qui venait d'entrer avec Marguerite, s'écria :

« Oui, c'est beau ! Je vous aimais déjà, maître Jean, mais à cette heure je vous estime. »

Il lui serra la main ; et me touchant l'épaule :

« Michel, me dit-il, ton père m'a chargé de trouver une place pour votre Lisbeth. Eh bien, on l'attend à la brasserie de l'Arbre-Vert, chez Toussaint, à Vasselonne. Elle aura le logement, la nourriture, sa paire de souliers et deux gros écus par an. Plus tard, si la fille remplit bien son service, on verra. C'est tout ce qu'il faut pour commencer. »

On peut se figurer la joie de mes parents, lorsqu'ils apprirent ces bonnes nouvelles. Lisbeth ne se tenait plus de contentement ; elle aurait voulu partir à la minute, mais il fallut faire une petite quête au village, car elle n'avait rien que ses guenilles de tous les jours. Chauvel lui donna des sabots, Nicole une jupe, dame Catherine deux chemises presque neuves, la fille Létumier un casaquin, et les père et mère de bons conseils avec leur bénédiction.

Alors elle nous embrassa bien vite et prit le sentier de Saverne, qui monte à travers les jardins, en allongeant ses longues jambes, son petit paquet sous le bras, toute fière et glorieuse. Nous la regardions de notre porte, mais elle ne tourna pas la tête ; une fois au haut de la colline, elle était envolée pour toujours.

Les vieux pleuraient.

C'est l'histoire des pauvres gens ; ils élèvent des petits, et, quand les plumes sont venues, tous partent l'un après l'autre chercher leur nourriture. Les pauvres vieux restent seuls, à rêver.

Mais au moins depuis ce moment notre dette commença à s'éteindre. À la fin de chaque mois, lorsque je recevais mes cinq livres, nous allions ensemble, mon père et moi, chez M. Robin, à Mittelbronn. Nous entrions dans ce nid à rats, plein d'or et d'argent; et le vieux gueux était là avec son gros chien-loup dans sa chambre basse, derrière ses petites fenêtres solidement grillées, le bonnet en peau de loutre crasseux sur le front, les coudes au milieu de ses registres, en train de régler ses comptes.

« Hé! faisait-il aussitôt, c'est encore vous! Mon Dieu! qui est-ce qui vous presse? Je ne vous demande pas un denier; au contraire, voulez-vous plus? Voulez-vous encore dix livres, quinze livres? Vous n'avez qu'à parler.

— Non, non, monsieur Robin, lui disais-je. Voici pour l'intérêt du billet, et voici quatre livres dix sous à diminuer sur la dette. Marquez quatre livres dix sous de moins au dos de votre billet, marquez! »

Alors, voyant que j'avais du bon sens et que nous étions las d'être plumés, il écrivait en nasillant :

« Hé! hé hé! rendez donc service! rendez donc service! »

Et moi, penché derrière son fauteuil, je regardais s'il écrivait bien : « Pour les intérêts, tant! Pour le principal, tant! » Ah! j'ouvrais l'œil; j'avais vu ce qu'il en coûte d'être sous les griffes d'un renard pareil!

En sortant, le père, qui restait toujours sur la porte, n'ayant rien à voir puisqu'il ne savait pas lire, le pauvre père me disait :

« Michel, tu nous sauves... Tu fais la force de notre famille!... »

Et quand nous rentrions dans la baraque, il s'écriait en se retournant vers les frères et sœurs :

« Voici notre maître à tous!... celui qui nous retire de la misère. Il sait quelque chose, lui; nous ne savons rien! C'est lui qu'il faudra toujours écouter. Sans lui, nous ne serions que des êtres abandonnés du ciel. »

[*Histoire d'un paysan*, 1867.]

Georges Garillon

Né en 1935

Né à Saint-Baslemont, dans les Vosges, Georges Garillon a été instituteur en Algérie avant l'indépendance, puis commissaire de police à Paris et dans la région parisienne, de 1968 jusqu'à la retraite. Attaché aux quartiers populaires de la capitale, il l'est bien plus encore à son pays natal, où il est revenu vivre en 1990 et auquel il a consacré, depuis, une trilogie : Vosges de mon enfance, Le Temps des fenaisons, Souvenirs d'un collégien.

De Vosges de mon enfance, *« la meilleure période de ma vie » fait-il remarquer, j'ai retenu les pages où il nous dépeint l'école de Saint-Baslemont et les premiers apprentissages de son double romanesque, le petit Pierre. Une écriture précise, limpide, poétique – Georges Garillon est également l'auteur de plusieurs recueils de poésies – qui se trouve mise au service d'une opiniâtre volonté de témoigner de la culture rurale, désormais « en train d'agoniser sur les pseudo-autels d'une société livrée à la technologie et à la consommation ». Le résultat est à la hauteur de l'espérance : on peut difficilement faire mieux pour restituer ce que fut, de Jules Ferry aux années soixante, une école de village aux temps de la République avec un grand R.*

L'ÉCOLE DE PIERRE

La petite école communale, où Pierre apprit à lire, à écrire et à compter, faisait partie intégrante de la haute bâtisse qui abritait également la mairie. Elle se dressait au cœur même du village, au carrefour des trois rues principales, qui se rejoignaient en haut de cette côte abrupte pour former un vaste espace ouvert au midi, sur un horizon de prairies et de forêts bleues, où commençait le ciel.

Sa façade décrépie, grisâtre, laissant apparaître, là où une réfection avait eu lieu, la dureté de moellons de grès jointoyés de ciment rose, donnait une impression de grisaille et de tristesse, comme si les pluies et les soleils, depuis des lustres et des lustres, l'avaient corrompue et consumée. Aucune inscription ne figurait au fronton de la porte d'entrée. On pouvait deviner sa fonction d'école par ses hautes fenêtres sans volets qui la distinguaient des autres maisons du village.

Un vieil escalier à rampe de fer, très large, aux marches de pierre grise creusée par les ans, accostant le mur de façade, menait à un perron spacieux servant la massive porte en bois de l'entrée et débouchant sur la grande cour découverte, qui s'étendait en contre-haut de la rue, lieu des cris et des jeux des récréations.

Quand on poussait la lourde porte de chêne qui grinçait sur ses gonds, on entrait dans un obscur vestibule au sol cimenté, percé au fond d'une porte étroite sommée d'une imposte vitrée qui conduisait aux cabinets. Ce vestibule servait de vestiaire : une ligne de patères de bois verni permettait aux écoliers d'y suspendre leurs vêtements et leurs coiffures. En dessous s'alignaient bruyamment les rustiques sabots de hêtre. Une étiquette collée sur chaque patère indiquait l'emplacement strict de chacun. Par temps de pluie ou de grand froid, le vestibule servait aussi de préau, où se déchaînaient les récréations, ainsi que de plateau de gymnastique.

Sur la droite, on trouvait le haut et profond bûcher, où s'empilaient pour l'hiver les bûches de rondin et de quartier ; à la saison mauvaise, un groupe d'écoliers alimentait quotidiennement le fourneau de la salle de classe. Du même côté, un escalier de bois à la rampe luisante, aux marches frustes et chuintantes, desservait l'étage, où s'ordonnaient l'appartement du maître et le local de la mairie. En dessous, un débarras aveugle, fermé d'une porte pleine, servait de rangement pour les ustensiles de la femme de ménage. Mais il servait aussi, à l'occasion, de cachot ! C'était alors pour les punis l'antre des ténèbres et des peurs enfantines, le royaume effrayant des araignées, des blattes et des cloportes, où les plus tendres et les plus sensibles frissonnaient d'épouvante et d'effroi. Les plus grands, ou les plus habitués, ne s'inquiétaient plus de l'épaisse obscurité du cachot ni du grouillement invisible de créatures terrifiantes ; ils s'en accommodaient fièrement et, pour passer le temps, d'aucuns lisaient de vieux journaux qui s'y trouvaient ou de vieux livres dépareillés de la Bibliothèque rose, à plat ventre derrière la porte, sous laquelle passait un pâle filet de lumière.

Parquetée et lambrissée, la salle de classe était haute et vaste. Elle était éclairée sur la rue et à l'opposé par de grandes fenêtres bordées de larges tablettes de bois. Si les baies immenses faisaient entrer à flots la lumière côté rue, elles étaient placées si haut qu'elles ne laissaient voir que le ciel; ainsi, les écoliers ne pouvaient être distraits par la vie, les mouvements et l'agitation du village. Quant aux fenêtres donnant sur l'arrière, elles ne diffusaient qu'une faible clarté, en raison de la masse abrupte et sombre de la colline complantée de taillis et de broussailles, qui coupait le jour et masquait le ciel. Ainsi, de l'arrière vers le devant, la salle de classe se nuançait de ténèbres et de lumière, comme si elle passait de l'obscurantisme de l'ignorance à l'aurore de la connaissance, comme si elle passait de la nuit boréale à la splendeur éclatante du midi.

Le bureau magistral trônait, austère et majestueux, sur une vaste estrade de bois râpé, dont les fibres s'effilochaient aux angles arrondis de ses marches latérales.

Sur le mur de droite en entrant, figé là comme un grand rectangle de nuit, méditait le grave tableau noir. Dans l'angle gauche, un tableau mobile sur pied. Dans l'angle droit, une bibliothèque aux portes vitrées, dont le bois patiné, couleur acajou, rutilait de cire bien astiquée. Au travers des vitres, on apercevait, outre les livres de classe traditionnels, une collection d'ouvrages de la Bibliothèque verte, ainsi que les petits formats tout chiffonnés de la Bibliothèque rose.

Des plus petits aux plus grands, de l'arrière de la classe vers la rue, de l'obscurité vers la lumière, de l'ignorance vers le savoir, les vieux bancs de bois aux pupitres lustrés, tachés d'encre et sculptés d'inscriptions enfantines, s'alignaient en rangs de bataille. Chaque pupitre était percé d'un alvéole que remplissait un encrier de céramique blanche, dont la couronne s'évasait comme la corolle d'une fleur. Et chaque encrier était rempli de cette encre violette, de ce nectar fécond et mystérieux au parfum enivrant, qui fabriquait le miel de l'instruction. Le sillon d'une profonde rainure labourait la glèbe des pupitres, où se recueillaient, dans l'attente d'une germination, les crayons à mine de graphite et les porte-plume aux socs joliment écussonnés de plumes Sergent Major ou Baignol & Farjon.

Sous les hautes fenêtres donnant sur l'arrière, étaient accrochées les cartes de géographie.

Encerclé par un solide grillage de protection, en plein milieu de la salle de classe, se dressait l'énorme fourneau cylindrique de fonte argentée, qui ronflait en hiver comme un feu de forge et se colorait de belles teintes pivoine lorsqu'il s'emballait.

C'était dans cette humble pièce que, le 1er octobre suivant ses quatre ans, Pierre avait fait, timide et sans gloire, son entrée. C'était en pleurant à chaudes larmes, lâchement abandonné par la main rassurante de sa mère, qu'il y avait pénétré pour la première fois, cajolé et sermonné à la fois par Madame Mathieu, sa prime maîtresse qui l'appelait « mon petit lapin gris » ou « mon petit lapin noir », selon la couleur de sa blouse.

Très vite, Pierre se fit à sa condition d'écolier et, très vite, il apprit à lire, à écrire et à compter (à l'aide de bûchettes d'épicéa que lui fabriquait le grand-père et qu'il fagotait par paquets de dix, enlacés d'un élastique de caoutchouc). Au bout d'un an, il déchiffrait son premier livre de lecture et, un soir après la classe, Madame Mathieu chargea un grand, le Pierrot Dufays, d'une mission de confiance. Ce soir-là, il raccompagna Pierre jusqu'à la maison où, devant sa mère et ses grands-parents, il le fit lire plusieurs pages de son livre de lecture que la maîtresse lui avait remis. Et sa famille ne fut pas peu fière qu'il sache lire aussi bien après si peu de temps d'école ! Pour remercier l'institutrice de son efficace enseignement, mais aussi par gratitude pour sa patience à toute épreuve et pour sa gentillesse infinie avec les petits, la grand-mère demanda au Pierrot de l'attendre. Elle se rendit dans le clapier, où elle choisit le lapin le plus gras qu'elle tua, dépouilla et vida sur-le-champ. Puis, de retour à la maison, après l'avoir emballé dans un torchon propre et avoir mis le sang recueilli dans un pot de camp, elle dit au Pierrot : « Va porter ce lapin à Madame Mathieu ; dis-lui que c'est pour la remercier d'avoir si bien appris à lire à not'Pierre... » Et le Pierrot s'exécuta, laissant entre les mains du gamin, tout rouge de contentement, le livre sacré, où les signes de l'alphabet s'accordaient pour produire des sons, des mots, des phrases qui désignaient les êtres et les choses qu'il voyait et sentait vivre autour de lui. Ce livre lui donnait la clef de la nature qu'il découvrait chaque jour comme un petit animal, ce monde d'arbres, d'herbes, de fleurs, de papillons, de coccinelles, de hannetons, ce monde de ciels, de pluies et de neiges, ce monde de vaches et de chevaux, de poules et de lapins, ce monde de paysans et de manœuvres, ce monde de forgerons et de bûcherons, ce monde qui s'ouvrait devant lui, ce monde que sa maîtresse créait sous ses yeux au tableau noir, y animant des créatures et des paysages.

Avec quelques bâtons de craie, des blancs, des rouges, des verts, des bleus, elle lui révélait l'art du dessin et son pouvoir incantatoire et magique. Tenant gracieusement la baguette de fée entre ses doigts potelés (car Madame Mathieu était une belle femme brune aux formes généreuses), elle dessinait sur le tableau enchanté les vagues bleues de la mer, la torchère verte d'un arbre, la flamme rouge d'une rose ou la silhouette hiératique d'un chat noir, le dos tourné, avec la pointe aiguë de ses oreilles, le frémissement de ses moustaches et le mol arrondi de sa queue, soulignés et emprisonnés par le trait immaculé d'une craie de velours.

Pierre était ravi de voir naître sur le tableau noir le chef-d'œuvre de poussière, qu'il savait fragile et éphémère, car promis au banal et cruel effacement d'un coup de chiffon. Aussi charmé et envoûté qu'il fût, il était triste et contrit d'éprouver son impuissance de gosse à ne pouvoir sauver ce chef-d'œuvre qu'il eût voulu emporter avec lui pour ensorceler ses rêves, sachant que, désespérément, il ne pouvait, malgré son active dévotion, lui assurer l'immortalité. À défaut de pouvoir empêcher qu'il s'effaçât à jamais, il le noyait dans la frémissante fluidité de sa mémoire.

Plus tard, quand il eut ses sept ans, Pierre changea d'institutrice. Madame Kubler remplaça Madame Mathieu. Grande femme aux cheveux bruns, au corps sec et musclé, elle n'avait pas la douce fermeté de celle qui l'avait précédée et dirigeait sa classe avec une pesante rigueur et une stricte énergie. Elle était sévère mais juste, économe mais efficace. C'est elle qui initia Pierre à la musique et lui révéla cet art si pur et si subtil, si proche de son âme où déjà il entendait vibrer les chants polyphoniques de la nature, qui le pénétraient jusqu'à la moelle des os et le transportaient dans un univers archangélique et céleste. Bien que cette initiation se bornât en un apprentissage élémentaire du solfège et du pipeau, toute sa vie Pierre ne devait oublier cette tendresse et cette dilection pour la musique nées dans sa prime enfance.

[*Vosges de mon enfance,* t. 1,

Pierre Gascar

(1916-1997)

Journaliste et critique littéraire, romancier couronné du prix Goncourt 1953 pour Les Bêtes *et* Le Temps des morts, *auteur d'essais remarqués sur Robespierre ou la Chine, Pierre Gascar a passé son enfance, d'abord à Paris, puis, à partir de huit ans, en Gascogne, dans le département du Lot-et-Garonne. Mis en pension, après l'internement de sa mère dans un asile psychiatrique, chez des membres de sa famille paternelle, il vécut là des années « malheureuses », d'enfant « pauvre » et « solitaire ». Elles feront longtemps souffrir l'homme mais contribueront aussi à forger l'écrivain : l'enfance, l'animal, le monde rural, l'expérience « consolante » des lieux et la nature constituent ainsi les thèmes majeurs de son œuvre littéraire, tous issus de ces années décisives. C'est de cette époque, enfin, que lui viendra son nom d'auteur : Gascar, en souvenir de la Gascogne, plutôt que Fournier.*
Du récit de cette enfance, fait dans La Graine, *j'ai retenu le passage consacré à sa condition d'enfant de chœur, contraint au contact permanent avec la mort, afin de gagner quelques sous. Témoignage original et instructif sur la religion et l'argent dans les campagnes, réflexion profonde et sensible sur un garçon de dix ans qui tentait vainement, par « l'appât du gain », de se « venger de la solitude et de l'indifférence d'autrui », ce texte devrait inciter tout un chacun à découvrir ou redécouvrir Pierre Gascar. Un écrivain qu'on médite, après l'avoir lu…*

LA SOLITUDE DE L'ENFANT DE CHŒUR

Il [le curé] nous ristournait une toute petite partie de l'argent que les familles lui remettaient après les baptêmes, les mariages et les enterrements mais, la plupart du temps, il préférait laisser entendre aux familles que nous avions mérité une gratification directe qui l'exonérait.

Mes profits, je pouvais les prévoir d'après la classe de la cérémonie, mais les sentiments de ceux qui escortaient le corbillard, la mariée ou la nourrice des baptêmes souvent rendaient fausses mes évaluations. Le mort ou la morte de trente ans pleurés jusqu'à l'épuisement, l'épousée que la ville entière savait n'être plus vierge et ne l'être plus de l'amour d'un autre garçon, le jaune et criard enfant adultérin, parfois d'une fraîcheur et d'une beauté insolente, pouvaient ruiner mes espoirs de gain.

J'en vins très vite à redouter les morts atroces qui faisaient avancer jusqu'à l'à-pic de la fosse au bord duquel on les retenait de vieux paysans trébuchants sous le bandeau de leur main, les mariages crispés, les baptêmes où les prénoms psalmodiés dans le grand silence de la nef, après messe, se gonflaient pour la mère adultère de tous les regrets du vrai amour.

Ces sacrements à contrecœur demandés parce qu'il fallait bien ménager une part de ciel dans la plus injuste mort, dans l'amour faux-semblant ou dans celui qui vivait contre le mensonge, ces sacrements de pure forme ou de pur recours pendant lesquels quelqu'un finissait toujours par pleurer et parfois, dans les noces et les baptêmes, presque aussi fort que ces paysans raidis, endimanchés et aveuglés par la mort, ces sacrements, quelle que fût leur classe, quel maigre profit je tirais d'eux !

Les familles défilaient devant moi alors que je restais debout au bord de l'allée, raide de tout l'apprêt et de toute la blancheur de mon surplis et ne me voyaient pas. Parfois, un vieil homme ou une vieille femme, en retard sur les autres et gagné intérieurement, à travers ses larmes, par le sourire de l'indulgence qui affleurait, juste à ma hauteur, à sa bouche ridée, plaçait dans ma main un billet ou des pièces. Je refermais vite ma main sur le don et je ne bougeais pas. J'étais la constance du monde. Qu'on mourût, qu'on aimât ou qu'on n'aimât point, qu'on aimât encore ou qu'on n'aimât plus, qu'on criât sous le sel baptismal ou qu'on rît et même si c'était au-devant d'une vie douteuse, il fallait, moi, que je sois payé.

J'étais la pauvreté du monde. Là où la vie se détendait, un instant, dans les larmes et le mystère secourable des rites, là où souriant ou gémissant chacun vérifiait son destin et accélérait ses prières, j'apportais ma peine, mon métier. Les morts, depuis cette petite ville paysanne, il fallait souvent aller les chercher loin. Quand nous partions, le soleil était déjà haut. C'était l'homme de la voirie qui tenait les rênes. Il délaissait, ces matins-là, les ordures. Il parlait peu. Le curé s'asseyait près de lui et, contre ma croix posée à mon côté, je retrouvais, sur les rouleaux de bois du corbillard, l'allongement que j'avais connu, quand je jouais, avec le petit-fils du sacristain, dans la remise ouverte sur la cour de la chapelle. Mais maintenant des rayons de soleil qui faisaient briller les boiseries noires venaient me rassurer sur ma mort; des feuillages frôlés couraient sous les courtines mortuaires et, gisant, j'entendais, au passage, le bruit d'un ruisseau.

Lorsque nous arrivions à la maison du mort, le curé s'était endormi. Les jurons du cocher qui poussait les chevaux dans un chemin de terre le réveillaient. Nous débouchions dans une cour brûlée de soleil où nous attendaient des hommes endimanchés de noir. Certains d'entre eux parlaient d'argent au coin d'un mur de grange. Ils enlevaient leur veste pour charger le cercueil. Puis, de la maison aux volets clos sortaient toutes les femmes. Nourries d'ombre, quelques-unes alourdies de voiles noirs, dans le bruit des larmes qui passent par le nez et le crissement des souliers vernis, elles allaient se ranger, en plein soleil, derrière le corbillard. Leur nombre m'inquiétait.

Marchant le premier avec ma lourde croix à peine soutenue par un baudrier de porte-drapeau, j'assumais, à moi seul, toute l'inertie du convoi, tout l'ahan du cortège. Plus le cortège était long, moins vite il avançait et plus il s'enlisait dans son piétinement sourd. Très vite, je ne parvenais plus à imposer ma cadence. Ma croix, à chacun de mes pas, se faisait plus lourde. En haut, elle était toute d'argent. Parfois, je la faisais tourner un peu afin qu'elle captât et réfléchît, dans un bref éblouissement, un rayon de soleil.

Tout le long du chemin, je m'efforçais de penser à l'argent qu'on me donnerait. Je le dépensais d'un seul coup, en exagérant mon plaisir. Quelquefois, je le perdais et je n'en éprouvais aucun regret. Ici, personne ne m'aimait. De temps en temps, je montrais à mon oncle et à ma tante, avec une joie feinte, l'argent que je venais de gagner. Ma tante me le prenait, craignant que je ne le gaspille. Le dépôt bientôt grossissait. Je faisais semblant de m'en réjouir. Je voulais la persuader que je ne pensais qu'à l'argent. Niant ainsi ce qui m'était refusé, j'éveillais autour de moi une estime un peu inquiète. Dans l'état de pauvreté où nous vivions, on appréciait mon goût des biens réels. On en restait muet. Ils ne voyaient pas que je m'inventais contre leur désert.

Le long des chemins poussiéreux où je traînais les morts, je m'appliquais à ma peine d'homme. Elle m'était largement mesurée. Ces enterrements de l'été n'en finissaient pas. Ils étaient rares et on épuisait jusqu'au bout l'événement. Avant qu'on ait descendu le cercueil dans la tombe et qu'on l'ait enseveli dans l'odeur des grandes sécheresses, que de haltes, que de manipulations, que de soins !

Parfois, dans l'ennui des tâches mortuaires, montait un cri de femme haché de sanglots mais vite bâillonné par le mouchoir ou le voile mordu à pleine bouche, vite étouffé par le garrot d'un embrassement de la voisine de prie-Dieu, et je ne me retournais pas. Je restais droit contre la grille du chœur. J'étais endurci à dominer la douleur des autres.

Je savais aussi retirer avec une fermeté qui les réveillait parfois de leur chagrin le crucifix que je donnais à baiser aux femmes et contre lequel elles s'attardaient dans les larmes. Elles levaient vers moi un regard noyé d'enfant frustré mais, les yeux baissés, je passais déjà à la suivante. La cérémonie terminée, mes trois francs dans ma poche, je regagnais la maison en courant ; jusqu'au soir, je traînais avec moi une odeur d'encens et je l'emportais jusque dans mon lit, comme un remords.

[*La Graine,* © Éditions Gallimard, 1955.]

André Gault

(1913-2001)

Grand admirateur de Claude Simon, membre fidèle de l'Éducation nationale – il fut successivement instituteur, professeur d'anglais et principal de collège jusqu'à sa retraite en 1969 – André Gault a publié en 1986 La Maison de Mentine, *évocation de sa jeunesse à Saint-Jean-de-la-Motte, dans la Sarthe.*
De cette œuvre hélas méconnue, j'ai sélectionné trois extraits, très courts, qui sont autant d'instantanés de son enfance : une cérémonie commémorative du 11 novembre 1918 devant le monument aux morts, une séance de cinéma chez le bourrelier, une messe dont l'enfant de chœur, visiblement, se serait bien passé… Tous ces moments que tant d'autres ont vécus, André Gault les raconte, avec ironie, intelligence, et une langue concise et poétique qui n'est pas si fréquente dans la littérature rurale.

UN ONZE NOVEMBRE

C'est cela, c'était le jour d'une fête. Le onze novembre peut-être bien. J'étais avec les autres enfants de l'école. Nous défilions dans les rues du village, musique en tête, jusqu'au monument aux morts. Je ne pensais ni à mon père dont le nom est gravé, à sa place, dans l'ordre alphabétique, avec celui des autres soldats tués pendant la guerre, ni à ces obus de gros calibre dressés autour du monument et reliés par des chaînes. Je ne pensais qu'à surveiller le père Cambrai, le garde-champêtre. Je le repérais facilement au képi qu'il portait. D'ailleurs il était toujours à côté des enfants. On aurait dit qu'il nous suivait. J'épiais le moindre de ses mouvements : c'était lui qui était chargé de tirer le canon. Il l'emportait avec lui dans un panier en même temps que tout un attirail : de la poudre en grain, un rouleau de mèche et du papier pour le bourrer. J'avais une peur terrible de ce canon. Il n'avait pas plus de vingt centimètres de haut, mais malgré son aspect inoffensif le coup partait avec un fracas épouvantable. Je pensais qu'un jour il éclaterait et nous tuerait tous. Ce n'était pourtant qu'un cylindre insignifiant creusé dans un bloc d'acier. Le bonhomme introduisait la mèche par un trou à la base du bloc, puis versait la poudre qu'il prenait dans un sachet à l'aide d'une mesure comme en ont les chasseurs pour faire leurs cartouches. Ensuite il déchirait du papier, qu'il fourrait dans le canon. Pour le bourrer il se servait d'un pilon en bois sur lequel il tapait avec un maillet. Dès que j'entendais le bruit du maillet, je me mettais à trembler, mais bien plus encore lorsqu'il cessait. Et pas question de s'enfuir...

Nous sommes là, en rang de chaque côté de l'allée, l'oreille aux aguets. Les anciens combattants inclinent leurs drapeaux tandis qu'un clairon sonne *Aux morts* et qu'un oiseau qu'on ne voit pas chante sur un arbre ou dans la haie... Monsieur le Maire, ceint de son écharpe tricolore, lisant un papier qui tremble dans sa main, dit « les héros... la grande épopée... morts pour que vive la France », manipulant vaguement la gerbe que deux élèves ont portée, et eux, les mains gelées, contents d'en être enfin débarrassés, retrouvent leur place au milieu de nous.

(...) Pas question de s'enfuir. J'étais là, tremblant, tendant le dos, n'osant pas me retourner. Je savais que le canon était tout près, à quelques mètres de moi. Le coup partait toujours au moment où je ne l'attendais pas. Toute la file des gamins sursautait d'un même mouvement. Puis les têtes se retournaient pour voir les débris de papier projetés très haut dans le ciel, qui retombaient en voltigeant. Un mince filet bleu montait du canon. Il n'avait pas éclaté encore cette fois-ci.

UNE SÉANCE DE CINÉMA

Nous sommes autrement intéressés par la lanterne magique de Maxime. À la fois opérateurs, présentateurs et spectateurs, nous nous installons dans la bourrellerie – le père de Maxime fabrique et répare des colliers, des harnais, des selles. Les odeurs de pétrole (notre source de lumière est une petite lampe à pétrole), de métal chaud (il est nécessaire de monter la flamme au maximum pour obtenir de belles images lumineuses), se mêlent agréablement à celles du cuir, du crin, de la bourre, de la poix, à une odeur de cheval, qui reste attachée à tous ces harnachements, colliers, sous-ventrières, avaloires, culerons et croupières, accrochés aux murs, ou pêle-mêle sur la table de travail où le père Michaud s'installe souvent, assis les jambes croisées à la manière des tailleurs, poussant le poinçon, tirant l'alêne.

(...) L'image projetée est ronde, lumineuse et en couleurs. C'est-à-dire qu'il y a d'abord ce rond lumineux d'un blanc éclatant – enfin que je voyais tel, bien qu'il ne pouvait s'agir que d'un jaune douteux, un simple torchon nous servant d'écran et la lampe à pétrole ne donnant qu'une pauvre lumière – et puis le bout de la vue en verre qui traverse le cercle, et puis l'image en couleurs qui glisse à sa suite rapidement pour enfin se superposer exactement au cercle. Comment se fait-il que nous ayons mis si longtemps à découvrir le Petit Poucet, caché sous la chaise de l'Ogre ? Sous la chaise ? Ah ! ce n'est pas très net. Nous nous approchons jusqu'à toucher du nez le torchon... et nous ne voyons plus rien. Nous prenons du recul. Il est là, c'est incontestable, sous la chaise. Et quel charme trouvons-nous donc à ces trois invalides assis sur un banc, dont l'un fume une pipe, et pourquoi disons-nous *les invalides...* parce que l'un d'eux a une jambe de bois ? Et que nous supposons les deux autres aussi mal en point, bien que leur infirmité soit moins visible ? De Blanche Neige, nous ne voyons jamais que les deux tiers, les vues comportant ces images s'arrêtant à la quatrième. Impossible de les pousser plus loin. Le père de Maxime doit les passer à la meule un jour où il y pensera, où il aura le temps. À chaque séance nous disons : « Les vues de Blanche Neige... » et il dit : « Ah ! oui, quand j'aurai le temps... »

La séance se termine invariablement dans la cuisine, pendant que la mère Michaud prépare un grog. Du vrai cinéma cette fois, des films animés grâce à un petit appareil qui se fixe devant la lanterne – bobines, manivelle à tourner, exactement la réplique en plus petit du projecteur dont se sert le baladin. L'appareil est posé sur la table. La projection se fait sur le mur, sans plus de complications. L'image projetée ne dépasse guère le format d'une feuille de cahier et le film un mètre de long. Les deux extrémités étant raccordées, il a l'aspect d'une scie à ruban et peut passer indéfiniment. L'inconvénient, c'est que nous revoyons toujours la même scène. Celui qui a le plus de succès a pour titre *Le Cocher*. Un fiacre démarre, venant sur nous. Le cheval lève les pattes, le cocher fait claquer son fouet. Une brusque secousse ramène l'attelage à son point de départ. Le cheval lève les pattes, le fouet claque. Secousse, redémarrage… mais s'est-il arrêté vraiment ? Le cheval, le fouet, la secousse, les pattes, les roues qui tournent, le fouet et ainsi de suite, à n'en plus finir. Pour que l'effet soit plus saisissant, le père Michaud va chercher dans la bourrellerie un collier de fantaisie muni de grelots, qu'il secoue pendant la projection, faisant claquer sa langue en même temps que le fouet claque. Quelquefois, pris d'énervement, Maxime tourne la manivelle à toute vitesse et le cheval s'emballe. La secousse en passe inaperçue. Nous avons trouvé le mouvement perpétuel. L'étrange attelage est parti pour l'éternité.

UNE MESSE

Il y a une glace dans la sacristie. Je me regarde en passant. Je me fais pitié. Ma soutane rouge et mon aube de dentelle me donnent l'air d'un carnaval. Je ne suis là que pour le décorum. Pour être heureux, il faut que je joue, que j'imagine, que je fasse quelque chose. Ici je n'ai rien à faire. Je ne sers à rien. Je m'ennuie. Pendant la messe, je rêve, enfoncé, oublié dans le fond d'une stalle. Je hais le curé qui me pose à confesse des questions insidieuses… « Avec des petits garçons… des petites filles ?… combien de fois ? » Pour avoir la paix, je dis n'importe quoi… « Dix ! » Si je n'y pensais pas, il me donnerait des idées. Il chuchote, là dans le noir, derrière son guichet grillagé. J'étouffe, je suis hors de moi. S'il y a un diable – tout le temps il en parle –, il doit lui ressembler. Voici qu'il se retourne, fait face aux fidèles, les yeux au ciel, les mains levées dans un geste d'adoration. « Kyrie Eleison ! » Les deux chantres répondent : une voix sonore et vibrante, une voix terrible de basse qui me glace. De ma stalle, en me penchant un peu, je vois le joli profil d'Isabelle à l'harmonium.

Un tintement cristallin me réveille. Un léger brouhaha m'avertit que j'ai à changer de position. Il faut se mettre à genoux. Quand tout le monde baisse la tête, moi je relève la mienne pour voir ce qui se passe. C'est le moment où le curé montre l'hostie, la tenant au-dessus du ciboire, comme on voit sur les images qu'il nous distribue au catéchisme. Et il ne faut pas regarder. Je n'y comprends rien. Pourquoi la montre-t-il alors ? Je vois ces vieilles bonnes femmes au premier rang. Je les connais toutes, celle qui a quelques poils de barbe, celle dont les narines sont grises de tabac à priser. Elles ne m'inspirent aucune confiance. Toujours vêtues de noir, bougonnantes et maussades, elles sont le contraire de la vie, du soleil, des fleurs. Ce sont des messagères de malheur, de sinistres pleureuses se complaisant dans le deuil et le chagrin, comme si elles portaient tout le poids des souffrances de ce monde... « Agnus Dei » etc. Un soir, au salut, dans l'église sombre, je les ai entendues répondre aux litanies sur un ton lugubre, monocorde, « ora pro nobis, ora pro nobis, ora pro nobis », à n'en plus finir. Comprenaient-elles ce que disait le curé ? Comprenaient-elles seulement ce qu'elles répondaient ? J'en doute. Cela me semblait représenter le comble de la bêtise... du monde.

[*La Maison de Mentine*, © Éditions Cénomane, 1986.]

Émile Guillaumin

(1873-1951)

Né et mort à Ygrande, dans l'Allier, Émile Guillaumin fut écrivain paysan, syndicaliste agricole, journaliste spécialiste des questions rurales dans divers organes de la presse nationale et régionale. Si son œuvre compte plusieurs ouvrages remarqués (Tableaux Champêtres, Rose et sa Parisienne, Le Syndicat de Baugignoux, *etc.*), *il reste l'homme d'un livre qui manqua de peu, en 1905, le prix Goncourt :* La Vie d'un simple. *Roman social inscrit dans la filiation de* Jacquou le Croquant, *roman témoignage sur la condition de métayer au XIXᵉ siècle, l'ouvrage fut en effet, dès sa sortie, considéré comme un événement. Pour la première fois dans l'histoire de la littérature française, un vrai paysan écrivait sur les paysans. Il le faisait avec pour seul bagage un certificat d'études, sans excès révolutionnaire mais sans non plus rien renier de sa classe, avec comme intention, simplement, de prouver à ses frères que cela était possible et à ces « messieurs de Moulins, de Paris et d'ailleurs (…) que les paysans sont moins bêtes qu'ils ne le croient ». Pour toutes ces raisons, c'était plus qu'un livre qu'Émile Guillaumin avait écrit. C'était, pour la République des lettres comme pour la République tout entière, un symbole de l'émancipation paysanne, le signe qu'elle allait devoir, un jour ou l'autre, reconnaître au paysan sa dignité d'homme, c'est-à-dire des conditions de travail décentes et une considération égale à celle des autres citoyens. De ce livre-phare, l'un des grands classiques de la littérature rurale, j'ai choisi trois extraits consacrés au travail du jeune Tiennon, le héros et narrateur, dont nous suivons la vie, de sa naissance en 1823 jusqu'aux dernières années de son existence, vers 1900. Dans ces « mémoires d'un métayer » – ce fut le premier titre du livre, refusé par l'éditeur – la description du labeur paysan occupe en effet une place centrale, Tiennon cherchant toujours à prouver la dureté de sa condition avant d'appeler de ses vœux un monde plus juste. Militant du syndicalisme agricole dans le Bourbonnais, Émile Guillaumin fut aussi un militant du témoignage qui aura marqué d'une empreinte, sans doute indélébile, le roman rural.*

À SEPT ANS, AVEC LES MOUTONS

Ce fut comme pâtre dans la Breure que je commençai à me rendre utile. Le troisième été après notre installation au Garibier, la Catherine, ayant dépassé ses douze ans, dut remplacer la servante que ma mère avait occupée jusqu'alors ; elle lâcha donc les brebis pour les besognes d'intérieur et les travaux des champs. J'allais avoir sept ans, on me confia la garde du troupeau.

Avant cinq heures, maman me tirait du lit et je partais, les yeux gros de sommeil. Un petit chemin tortueux et encaissé conduisait à la pâture. Il y avait de chaque côté des bouchures énormes sur de hautes levées, avec une ligne de chênes têtards et d'ormeaux aux racines noires débordantes, à la ramure très feuillue. Cela faisait cette « rue creuse » toujours assombrie et un peu mystérieuse – si bien qu'une crainte mal définie m'étreignait en la parcourant. Il m'arrivait d'appeler Médor, qui jappait en conscience derrière les brebis fraîchement tondues, pour l'obliger à marcher tout près de moi ; et je mettais ma main sur son dos pour lui demander protection.

À la Breure, en présence du large horizon je respirais plus à l'aise. Vers le levant, vers le midi la vue s'étendait, par-delà une vallée fertile de grande importance, jusqu'au coteau dénudé, au gazon roussi, qui précédait le bois de Messarges. Quelques champs de culture se voyaient au nord. Au couchant, régnait la forêt peuplée là de grands sapins aux troncs suintants de résine qui m'envoyaient leur senteur âcre.

Mais la Breure elle-même était suffisamment vaste et magnifique par beau temps à l'heure matinale où j'y arrivais. La rosée, sous la caresse du soleil, diamantait les grands genêts dont la floraison vigoureuse nimbait d'or la verdure sombre ; elle se suspendait aux fougères dentelées, aux touffes de pâquerettes blanches dédaignées des brebis, aux bruyères grises, et masquait d'une buée uniforme l'herbe fine des clairières. Cependant que des bouchures, des boissons et de la forêt s'élevaient sans fin des trilles, vocalises, pépiements et roucoulements, tout le concert enchanteur des aurores d'été.

Pieds nus dans des sabots plus ou moins fendillés et informes, jambes nues jusqu'aux genoux, je sillonnais mon domaine en sifflotant, à l'unisson des oiseaux. La rosée des arbustes mouillait ma blouse et ma culotte dégoulinait sur mes jambes grêles. Mais ce bain journalier ne m'était pas défavorable, et le soleil avait vite fait d'en effacer les traces. Je craignais davantage les ronces rampant traîtreusement au ras du sol, sous le couvert des bruyères; souvent j'étais arrêté, griffé cruellement par quelqu'une de ces méchantes; j'avais toujours le bas des jambes ceinturé de piqûres, soit vives, soit à demi guéries.

J'emportais dans ma poche un morceau de pain dur avec un peu de fromage et je cassais la croûte sur une de ces pierres grises qui montraient leur nez entre les plantes fleuries. À ce moment, un petit agneau à tête noire, très familier, ne manquait jamais de s'approcher pour attraper quelques bouchées de mon pain. Mais un second prit l'habitude de venir aussi, puis un troisième, puis d'autres encore – ils auraient mangé sans peine toutes mes provisions, si j'avais voulu les croire. Sans compter que Médor, s'il n'était pas à la poursuite de quelque gibier, venait aussi demander sa part; même il bousculait les pauvres agnelets – sans leur faire de mal, d'ailleurs – afin d'être seul à me regarder de ses bons grands yeux suppliants. Je lui jetais au loin, pour le faire s'écarter, de tout petits morceaux, et les bêleurs profitaient vite de cet instant pour venir happer dans ma main ce que je voulais bien leur distribuer.

Cela m'amusait, et aussi beaucoup d'autres épisodes de moindre importance. Je regardais voler les tourterelles, détaler les lapins; je faisais le tour du terrain, suivant les bouchures, pour trouver des nids; je saisissais dans l'herbe un grillon noir ou une sauterelle verte que je martyrisais sans pitié; ou bien, plaçant sur ma main l'une de ces petites bestioles au dos rouge tacheté de noir que les messieurs nomment «les bêtes à bon Dieu» et qu'on appelle ici des «marivoles» je lui chantais le refrain de la Catherine :

Marivole vole vole;
Ton mari est à l'école,
Qui t'achète une belle robe...

S'envoler au plus vite était bien pour la pauvrette le meilleur parti : elle risquait fort à demeurer d'être mise en piteux état...

Tout de même je trouvais parfois le temps bien long. J'avais ordre de ne rentrer qu'entre huit et neuf heures, quand les moutons, à cause de la chaleur, se mettent à *groumer,* c'est-à-dire se tassent, tête baissée, dans quelque coin ombreux. Rentrant trop tôt, j'étais grondé et même battu par ma mère qui ne riait jamais et donnait plus volontiers une taloche qu'une caresse. Je restais donc jusqu'au moment où l'ombre du frêne, à droite de l'entrée, s'allongeant perpendiculairement sur la claie, annonçait huit heures.

Mais attendre jusque-là et, le soir, attendre dans cette même solitude la nuit tombante, quel dur calvaire! Parfois, pris de peur et de chagrin, je me mettais à pleurer, à pleurer sans motif, longtemps... Un froufroutement subit dans le bois, la fuite d'une souris dans l'herbe, un cri d'oiseau non entendu encore, il n'en fallait pas davantage aux heures d'ennui pour faire jaillir mes larmes.

GARÇON PORCHER, À NEUF ANS

Du temps que j'étais berger, j'esquivais les très mauvais jours : car on n'envoie pas les brebis dehors quand il pleut ou neige. Mais quand j'atteignis neuf ans on me confia les cochons et c'en fut fini de cet avantage. Qu'il pleuve ou vente, que le soleil darde ou que la bise cingle, par la neige ou par le gel, il me fallait aller aux champs. Oh! ces terribles factions d'hiver, alors que l'on est enduit de boue tout au long des jambes, que l'on a les pieds mouillés et que le froid étreint, quoi qu'on fasse, en une progression méchante! On ne peut pas s'asseoir; les bouchures dépouillées ne donnent plus d'abri; les doigts gourds et crevassés font mal; un tremblement inconscient vous agite : oh! qu'on est malheureux!

Il y avait toujours deux truies mères qu'on appelait les « *vieilles gamelles* » et des laitons ou nourrains, plus ou moins, selon les circonstances ou la réussite des portées – une quinzaine en moyenne. Tout cela s'agitait, grognait, fouillait le sol. Quand les truies avaient des petits tout jeunes demeurés à l'étable, elles devenaient particulièrement difficiles à garder, l'instinct de la maternité les poussant à les rejoindre au plus vite. Elles perçaient au travers des bouchures avec une facilité étonnante et il fallait veiller ferme, ruser avec elles pour les empêcher de partir; il était d'ailleurs impossible de les faire rester bien longtemps. Au moins dans ces moments-là s'en allaient-elles tout droit vers la maison. Mais non plus quand les petits, devenus plus forts, les suivaient. Maraudeuses à l'excès, elles arrivaient parfois à pénétrer dans un champ de céréales où il n'était pas commode de les découvrir. Je reçus encore de bonnes taloches quand je ne sus pas préserver de leurs ravages les blés ou les orges.

Après les céréales, les fruits. Mes bêtes connaissaient, dans un rayon de plusieurs kilomètres, tous les poiriers sauvageons grands producteurs. Il ne m'était guère possible d'empêcher leur promenade quotidienne circulaire pour manger les fruits tombés. Les choses continuaient de même à l'époque des châtaignes, des faînes et des glands. En cette période d'arrière-saison il fallait cependant protéger les semailles nouvelles et les pommes de terre non encore arrachées. Les familles parfois se divisaient, chaque bande de petits suivant la mère en des endroits différents. Ou bien les jeunes, trop inexpérimentés, restaient en panne, les uns ici, les autres ailleurs. À certains jours de guigne je ne pouvais arriver à les rassembler tous. Souvent il me fallait, à la tombée de la nuit, repartir au diable à la recherche des manquants.

À tous les embêtements que les cochons me causaient aux champs, venait s'ajouter l'ennui d'entretenir en parfait état de propreté le domicile de ces messieurs. Ils logeaient toujours à l'étroit en des réduits adossés au pignon de la maison, d'un nettoyage difficile à cause des pavés disjoints. Je faisais de mon mieux pourtant; mais la grand-mère, qui avait la manie d'inspecter partout, ne trouvait jamais que ce fût assez propre et poussait les autres à me faire des observations. Je fus giflé certain jour par maman pour avoir mis à des gorets nouveau-nés de la paille trop raide, ce qui risquait, paraît-il, de leur faire tomber la queue…

« NOUS ALLONS VOIR SI TU ES UN HOMME... »

L'hiver d'après mes quinze ans, ayant cessé tout à fait de garder les cochons, je dus agir en homme. On me mit à battre au fléau, à participer au nettoyage des étables.

Les années précédentes, quand j'allais au champ dans la neige, j'enviais les batteurs en grange. Mais quand je dus faire le métier à mon tour, je m'aperçus que ce n'était pas tout rose non plus, que, si l'on conservait les pieds secs, on se fatiguait joliment les bras et qu'on avalait par trop de poussière.

Le battage à cette époque où tout s'écossait au fléau, durait depuis la Toussaint jusqu'au carnaval, voire même jusqu'à la mi-carême, sans interruption presque, sauf quelques journées chaque mois, quand la lune était bonne, pour couper les bouchures, ébrancher les arbres. Dans la journée, l'on battait seulement entre les deux pansages; mais on se reprenait à la veillée. Mon début coïncidait avec une année d'abondante récolte, nous battions chaque soir jusqu'à dix heures à la lueur d'une lanterne. Je ne connais pas de besogne plus énervante que celle-ci. Manœuvrer le fléau, du même train régulier, pour conserver l'harmonie obligée de la cadence; ne pouvoir disposer d'une seconde pour se moucher, pour enlever le grain de poussière qui vous fait démanger le cou – quand on est encore malhabile et non habitué à l'effort soutenu, c'est à devenir enragé ! Je n'avais de plaisir que les jours de vannage, quand le gros tas de mélange gris diminuant peu à peu s'engouffrait en entier de la trémie dans le tarare, et que je plongeais mes mains avec délices dans l'amas de grain propre d'une belle couleur d'or...

Les séances de nettoyage des étables, le samedi matin, étaient bien dures aussi. C'est avec Louis que j'effectuais ce travail. Nous avions une grosse civière ou « bayard » de chêne que je trouvais déjà lourde sans qu'elle fût chargée. Munis chacun d'un « bigot[1] », nous piquions avec force dans la couche épaisse de fumier chaud et nous entassions sur la civière des « bigochées » monstres. Louis excitait mon amour-propre :

« Nous en mettons encore un peu, hein ? Tu porteras bien; c'est là que nous allons voir si tu es un homme. »

1. Bigot : fourche recourbée en forme de crochet.

Tenant à me montrer homme, je consentais à laisser grossir le chargement tant et si bien qu'il m'en craquait dans les reins lorsqu'on soulevait... Au début je m'en tirais pourtant vaille que vaille. Mais après un moment, j'étais en nage et suffoquant. Mes nerfs fatigués, détendus ne pouvaient plus serrer assez les poignées du « bayard » qui m'échappait dans le parcours de l'étable à la *pelote* de fumier de la cour. On avait beau ensuite modérer le chargement : à tout propos une nouvelle échappade survenait. Alors mon père – ou mon parrain – venait me remplacer, non sans une pointe ironique. Et je m'éclipsais, mécontent, froissé, rageur.

J'ai remarqué depuis que tous les débutants connaissent ces ennuis-là. Quand on commence à travailler, on a tout de suite le désir de faire aussi bien que les grands ; mais on manque de force, d'adresse et d'expérience. Les autres font sonner bien haut leur supériorité, conséquence de leur âge ; et l'on souffre de leurs railleries sans indulgence.

Pierre-Jakez Hélias

(1914-1995)

Né à Pouldreuzic, dans le Finistère, de parents ouvriers agricoles mais également élevé par deux grands-pères conteurs, Pierre-Jakez Hélias sera resté, toute sa vie, fidèle à ses origines. À travers ses enseignements au sein des établissements scolaires et universitaires, grâce à ses émissions de radio en breton, par ses articles, ses poèmes ou, bien sûr, son Cheval d'orgueil, *publié en 1975 et vendu à des millions d'exemplaires, il se voulut, en effet, l'inlassable peintre et défenseur de la paysannerie bretonne pauvre. Pauvre mais riche d'une «hhhh» dans laquelle il était né, avait grandi, «avant d'en adopter par nécessité une autre sans pour autant renier la première.»*

De ce Cheval d'orgueil, *de ces «Mémoires d'un Breton du pays bigouden» qui couvrent la première moitié du XX*e *siècle et mêlent souvenirs personnels et matériau ethnographique, j'ai retenu le passage où Pierre-Jakez Hélias évoque la façon dont il fut, dès le plus jeune âge, confronté à la mort. On y verra combien le rituel funéraire, alliant paganisme et christianisme, constituait alors un élément de la vie communautaire paysanne en même temps qu'un sujet de terreur pour tous, adultes ou enfants.*

L'ENFANT BRETON ET LA MORT

Dès mon âge le plus tendre, je suis mis en présence des morts. L'usage veut qu'un représentant au moins de chaque maison aille sans faute rendre visite aux cadavres de la paroisse avant qu'ils ne soient mis dans «l'arche». Pour les défunts de la famille et du proche voisinage, personne, pas même les enfants, ne saurait être dispensé de ce devoir. On s'en acquitte comme on le fait des autres et d'autant plus facilement que le cérémonial qui règne depuis l'agonie jusqu'à l'enterrement satisfait, chez les membres de la communauté, je ne sais quel instinct venu des profondeurs.

Le premier cadavre que je vois est celui d'une adolescente nommée Françoise, une des filles de nos voisins. Elle s'occupait bien de moi, Françoise. Comme elle n'était pas bien forte, elle restait souvent à la maison. On la voyait assise sur le seuil, occupée à de menus travaux d'aiguille et toussant à s'en décrocher le cœur sans cesser de sourire aux enfants qui l'entouraient. Elle avait le mal de langueur, le mal du dessèchement. À la fin, on voyait presque son âme à travers son corps. La voilà partie pour l'autre monde. Ma mère m'habille entre dimanche et tous les jours. Je m'accroche à sa robe tandis que nous franchissons la porte au-dessus de laquelle pend une grande serviette blanche frappée d'une croix noire. Cette croix est faite de deux rubans à cheveux, de ceux qui tiennent le haut chignon sur lequel s'épingle la coiffe des femmes. Dès le couloir, on entend bourdonner les prières. Françoise est étendue au centre de la *chapelle blanche,* entre deux cierges, à peine plus maigre que de son vivant, mais aveugle désormais. Ses yeux sont rentrés dans sa tête, il n'en reste que deux ombres terribles. Derrière elle brillent doucement, démontées de leur fût, les croix d'argent qui la précéderont au cimetière.

Ma mère me pousse vers le lit. Alors le père de Françoise, assis au banc de la cheminée, se lève, s'approche de moi. Il me prend dans ses bras, me soulève, me fait embrasser la morte. Je ne suis pas près d'oublier le contact du front pierreux ni cette odeur indéfinissable qui me vient par les lèvres et non par le nez. Je suis reposé sur la terre battue, les genoux tremblants. J'ai mille peines à retrouver les jupes de ma mère qui débite son chapelet avec d'autres femmes contre le front des armoires. Elle est contente de moi. Tout à l'heure, en rentrant chez nous, elle me dira que je me suis bien conduit. Ensuite, caché sous la table, j'aurai le droit de pleurer tout mon soûl parce qu'il n'y a plus de Françoise.

On veille les morts pendant deux nuits. Dans la journée, sur les bancs et les chaises rangés contre les murs et les cloisons, se succèdent les gens qui ont tout leur temps, ceux qui habitent à l'autre bout de la paroisse, ceux qui n'ont qu'un moment à distraire. Et il y a le va-et-vient des bons amis et des parents qui tiennent à être là pour accueillir tout un chacun et faire le compte de ceux qui sont venus pour savoir se conduire avec eux en pareille occasion. Mais au soir tombé, après la soupe, la maison se remplit des familiers qui viennent passer au moins une demi-nuit. La maîtresse de la maison a fait faire les provisions qu'il faut pour donner à boire et à manger à tout le monde. Le recueillement règne dans la salle de la *chapelle blanche*. Mais tout autour, dans le couloir et les autres pièces, le ton des conversations monte de plus en plus à mesure que la nuit avance. On parle d'abord du défunt, on dévide tous les lieux communs sur la brièveté de la vie. Et puis, on devise sur le temps qu'il fait. On va s'asseoir à table pour boire un coup et casser une croûte avant de retourner se joindre aux prières pour une fois, deux fois, trois fois. Certains finissent par rester dans l'autre bout de la maison à commenter les dernières nouvelles et même à parler politique en haussant la voix de plus en plus, surtout lorsque l'un ou l'autre, ou les deux à la fois, ont forcé sur la boisson, cela arrive. Le tapage est quelquefois tel qu'une femme, généralement l'épouse d'un tapageur, finit par sortir de la *chapelle blanche*, le chapelet en mains, pour tancer d'importance les faiseurs de scandale. Vous n'avez pas honte ! Alors les plus raisonnables font sortir dans la nuit ceux qui ne savent pas honorer les morts comme il faut. Et puis ils se mettent eux-mêmes à jouer aux cartes sagement.

Mais quand arrive le diseur de Grâces, et pendant tout le temps qu'il est là, il n'est pas question d'autre chose que de prier. Le diseur de Grâces est l'un des plus importants personnages du cérémonial mortuaire. Il impressionne plus que le prêtre lui-même, peut-être parce que c'est un homme ordinaire, paysan ou artisan, qui n'a pas été aux écoles, donc qui est resté empreint, comme le menu peuple des paroissiens, d'une foi pas tout à fait catholique.

(...) Notre diseur de Grâces à nous est Jean-Marie Plouhinec. Il est aussi le bedeau de notre église. Il connaît parfaitement la lettre de la religion, l'esprit de celle-ci ne peut pas lui faire complètement défaut. Nous sommes tranquilles. Il abomine les hérétiques, les schismatiques et les païens. Le voilà qui ouvre son livre, debout devant la *chapelle blanche*, et se racle fortement la gorge. C'est un vieux livre cassé, recouvert de drap noir, peut-être les « Heures bretonnes et latines » de M. le Bris.

Au nom du Père, du Fils et du Saint-Esprit... *Pater, ave, de profundis*... Demandons, prions, faites, Seigneur... Invocation des saints. Ouvrons nos cœurs à l'espérance chrétienne. Lecture de passages des Évangiles. *Miserere*. Invocation de La Trinité et spécialement de la Vierge de Penhors qui intercède pour nous. Prière pour les Trépassés. Chapelet de Requiem. La voix timbrée, un peu métallique, de Jean-Marie Plouhinec enchaîne les oraisons sans faiblir. Et les réponses fusent haut et clair, les chants éclatent dans la chambre surpeuplée. De temps en temps, quelqu'un sort pour tousser à l'aise.

Nous entendons des passages qui ne sont lus à l'église qu'en latin. Bien qu'ils soient traduits dans nos livres, ils nous impressionnent bien plus en breton dans la bouche du bedeau. Ainsi, la prophétie d'Ezéchiel où il est question de l'immense vallée noire, couverte d'ossements secs attendant la résurrection pour secouer leur gelée blanche, retrouver leur moelle, se recouvrir de chair chaude et de peau quand s'élèvera la voix du Seigneur. Puis Jean-Marie évoque pour nous les visions de l'Apocalypse avec l'ouverture des sceaux et les quatre cavaliers sur les quatre chevaux, le blanc, le rouge, le noir et le bleu; « puis il se fit un grand tremblement de terre. Le soleil devint noir comme un sac de crin, la lune entière devint comme du sang et les étoiles du ciel se mirent à tomber sur la terre comme les fruits verts que laisse tomber un figuier secoué par un grand vent. Le ciel se retira comme un livre qu'on roule, toutes les montagnes et les îles furent ôtées de leur place. »

Les accents de Jean-Marie Plouhinec se font terribles, ses yeux lancent des éclairs. Personne ne bouge. De temps en temps, une femme étouffe des sanglots avec un curieux bruit de gorge. La présence du corps mort fait que la frayeur est encore plus forte que lorsque le père Barnabé explique les Tables du père Maunoir. Et pourtant je reste là sans bouger, avec les autres, persuadé que la fin du monde est proche et qu'il n'y a rien à y faire. Vraiment rien. J'ai sept, neuf ou douze ans. J'en aurai quinze quand j'entendrai les Grâces pour la dernière fois.

Je ne sais pas si je me trompe, mais je crois bien que, les Grâces finies, personne n'a le courage de repasser par la cuisine pour boire une goutte ou manger un morceau. Et pourtant Jean-Marie sait aussi mettre de la tendresse dans sa voix pour parler du triomphe qui nous attend après l'épreuve de la mort.

Alphonse de Lamartine

(1790-1869)

Poète, romancier, historien, diplomate, homme politique, Lamartine demeura tout au long de sa vie profondément attaché au village de son enfance : Milly, près de Mâcon. À de nombreuses reprises il y fit référence, soit dans des écrits poétiques (Jocelyn, Milly ou la terre natale), *romanesques ou autobiographiques* (Le Tailleur de pierre de Saint-Point, Le Manuscrit de ma mère). *Mais c'est indéniablement dans ses* Confidences *de 1849, rédigées alors qu'il approche de la soixantaine et connaît de graves difficultés financières, que se trouve le mieux exprimé son attachement à ce qui n'était alors qu'un hameau et est aujourd'hui devenu la commune de Milly-Lamartine.*
De ce premier volume de mémoires, – il publiera deux ans plus tard de Nouvelles confidences *– j'ai retenu trois passages qui dépeignent le cadre de vie, l'enfant et, sûrement, l'homme lui-même. Dans le premier, on lira la description du village de Milly, ainsi que celle de la maison familiale ouverte aux habitants et où s'écoulèrent « les plus doux des jours ». Dans le second, c'est au contact de la nature et de ses jeunes amis paysans que Lamartine nous emmène, pour ses « jours de berger ». Enfin, on trouvera dans le dernier extrait, consacré à l'éducation religieuse qu'il reçut de sa mère, les raisons qui firent de Lamartine le chantre d'un christianisme libéral et social. Le style est bien sûr romantique à souhait, le contenu probablement idéalisé, mais il faut parfois savoir se laisser emporter pour comprendre…*

LA MAISON DE MILLY

Elles furent humbles, sévères et douces, les premières impressions de ma vie. Les premiers paysages que mes yeux contemplèrent n'étaient pas de nature à agrandir ni à colorer beaucoup les ailes de ma jeune imagination. Ce n'est que plus tard et peu à peu que les magnifiques scènes de la création, la mer, les sublimes montagnes, les lacs resplendissants des Alpes, et les monuments humains dans les grandes villes, frappèrent mes yeux. Au commencement, je ne vis que ce que voient les enfants du plus agreste hameau dans un pays sans physionomie grandiose. Peut-être est-ce la meilleure condition pour bien jouir de la nature et des ouvrages des hommes, que de commencer par ce qu'il y a de plus modeste et de plus vulgaire, et de s'initier, pour ainsi dire, lentement et à mesure que l'âme se développe, aux spectacles de ce monde. L'aigle lui-même, destiné à monter si haut et à voir de si loin, commence sa vie dans les crevasses de sa roche, et ne voit dans sa jeunesse que les bords arides et souvent fétides de son nid.

Le village obscur où le ciel m'avait fait naître, et où la Révolution et la pauvreté avaient confiné mon père et ma mère, n'avait rien qui pût marquer ni décorer la place de l'humble berceau d'un peintre ou d'un contemplateur de l'œuvre de Dieu.

En quittant le lit de la Saône, creusé au milieu de vertes prairies et sous les fertiles coteaux de Mâcon, et en se dirigeant vers la petite ville et vers les ruines de l'antique abbaye de Cluny, où mourut Abailard, on suit une route montueuse à travers les ondulations d'un sol qui commence à s'enfler à l'œil comme les premières vagues d'une mer montante. À droite et à gauche blanchissent des hameaux au milieu des vignes. Au-dessus de ces hameaux, des montagnes nues et sans culture étendent en pentes rapides et rocailleuses des pelouses grises où l'on distingue comme des points blancs de rares troupeaux. Toutes ces montagnes sont couronnées de quelques masses de rochers qui sortent de terre, et dont les dents usées par le temps et par les vents présentent à l'œil les formes et les déchirures de vieux châteaux démantelés. En suivant la route qui circule autour de la base de ces collines, à environ deux heures de marche de la ville, on trouve à gauche un petit chemin étroit voilé de saules, qui descend dans les prés vers un ruisseau où l'on entend perpétuellement battre la roue d'un moulin.

Ce chemin serpente un moment sous les aulnes, à côté du ruisseau, qui le prend aussi pour lit quand les eaux courantes sont un peu grossies par les pluies ; puis on traverse l'eau sur un petit pont, et on s'élève par une pente tournoyante, mais rapide, vers des masures couvertes de tuiles rouges, qu'on voit groupées au-dessus de soi, sur un petit plateau. C'est notre village. Un clocher de pierres grises, en forme de pyramide, y surmonte sept à huit maisons de paysans. Le chemin pierreux s'y glisse de porte en porte entre ces chaumières. Au bout de ce chemin, on arrive à une porte un peu plus haute et un peu plus large que les autres : c'est celle de la cour au fond de laquelle se cache la maison de mon père.

La maison s'y cache en effet, car on ne la voit d'aucun côté, ni du village ni de la grand'route. Bâtie dans le creux d'un large pli du vallon, dominée de toutes parts par le clocher, par les bâtiments rustiques ou par des arbres, adossée à une assez haute montagne, ce n'est qu'en gravissant cette montagne et en se retournant qu'on voit en bas cette maison basse, mais massive, qui surgit, comme une grosse borne de pierre noirâtre, à l'extrémité d'un étroit jardin. Elle est carrée, elle n'a qu'un étage et trois larges fenêtres sur chaque face. Les murs n'en sont point crépis ; la pluie et la mousse ont donné aux pierres la teinte sombre et séculaire des vieux cloîtres d'abbaye. Du côté de la cour, on entre dans la maison par une haute porte en bois sculpté. Cette porte est assise sur un large perron de cinq marches en pierres de taille. Mais les pierres, quoique de dimension colossale, ont été tellement écornées, usées, morcelées par le temps et par les fardeaux qu'on y dépose, qu'elles sont entièrement disjointes, qu'elles vacillent en murmurant sourdement sous les pas, que les orties, les pariétaires humides, y croissent çà et là dans les interstices, et que les petites grenouilles d'été, à la voix si douce et si mélancolique, y chantent le soir comme dans un marais.

On entre d'abord dans un corridor large et bien éclairé, mais dont la largeur est diminuée par de vastes armoires de noyer sculpté où les paysans enferment le linge du ménage, et par des sacs de blé ou de farine déposés là pour les besoins journaliers de la famille. À gauche est la cuisine, dont la porte, toujours ouverte, laisse apercevoir une longue table de bois de chêne entourée de bancs. Il est rare qu'on n'y voie pas des paysans attablés à toute heure du jour, car la nappe y est toujours mise, soit pour les ouvriers, soit pour ces innombrables survenants à qui on offre habituellement le pain, le vin et le fromage, dans des campagnes éloignées des villes et qui n'ont ni auberge ni cabaret. À gauche, on entre dans la salle à manger.

Rien ne la décore qu'une table de sapin, quelques chaises et un de ces vieux buffets à compartiments, à tiroirs et à nombreuses étagères, meuble héréditaire dans toutes les vieilles demeures, et que le goût actuel vient de rajeunir en les recherchant. De la salle à manger, on passe dans un salon à deux fenêtres, l'une sur la cour, l'autre au nord, sur un jardin. Un escalier, alors en bois, que mon père fit refaire en pierres grossièrement taillées, mène à l'étage unique et bas où une dizaine de chambres presque sans meubles ouvrent sur des corridors obscurs. Elles servaient alors à la famille, aux hôtes et aux domestiques. Voilà tout l'intérieur de cette maison, qui nous a si longtemps couvés dans ses murs sombres et chauds ; voilà le toit que ma mère appelait avec tant d'amour sa Jérusalem, sa maison de paix ! Voilà le nid qui nous abrita tant d'années de la pluie, du froid, de la faim, du souffle du monde ; le nid où la mort est venue prendre tour à tour le père et la mère, et dont les enfants se sont successivement envolés, ceux-ci pour un lieu, ceux-là pour un autre, quelques-uns pour l'éternité !... J'en conserve précieusement les restes, la paille, les mousses, le duvet ; et, bien qu'il soit maintenant vide, désert et refroidi de toutes ces délicieuses tendresses qui l'animaient, j'aime à le revoir, j'aime à y coucher encore quelquefois, comme si je devais y retrouver à mon réveil la voix de ma mère, les pas de mon père, les cris joyeux de mes sœurs, et tout ce bruit de jeunesse, de vie et d'amour qui résonne pour moi seul sous les vieilles poutres, et qui n'a plus que moi pour l'entendre et pour le perpétuer un peu de temps.

L'extérieur de cette demeure répond au dedans. Du côté de la cour, la vue s'étend seulement sur les pressoirs, les bûchers et les étables qui l'entourent. La porte de cette cour, toujours ouverte sur la rue du village, laisse voir tout le jour les paysans qui passent pour aller aux champs ou pour en revenir ; ils ont leurs outils sur une épaule, et quelquefois sur l'autre un long berceau où dort leur enfant. Leur femme les suit à la vigne, portant un dernier né à la mamelle. Une chèvre avec un chevreau vient après, s'arrête un moment pour jouer avec les chiens près de la porte, puis bondit pour les rejoindre.

De l'autre côté de la rue est un four banal qui fume toujours, rendez-vous habituel des vieillards, des pauvres femmes qui filent et des enfants qui s'y chauffent à la cendre de son foyer jamais éteint. Voilà tout ce qu'on voit d'une des fenêtres du salon.

L'autre fenêtre, ouverte au nord, laisse plonger le regard au-dessus des murs du jardin et des tuiles de quelques maisons basses, sur un horizon de montagnes sombres, presque toujours nébuleux, d'où surgit, tantôt éclairé par un rayon de soleil orangé, tantôt du milieu des brouillards, un vieux château en ruines, enveloppé de ses tourelles et de ses tours. C'est le trait caractéristique de ce paysage. Si l'on enlevait cette ruine, les brillants reflets du soir sur ses murs, les fantasques tournoiements des fumées de la brume autour de ses donjons disparaîtraient pour jamais avec elle. Il ne resterait qu'une montagne noire et un ravin jaunâtre. Une voile sur la mer, une ruine sur une colline sont un paysage tout entier. La terre n'est que la scène ; la pensée, le drame et la vie pour l'œil sont dans les traces de l'homme. Là où est la vie, là est l'intérêt.

Le derrière de la maison donne sur le jardin, petit enclos de pierres brunes d'un quart d'arpent. Au fond du jardin, la montagne commence à s'élever insensiblement, d'abord cultivée et verte de vignes, puis pelée, grise et nue comme ces mousses sans terre végétale qui croissent sur la pierre et qu'on n'en distingue presque pas. Deux ou trois roches ternes aussi tracent une légère dentelure à son sommet. Pas un arbre, pas même un arbuste ne dépasse la hauteur de la bruyère qui la tapisse. Pas une chaumière, pas une fumée ne l'anime. C'est peut-être ce qui fait le charme secret de ce jardin. Il est comme un berceau d'enfant que la femme du laboureur a caché dans un sillon du champ pendant qu'elle travaille. Les deux flancs du sillon cachent les bords du ruisseau, et quand le rideau est levé, l'enfant ne peut voir qu'un pan du ciel entre deux ondulations du terrain.

Quant au jardin en lui-même, il n'en a guère que le nom. Il n'eût pu compter pour un jardin qu'aux jours primitifs où Homère décrit le modeste enclos et les sept prairies du vieillard Laërte. Huit carrés de légumes coupés à angles droits, bordés d'arbres fruitiers et séparés par des allées d'herbes fourragères et de sable jaune ; à l'extrémité de ces allées, au nord, huit troncs tortueux de vieilles charmilles qui forment un ténébreux berceau sur un banc de bois; un autre berceau plus petit au fond du jardin, tressé en vignes grimpantes de Judée sous deux cerisiers; voilà tout. J'oubliais, non pas la source murmurante, non pas même le puits aux pierres verdâtres et humides : il n'y a pas une goutte d'eau sur toute cette terre; mais j'oubliais un petit réservoir creusé par mon père dans le rocher pour recueillir les ondées de pluie; et autour de cette eau verte et stagnante douze sycomores et quelques platanes qui couvrent d'un peu d'ombre un coin du jardin derrière des murs, et qui sèment de leurs larges feuilles jaunies par l'été la nappe huileuse du bassin.

Oui, voilà bien tout. Et c'est là pourtant ce qui a suffi pendant tant d'années à la jouissance, à la joie, à la rêverie, aux doux loisirs et au travail d'un père, d'une mère et de huit enfants! Voilà ce qui suffit encore aujourd'hui à la nourriture de leurs souvenirs. Voilà l'Éden de leur enfance où se réfugient leurs plus sereines pensées quand elles veulent retrouver un peu de cette rosée du matin de la vie, et un peu de cette lumière colorée de la première heure, qui ne brille pure et rayonnante pour l'homme que sur ces premiers sites de son berceau. Il n'y a pas un arbre, un œillet, une mousse de ce jardin, qui ne soit incrusté dans notre âme comme s'il en faisait partie! Ce coin de terre nous semble immense, tant il contient pour nous de choses et de mémoires dans un si étroit espace. La pauvre grille de bois toujours brisée qui y conduit et par laquelle nous nous précipitions avec des cris de joie; les plates-bandes de laitues qu'on avait divisées pour nous en autant de petits jardins séparés et que nous cultivions nous-mêmes; le plateau au pied duquel notre père s'asseyait avec ses chiens à ses pieds au retour de la chasse; l'allée où notre mère se promenait au soleil couchant en murmurant tout bas le rosaire monotone qui fixait sa pensée à Dieu, pendant que son cœur et ses yeux nous couvaient près d'elle; le coin du gazon, à l'ombre et au nord, pour les jours chauds; le petit mur, tiède au midi, où nous nous rangions, nos livres à la main, au soleil comme des espaliers en automne; les trois lilas, les deux noisetiers, les fraises découvertes sous les feuilles, les prunes, les poires, les pêches trouvées le matin toutes gluantes de leur gomme d'or et toutes mouillées de rosée sous l'arbre; et plus tard le berceau de charmilles que chacun de nous, et moi surtout, cherchait à midi pour lire en paix ses livres favoris; et le souvenir des impressions confuses qui naissaient en nous de ces pages, et plus tard encore la mémoire des conversations intimes tenues ici ou là, dans telle ou telle allée de ce jardin; et la place où l'on se dit adieu en partant pour de longues absences, celle où l'on se retrouva au retour, celles où se passèrent quelques-unes de ces scènes intimes pathétiques de ce drame caché de la famille, où l'on vit se rembrunir le visage de son père, où notre mère pleura en nous pardonnant, où l'on tomba à ses genoux en cachant son front dans sa robe; celle où l'on vint lui annoncer la mort d'une fille chérie, celle où elle éleva ses yeux et ses mains résignés vers le ciel! Toutes ces images, toutes ces empreintes, tous ces groupes, toutes ces figures, toutes ces félicités, toutes ces tendresses peuplent encore pour nous ce petit enclos comme ils l'ont peuplé, vivifié, enchanté pendant tant de jours, les plus doux des jours, et font que, recueillant par la pensée notre existence extravasée depuis, dans ces mêmes allées nous nous enveloppons pour ainsi dire de ce sol, de ces arbres, de ces plantes nées avec nous, et nous voudrions que l'univers commençât et finît pour nous avec les murs de ce pauvre enclos!

MES JOURS DE BERGER

Je vous ai parlé d'une autre scène d'enfance, restée vivement imprimée dans ma mémoire à l'origine de mes sensations. Comme elle vous peindra en même temps la nature de l'éducation première que j'ai reçue de ma mère, je vais aussi vous la décrire :

C'est un jour d'automne, à la fin de septembre ou au commencement d'octobre. Les brouillards, un peu tempérés par le soleil encore tiède, flottent sur les sommets des montagnes. Tantôt ils s'engorgent en vagues paresseuses dans le lit des vallées qu'ils remplissent comme un fleuve surgi dans la nuit; tantôt ils se déroulent sur les prés à quelques pieds de terre, blancs et immobiles comme les toiles que les femmes du village étendent sur l'herbe pour les blanchir à la rosée; tantôt de légers coups de vent les déchirent, les replient des deux côtés d'une rangée de collines, et laissent apercevoir par moments, entre eux, de grandes perspectives fantastiques éclairées par des traînées de lumière horizontales qui ruissellent du globe à peine levé du soleil. Il n'est pas bien jour encore dans le village. Je me lève. Mes habits sont aussi grossiers que ceux des petits paysans voisins ; ni bas, ni souliers, ni chapeau ; un pantalon de grosse toile écrue, une veste de drap bleu à longs poils ; un bonnet de laine teint en brun, comme celui que les enfants des montagnes de l'Auvergne portent encore : voilà mon costume. Je jette par-dessus un sac de coutil qui s'entr'ouvre sur la poitrine comme une besace à grande poche. Cette poche contient, comme celle de mes camarades, un gros morceau de pain noir mêlé de seigle, un fromage de chèvre, gros et dur comme un caillou, et un petit couteau d'un sou, dont le manche de bois mal dégrossi contient en outre une fourchette de fer à deux longues branches. Cette fourchette sert aux paysans, dans mon pays, à puiser le pain, le lard et les choux dans l'écuelle où ils mangent la soupe. Ainsi équipé, je sors et je vais sur la place du village, près du portail de l'église, sous deux gros noyers. C'est là que, tous les matins, se rassemblent, autour de leurs moutons, de leurs chèvres et de quelques vaches maigres, les huit ou dix petits bergers de Milly, à peu près du même âge que moi, avant de partir pour les montagnes.

Nous partons, nous chassons devant nous le troupeau commun dont la longue file suit à pas inégaux les sentiers tortueux et arides des premières collines. Chacun de nous à tour de rôle va ramener les chèvres à coups de pierres quand elles s'égarent et franchissent les haies. Après avoir gravi les premières hauteurs nues qui dominent le village, et qu'on n'atteint pas en moins d'une heure au pas des troupeaux, nous entrons dans une gorge haute, très espacée, où l'on n'aperçoit plus ni maison, ni fumée, ni culture.

Les deux flancs de ce bassin solitaire sont tout couverts de bruyères aux petites fleurs violettes, de longs genêts jaunes dont on fait les balais ; çà et là quelques châtaigniers gigantesques étendent leurs longues branches à demi nues. Les feuilles brunies par les premières gelées pleuvent autour des arbres au moindre souffle de l'air. Quelques noires corneilles sont perchées sur les rameaux les plus secs et les plus morts de ces vieux arbres ; elles s'envolent en croassant à notre approche. De grands aigles ou éperviers, très élevés dans le firmament, tournent pendant des heures au-dessus de nos têtes, épiant les alouettes dans les genêts ou les petits chevreaux qui se rapprochent de leurs mères. De grandes masses de pierres grises, tachetées et un peu jaunies par les mousses, sortent de terre par groupes sur les deux pentes escarpées de la gorge.

Nos troupeaux, devenus libres, se répandent à leur fantaisie dans les genêts. Quant à nous, nous choisissons un de ces gros rochers dont le sommet un peu recourbé sur lui-même, dessine une demi-voûte et défend de la pluie quelques pieds de sable fin à ses pieds. Nous nous établissons là. Nous allons chercher à brassées des fagots de bruyères sèches et les branches mortes tombées des châtaigniers pendant l'été. Nous battons le briquet. Nous allumons un de ces feux de bergers si pittoresques à contempler de loin, du pied des collines ou du pont d'un vaisseau, quand on navigue en vue des terres.

Une petite flamme claire et ondoyante jaillit à travers les vagues noires, grises et bleues de la fumée du bois vert que le vent fouette comme une crinière de cheval échappé. Nous ouvrons nos sacs, nous en tirons le pain, le fromage, quelquefois les œufs durs, assaisonnés de gros grains de sel gris. Nous mangeons lentement, comme le troupeau rumine. Quelquefois l'un d'entre nous découvre à l'extrémité des branches d'un châtaignier des gousses de châtaignes oubliées sur l'arbre après la récolte. Nous nous armons tous de nos frondes, nous lançons avec adresse une nuée de pierres qui détachent le fruit de l'écorce entr'ouverte, et le font tomber à nos pieds.

Nous le faisons cuire sous la cendre de notre foyer, et si quelqu'un de nous vient à déterrer de plus quelques pommes de terre oubliées dans la glèbe d'un champ retourné, il nous les apporte, nous les recouvrons de cendres et de charbons, et nous les dévorons toutes fumantes, assaisonnées de l'orgueil de la découverte et du charme du larcin.

À midi on rassemble de nouveau les chèvres et les vaches couchées déjà depuis longtemps au soleil sur la grasse litière des feuilles mortes et des genêts. À mesure que le soleil, en montant, a dispersé les brouillards sur ces cimes éclatantes et tièdes de lumière, ils se sont accumulés dans la vallée et dans les plaines. Nous voyons seulement surgir au-dessus les cimes des collines, les clochers de quelques hauts villages, et à l'extrémité de l'horizon les neiges rosées et ombrées du mont Blanc, dont on distingue les ossements gigantesques, les arêtes vives et les angles rentrants ou sortants, comme si on était à une portée de regard.

Les troupeaux réunis, on s'achemine vers la vraie montagne. Nous laissons loin derrière nous cette première gorge alpestre, où nous avions passé la matinée. Les châtaigniers disparaissent, de petites broussailles leur succèdent ; les pentes deviennent plus rudes ; de hautes fougères les tapissent ; çà et là, les grosses campanules bleues et les digitales pourprées les drapent de leurs fleurs. Bientôt tout cela disparaît encore. Il n'y a plus que de la mousse et des pierres roulantes sur les flancs des montagnes.

Les troupeaux s'arrêtent là avec un ou deux bergers. Les autres, et moi avec eux, nous avons aperçu depuis plusieurs jours, au dernier sommet de la plus haute de ces cimes, à côté d'une plaque de neige qui fait une tache blanche au nord, et qui ne fond que tard dans les étés froids, une ouverture dans le rocher qui doit donner entrée à quelque caverne. Nous avons vu les aigles s'envoler souvent vers cette roche ; les plus hardis d'entre nous ont résolu d'aller dénicher les petits. Armés de nos bâtons et de nos frondes, nous y montons aujourd'hui. Nous avons tout prévu, même les ténèbres de la caverne. Chacun de nous a préparé depuis quelques jours un flambeau pour s'y éclairer. Nous avons coupé dans les bois des environs des tiges de sapin de huit ou dix ans. Nous les avons fendues dans leur longueur en vingt ou trente petites lattes de l'épaisseur d'une ligne ou deux. Nous n'avons laissé intacte que l'extrémité inférieure de l'arbre ainsi fendu, afin que les lattes ne se séparent pas, et qu'il nous reste un manche solide dans la main pour les porter. Nous les avons reliées, en outre, de distance en distance, par des fils de fer qui retiennent tout le faisceau uni. Pendant plusieurs semaines nous les avons fait dessécher en les introduisant dans le four banal du village après qu'on en a tiré le pain. Ces petits arbres ainsi préparés, calcinés par le four et imbibés de la résine naturelle au sapin, sont des torches qui brûlent lentement, que rien ne peut éteindre, et qui jettent des flammes d'une rougeur éclatante au moindre vent qui les allume. Chacun de nous porte un de ces sapins sur son épaule. Arrivés au pied du rocher, nous le contournons à sa base pour trouver accès à la bouche tortueuse de la caverne qui s'entr'ouvre au-dessus de nos fronts. Nous y parvenons en nous hissant de roche en roche, et en déchirant nos mains et nos genoux. L'embouchure, recouverte par une voûte naturelle d'immenses blocs buttés les uns contre les autres, suffit à nous abriter tous. Elle se rétrécit bientôt, obstruée par des bancs de pierre qu'il faut franchir, puis, tournant tout à coup et descendant avec la rapidité d'un escalier sans marches, elle s'enfonce dans la montagne et dans la nuit.

Là, le cœur nous manque un peu. Nous lançons des pierres dont le bruit lent à descendre remonte à nos oreilles en échos souterrains. Les chauves-souris effrayées sortent à ce bruit de leur antre, et nous frappent le visage de leurs membranes gluantes. Nous allumons deux ou trois de nos torches. Le plus hardi et le plus grand se hasarde le premier. Nous le suivons tous. Nous rampons un moment comme le renard dans sa tanière. La fumée des torches nous étouffe, mais rien ne nous rebute, et, la voûte s'élargissant et s'élevant tout à coup, nous nous trouvons dans une de ces vastes salles souterraines dont les cavernes des montagnes sont presque toujours l'indice et qui leur servent pour ainsi dire à respirer l'air extérieur. Un petit bassin d'eau limpide réfléchit au fond la lueur de nos torches. Des gouttes brillantes comme le diamant suintent des parois de la voûte, et, tombant par intervalles réguliers dans le bassin, y produisent ce tintement sonore, harmonieux et plaintif, qui, pour les petites sources comme pour les grandes mers, est toujours la voix de l'eau. L'eau est l'élément triste. *Super flumina Babylonis sedimus et flevimus.* Pourquoi ? C'est que l'eau pleure avec tout le monde. Tout enfants que nous sommes, nous ne pouvons nous empêcher d'en être émus.

Assis au bord du bassin murmurant, nous triomphons longtemps de notre découverte, bien que nous n'ayons trouvé ni lions ni aigles, et que la fumée de bien des feux noircissant le rocher çà et là dût nous convaincre que nous n'étions pas les premiers introduits dans ce secret de la montagne. Nous nous baignons dans ce bassin ; nous trempons nos pains dans son onde ; nous nous oublions longtemps à la recherche de quelque autre branche de la caverne, si bien qu'à notre sortie le jour est tombé, et la nuit montre ses premières étoiles.

Nous attendons que les ténèbres soient encore un peu plus profondes. Alors nous allumons tous ensemble nos troncs de sapins par l'extrémité. Nous les portons la flamme en l'air. Nous descendons rapidement de sommets en sommets comme des étoiles filantes. Nous faisons des évolutions lumineuses sur les tertres avancés, d'où les villages lointains de la plaine peuvent nous apercevoir. Nous roulons ensemble jusqu'à nos troupeaux comme un torrent de feu. Nous les chassons devant nous en criant et en chantant. Arrivés enfin sur la dernière colline qui domine le hameau de Milly, nous nous arrêtons, sûrs d'être regardés, sur une pelouse en pente ; nous formons des rondes, nous menons des danses, nous croisons nos pas en agitant nos petits arbres enflammés au-dessus de nos têtes ; puis nous les jetons à demi consumés sur l'herbe. Nous en faisons un seul feu de joie que nous regardons lentement brûler en redescendant vers la maison de nos mères.

Ainsi se passaient, avec quelques variations suivant les saisons, mes jours de berger. Tantôt c'était la montagne avec ses cavernes, tantôt les prairies avec leurs eaux sous les saules ; les écluses des moulins, dans lesquelles nous nous exercions à nager ; les jeunes poulains montés à cru et domptés par la course ; tantôt la vendange avec ses chars remplis de raisins, dont je conduisais les bœufs avec l'aiguillon du bouvier, et les cuves écumantes que je foulais tout nu avec mes camarades ; tantôt la moisson, et le seuil de terre où je battais le blé en cadence avec le fléau proportionné à mes bras d'enfant. Jamais homme ne fut élevé plus près de la nature et ne suça plus jeune l'amour des choses rustiques, l'habitude de ce peuple heureux qui les exerce, et le goût de ces métiers simples, mais variés comme les cultures, les sites, les saisons, qui ne font pas de l'homme une machine à dix doigts sans âme, comme les monotones travaux des autres industries, mais un être sentant, pensant et aimant, en communication perpétuelle avec la nature qu'il respire par tous les pores, et avec Dieu qu'il sent par tous ses bienfaits.

« ELLE FAISAIT DE NOUS LES MINISTRES DE SES AUMÔNES »

Toutes nos leçons de religion se bornaient pour elle à être religieuse devant nous et avec nous. La perpétuelle effusion d'amour, d'adoration et de reconnaissance qui s'échappait de son âme était sa seule et naturelle prédication. La prière, mais la prière rapide, lyrique, ailée, était associée aux moindres actes de notre journée. Elle s'y mêlait si à propos, qu'elle était toujours un plaisir et un rafraîchissement, au lieu d'être une obligation et une fatigue. Notre vie était entre les mains de cette femme un *sursum corda* perpétuel. Elle s'élevait aussi naturellement à la pensée de Dieu que la plante s'élève à l'air et à la lumière. Notre mère, pour cela, faisait le contraire de ce qu'on fait ordinairement. Au lieu de nous commander une dévotion chagrine qui arrache les enfants à leurs jeux ou à leur sommeil pour les forcer à prier Dieu, et souvent à travers leur répugnance et leurs larmes, elle faisait pour nous une fête de l'âme de ces courtes invocations auxquelles elle nous conviait en souriant. Elle ne mêlait pas la prière à nos larmes, mais à tous les petits événements heureux qui nous survenaient pendant la journée. Ainsi, quand nous étions réveillés dans nos petits lits, que le soleil si gai du matin étincelait sur nos fenêtres, que les oiseaux chantaient sur nos rosiers ou dans leurs cages, que les pas des serviteurs résonnaient depuis longtemps dans la maison et que nous l'attendions elle-même impatiemment pour nous lever, elle montait, elle entrait, le visage toujours rayonnant de bonté, de tendresse et de douce joie ; elle nous embrassait dans nos lits ; elle nous aidait à nous habiller ; elle écoutait ce joyeux petit ramage d'enfants dont l'imagination rafraîchie gazouille au réveil, comme un nid d'hirondelles gazouille sur le toit quand la mère approche ; puis elle nous disait : « A qui devons-nous ce bonheur dont nous allons jouir ensemble ? C'est à Dieu, c'est à notre père céleste. Sans lui, ce beau soleil ne se serait pas levé ; ces arbres auraient perdu leurs feuilles ; les gais oiseaux seraient morts de faim et de froid sur la terre nue, et vous, mes pauvres enfants, vous n'auriez ni lit, ni maison, ni jardin, ni mère pour vous abriter et vous nourrir, vous réjouir toute votre saison ! Il est bien juste de le remercier pour tout ce qu'il nous donne avec ce jour, de le prier de nous donner beaucoup d'autres jours pareils. » Alors elle se mettait à genoux devant notre lit, elle joignait nos petites mains, et souvent en les baisant dans les siennes, elle faisait lentement et à demi-voix la courte prière du matin que nous répétions avec ses inflexions et ses paroles.

Le soir, elle n'attendait pas que nos yeux, appesantis par le sommeil, fussent à demi fermés pour nous faire balbutier, comme en rêve, les paroles qui retardaient péniblement pour nous l'heure du repos ; elle réunissait au salon, aussitôt après le souper, les domestiques et même les paysans des hameaux les plus voisins et les plus amis de la maison. Elle prenait un livre de pieuses instructions chrétiennes pour le peuple ; elle en lisait quelques courts passages à son rustique auditoire. Cette lecture était suivie de la prière qu'elle lisait elle-même à haute voix, ou que mes jeunes sœurs disaient à sa place quand elles furent plus âgées. J'entends d'ici le refrain de ces litanies monotones qui roulait sourdement sous les poutres et qui ressemblait aux flux et au reflux régulier des vagues du cœur venant battre les bords de la vie et les oreilles de Dieu.

L'un de nous était toujours chargé de dire à son tour une petite prière pour les voyageurs, pour les pauvres, pour les malades, pour quelque besoin particulier du village ou de la maison. En nous donnant ainsi un petit rôle dans l'acte sérieux de la prière, elle nous y intéressait en nous y associant, et nous empêchait de la prendre en froide habitude, en vaine cérémonie ou même en dégoût. Outre ces deux prières presque publiques, le reste de notre journée avait encore de fréquentes et irrégulières élévations de nos âmes d'enfants vers Dieu. Mais ces prières, nées de la circonstance dans le cœur et sur les lèvres de notre mère, n'étaient que des inspirations du moment ; elles n'avaient rien de régulier ni de fatigant pour nous. Au contraire, elles complétaient et consacraient, pour ainsi dire, chacune de nos impressions et de nos jouissances.

Ainsi, quand un frugal repas, mais délicieux pour nous, était servi sur la table, notre mère, avant de s'asseoir et de rompre le pain, nous faisait un petit signe que nous comprenions. Nous suspendions une demi-minute l'impatience de notre appétit, pour prier Dieu de bénir la nourriture qu'il nous donnait.

Après le repas et avant d'aller jouer, nous lui rendions grâce en quelques mots. Si nous partions pour une promenade lointaine et vivement désirée, par une belle matinée d'été, notre mère, en partant, nous faisait faire tout bas, et sans qu'on s'en aperçût, une courte invocation intérieure à Dieu, pour qu'il bénît cette grande joie et nous préservât de tout accident. Si la course nous conduisait devant quelque spectacle sublime ou gracieux de la nature, nouveau pour nous, dans quelque grande et sombre forêt de sapins où la solennité des ténèbres, les jaillissements de clarté à travers les rameaux, ébranlaient nos jeunes imaginations ; devant une belle nappe d'eau roulant en cascade et nous éblouissant d'écume, de mouvement et de bruit ; si un beau soleil couchant groupait sur la montagne des nuages d'une forme et d'un éclat inusités, et faisait en pénétrant sous l'horizon de magnifiques adieux à ce petit coin du globe qu'il venait d'illuminer, notre mère manquait rarement de profiter de la grandeur ou de la nouveauté de nos impressions pour nous faire élever notre âme à l'auteur de toutes ces merveilles, et pour nous mettre en communication avec lui par quelques soupirs lyriques de sa perpétuelle adoration.

Combien de fois, les soirs d'été, en se promenant avec nous dans la campagne, où nous ramassions des fleurs, des insectes, des cailloux brillants dans le lit du ruisseau de Milly, ne nous faisait-elle pas asseoir à côté d'elle, au pied d'un saule, et, le cœur débordant de son pieux enthousiasme, ne nous entretenait-elle pas un moment du sens religieux et caché de cette belle création qui ravissait nos yeux et nos cœurs ! Je ne sais pas si ces explications de la nature, des éléments, de la vertu des plantes, de la destination des insectes étaient bien selon la science. Elle les prenait dans Pluche, Buffon, Bernardin de Saint-Pierre ; mais, s'il n'en sortait pas des systèmes irréprochables de la nature, il en sortait un immense sentiment de la Providence et une religieuse bénédiction de nos esprits à cet océan infini des sagesses et des miséricordes de Dieu.

Quand nous étions bien attendris par ces sublimes commentaires, et que nos yeux commençaient à se mouiller d'admiration, elle ne laissait pas s'évaporer ces douces larmes au souffle des distractions légères et des pensées mobiles ; elle se hâtait de tourner tout cet enthousiasme de la contemplation en tendresse. Quelques versets des psaumes qu'elle savait par cœur, appropriés aux impressions de la scène, tombaient avec componction de ses lèvres. Ils donnaient un sens pieux à toute la terre et une parole divine à tous nos sentiments.

En rentrant, elle nous faisait presque toujours passer devant les pauvres maisons des malades ou des indigents du village. Elle s'approchait de leurs lits, elle leur donnait quelques conseils et quelques remèdes. Elle puisait ses ordonnances dans Tissot ou dans Buchan, ces deux médecins populaires. Elle faisait de la médecine son étude assidue pour l'appliquer aux indigents. Elle avait des vrais médecins le génie instinctif, le coup d'œil prompt, la main heureuse. Nous l'aidions dans ses visites quotidiennes. L'un de nous portait la charpie et l'huile aromatique pour les blessés ; l'autre, les bandes de linge pour les compresses. Nous apprenions ainsi à n'avoir aucune de ces répugnances qui rendent plus tard l'homme faible devant la maladie, inutile à ceux qui souffrent, timide devant la mort. Elle ne nous écartait pas des plus affreux spectacles de la misère, de la douleur et même de l'agonie. Je l'ai vue souvent debout, assise ou à genoux au chevet de ces grabats des chaumières, ou dans les étables où les paysans couchent quand ils sont vieux et cassés, essuyer de ses mains la sueur froide des pauvres mourants, les retourner sous leurs couvertures, leur réciter les prières du dernier moment, et attendre patiemment des heures entières que leur âme eût passé à Dieu, au son de sa douce voix.

Elle faisait de nous aussi les ministres de ses aumônes.

Nous étions sans cesse occupés, moi surtout, comme le plus grand, à porter au loin, dans les maisons isolées de la montagne, tantôt un peu de pain blanc pour les femmes en couches, tantôt une bouteille de vin vieux et des morceaux de sucre, tantôt un peu de bouillon pour les vieillards épuisés faute de nourriture. Ces petits messages étaient même pour nous des plaisirs et des récompenses. Les paysans nous connaissaient à deux ou trois lieues à la ronde. Ils ne nous voyaient jamais passer sans nous appeler par nos noms d'enfant qui leur étaient familiers, sans nous prier d'entrer chez eux, d'y accepter un morceau de pain, de lard ou de fromage. Nous étions, pour tout le canton, les fils de la *dame*, les envoyés de bonnes nouvelles, les anges de secours pour toutes les misères abandonnées des gens de la campagne. Là où nous entrions, entrait une providence, une espérance, une consolation, un rayon de joie et de charité. Ces douces habitudes d'intimité avec tous les malheureux et d'entrée familière dans toutes les demeures des habitants du pays, avaient fait pour nous une véritable famille de tout ce peuple des champs. Depuis les vieillards jusqu'aux petits enfants, nous connaissions tout ce petit monde par son nom. Le matin, les marches de pierre de la porte d'entrée de Milly et le corridor étaient toujours assiégés de malades ou de parents des malades qui venaient chercher des consultations auprès de notre mère. Après nous, c'était à cela qu'elle consacrait ses matinées. Elle était toujours occupée à faire quelques préparations médicinales pour les pauvres, à piler des herbes, à faire des tisanes, à peser des drogues dans de petites balances, souvent même à panser les blessures et les plaies les plus dégoûtantes. Elle nous employait, nous l'aidions selon nos forces à tout cela. D'autres cherchent l'or dans ces alambics ; notre mère n'y cherchait que le soulagement des infirmités des misérables, et plaçait ainsi bien plus haut et bien plus sûrement dans le ciel l'unique trésor qu'elle ait jamais désiré ici-bas : les bénédictions des pauvres et la volonté de Dieu.

[*Confidences*, 1849.]

Louis Lebourdais

Né en 1923

Né à Prévelles, dans la Sarthe, Louis Lebourdais a raconté dans deux ouvrages, Les choses qui se donnent... (*prix Sully-Olivier de Serres 1997*) *et* Les Épis du vent, *sa traversée du* XX*e siècle, de la condition de paysan à celle d'agriculteur.*

De ses souvenirs d'enfance et d'adolescence, on goûtera d'abord le récit – fréquent dans la littérature rurale mais pas toujours aussi réussi – de ses promenades quotidiennes avec grand-mère Blin : soixante-dix-sept ans de différence mais « tant de choses en commun » ! C'est grâce à elle qu'il apprendra à connaître et à aimer la campagne, ce monde où les choses, précisément, se donnent pour peu qu'on les respecte et où il n'est alors nul besoin de porter une montre. Cinq ans plus tard, on le retrouve avec sa mère lors d'un nouvel apprentissage : celui de la ville, cet univers à la fois si lointain et attirant pour tant de paysans de sa génération. Enfin, devenu adolescent, c'est en compagnie de la JAC, la Jeunesse agricole catholique, qu'il nous emmène pour une visite de ferme. Tout ce qui fit durant près d'un demi-siècle le succès de ce mouvement, du refus de l'ordre éternel des champs à la foi en un Progrès partagé et émancipateur, Louis Lebourdais l'écrit, en mots simples, vivants, qui font résonner la petite et la grande Histoire, sans pour autant l'empêcher de porter sur ces années un regard critique. Lebourdais ? Une leçon de sociologie en même temps qu'une écriture juste et, par-dessus tout, sensible. On en voudrait plus souvent dans l'actuelle littérature rurale.

LA TRANSMISSION DE LA CAMPAGNE

« Par où qu'on va aujourdi ? »

C'est la question rituelle, chaque après-midi, après la sieste, quand il fait beau, ou bien vers quatre heures, quand une éclaircie me donne des fourmis dans les jambes. Et la réponse est non moins rituelle ; je la connais d'avance : « Oh ! ben, on va aller par où qu'on ara l'nez tourné ! »

Cela dépend de la saison, de l'heure, du temps qu'il fait et de l'humeur de Grand-mère Blin. Moi, je n'ai pas de préférence. Je sais que de toute façon je passerai avec elle des heures sans pareilles, inoubliables. C'est que nous avons tant de choses en commun, nous deux, entre cinq ans et quatre-vingt-deux ans ! Nous avons la même façon de voir les choses d'ici-bas : elle parce qu'elle a passé le temps où on leur trouve de la valeur et moi parce que je ne sais pas encore qu'elles en ont une. Ce qui nous permet de nous attarder ensemble sur des détails que les autres n'imaginent même pas...

Pour cela nous avons adopté la même démarche : elle, parce que ses vieilles jambes traînent un peu sur le chemin, que son dos se voûte, qu'elle doit même s'aider d'un solide bâton de coudrier, moi parce que, pour être toujours à sa hauteur, à son écoute, pour que mes questions soient toujours à la portée de son oreille paresseuse, je règle mon pas sur le sien. C'est ainsi qu'on nous rencontre, à plusieurs kilomètres à la ronde, dans des lieux peu fréquentés par les bêtes et les gens. Nous n'entrons dans les pâtures que lorsque nous trouvons la barrière ouverte, et une fois le troupeau sorti. Nous ne faisons le tour d'un champ que si le fermier n'y travaille pas, car les chevaux de labour n'aiment guère voir un étranger franchir la haie de clôture.

Mais nous avons une prédilection pour les chemins, surtout ceux dont je ne sais trop où ils vont nous conduire, car les haies trop rapprochées nous cachent l'horizon. Les ornières, alors, nous renseignent. Étroites, peu profondes, le chemin est un raccourci entre deux routes, il est fréquenté par des carrioles. Larges et creuses, dans une voie strictement élaguée, elles conduisent à un champ de betteraves ou de choux à vaches. Pas d'ornière du tout, c'est un chemin à bestiaux, qui va rapidement, à mesure qu'il descend en pente douce, devenir boueux, étroit, infesté de taons et de grosses mouches jaunes qu'on appelle des *mouches à merde.* Mais au bout, nous aurons la prairie avec, selon la saison, ses touffes de renoncules ou de têta[1] délaissées par les vaches, ou bien ses myriades de pâquerettes, à moins que, l'automne venu, la colchique mauve, ou la jacinthe sauvage, vénéneuses toutes deux, n'aient pris la relève. Tout au fond c'est la mare, aux abords fangeux, qu'on abordera précautionneusement de peur de déranger quelque couleuvre lovée entre deux touffes de jonc. Nous nous assiérons sur le

1. Têta : centaurée jacée.

bord, assez haut pour que Grand-mère puisse se relever sans trop de peine. Et nous serons au spectacle.

Avec elle j'ai appris à me taire, à me faire oublier du petit monde qui vit autour de moi. C'est à peine si les grenouilles vertes vont interrompre leurs coassements et leurs ébats amoureux à notre arrivée. Bientôt, les grosses libellules bleues, qu'on appelle des demoiselles, vont s'immobiliser près de nous, arrêtant quelques secondes leur ballet saccadé autour d'une touffe de jonc. À l'autre bout de la mare, toute une famille poule d'eau va se frayer un passage dans les lentilles d'eau pour rejoindre le nid dissimulé dans une île de jonc écartée du rivage. Maman ramera en tête, quiouc, quiouc, et les poussins, très près, suivront dans le sillage, à la queue leu leu, avant que se referme le tapis d'émeraude. Une autre fois nous verrons, tout près de nous, l'herbe se soulever sur le passage silencieux d'une taupe, à ras du sol. Ou bien nous ne verrons rien du tout, les jours où il n'y a rien à voir. Mais nous entendrons, dominant les bruits confus de la campagne au travail, le cliquetis d'une faucheuse à herbe, là-bas vers l'Haltière, ou bien, tout proche de nous mais impossible à situer avec précision, le cri étrange du râle des marais.

Au bout d'un temps plus ou moins long, Grand-mère dira : « Allons, j'allons nous en aller ! » Je l'aiderai à se relever. Nous tiendrons chacun un bout du bâton, à pleines mains. Je tirerai de toutes mes forces, avec un double « Aïgne ! », douleur et victoire mêlées. Et l'herbe, quelques heures, gardera en deux creux rapprochés, un grand et un petit, les traces de notre muette contemplation.

Nous n'emportons jamais de montre. Pour quoi faire ? Grand-mère Blin n'en a jamais usé de sa vie. À une certaine luminosité du ciel, au coup de sifflet du train, là-bas, au passage à niveau de La Mare-Pineau, nous savons qu'il est tout près de quatre heures. Au braiment de Manette, l'ânesse du père Blot, il est cinq heures passées, il faut être sur le chemin du retour. Des bruits de seaux, des cris de cochons en attente de la soupe chez tel fermier qui n'est jamais en avance, et nous sommes en retard. Mémé aura disposé sur un bout de la table les deux écuelles de terre brune du « Rond » dans lesquelles de minces tranches de miche finiront de boire le bouillon de poireau. Bah ! En nous attendant, elle aura récité une dizaine de chapelets. Un petit reproche à Grand-mère Blin cependant : « Voyons, j'allons être obligées d'allumer la chandelle pour monter au lit ! »

L'APPRENTISSAGE DE LA VILLE

Une chance pour Prévelles que le passage sur son territoire d'une ligne à voie normale mettant Paris, Le Mans, et à l'opposé, Mamers, sous-préfecture, à la portée de tout le monde, et permettant le départ du courrier deux fois par jour. Une chance dont profitait Maman, une fois par an, pour aller seule au Mans faire ce qu'on appelle aujourd'hui du lèche-vitrines. Et dès que j'eus dix ans, elle m'emmena avec elle, en récompense de je ne sais quels menus services. Il faut dire que bon nombre de garçons de cette époque prenaient le train pour la première fois pour se rendre à la caserne, à vingt ans...

On sourit aujourd'hui rien qu'à évoquer ce qui passait alors – même dans la famille – pour une coûteuse et inutile expédition. La fièvre de la veille où il fallait serrer double ration de feuilles de betteraves, cuire deux chaudrons de pommes de terre pour assurer les rations du lendemain. J'étais alors, sans regret, mis à contribution. Le soir, une toilette exceptionnelle dans un baquet rempli d'eau rapportée du puits par Mémé et mise à tiédir tout l'après-midi au soleil d'août. Pas question de flâner en chemise de nuit : « Te salis pâs, à c't-heûre ! »

Maman debout à cinq heures pour traire les vaches, trop angoissée pour avaler autre chose qu'une petite tasse de café au lait et préférant de toute façon passer un temps fou à démêler, devant une minuscule glace ronde, un flot de cheveux châtain qu'elle réunissait ensuite en un lourd chignon tenu par de multiples épingles, avant de se chapeauter de gris foncé. De la classe, peut-être pas vraiment, mais bonne allure, sans nul doute, ma Maman remontant à petits pas l'avenue Thiers, sitôt sortie du « grous train » et du brouhaha de la gare, où nous avions croisé de jeunes dames très maquillées, aux sourcils totalement épilés qu'un mince trait de crayon remplaçait. Avec à son bras son grand dadais de garçon en costume de communiant bleu marine, chaussettes noires montant au genou, sagement coiffé – il était spécialement allé au coiffeur – malgré une mèche rebelle qui lui descendait dans les yeux. Lui faisant admirer au passage Notre-Dame de la Couture, avant de l'emmener à la Cathédrale. Et de s'offrir à deux, pour cent sous chacun, à l'hôtel de la Rose, un bœuf Parmentier si copieux, à la croûte si dorée – chez nous il n'y avait pas de fourneau et toute la cuisine se faisait sur le caignard ou à la poêle – que l'eau m'en vient encore à la bouche... Entourés de paysans de la région, dont les carrioles dételées encombraient la cour et la place Saint-Vincent.

Visiblement, Maman était à l'aise « en ville ». Furetant entre les comptoirs des grands magasins, Saint-Rémy, Aux Dames de France, qui affichaient sur leurs portes, chose extraordinaire, Entrée Libre. On pouvait donc entrer sans acheter ?... Risquant un pèlerinage à la clinique Delagenière où un personnel à la mémoire fidèle lui faisait compliment de sa bonne mine. Veillant cependant à ce que je voie tout, des boulets de bombarde des bords de Sarthe aux vestiges visibles de l'enceinte gallo-romaine, de l'impressionnante statue de Chanzy à celle, plus moderne, de Wilbur Wright, même si « un homme tout nu comme ça c'est bien laid ! » Et d'arpenter, après la visite du musée de la Reine Bérengère, les moyenâgeuses rues du Vieux Mans aux relents de graillon, avec leur ruisseau d'eau de vaisselle coulant au milieu. Et de descendre, entre deux hautes murailles, pour gagner les quais – ma première vision d'une vraie rivière est celle de la Sarthe vue du Pont en X –, les 72 marches du Tertre Mégret. Et de remonter, fourbus, par le Tunnel. Et de nous étonner devant les tramways électriques – les anciens disaient *à la trique* – conduits par des femmes coiffées de casquettes. Ils filaient le long des rues en se signalant aux piétons à son de cloche : din-din, din-din. Irremplaçables leçons d'histoire du Maine et de la France, qui donnent envie, le soir, d'ouvrir les manuels d'école, de consulter le Laroùsse, d'interroger Papa qui s'est déplacé en 1908 à 20 kilomètres, à pied, pour voir voler Wilbur Wright. Et d'avoir le courage de lire en entier l'énorme, le rebutant, le fastidieux *Français et Allemands en 1870* emprunté pendant un mois à la bibliothèque scolaire (...) pour essayer de comprendre comment on a pu, malgré de valeureux généraux comme Chanzy, voir des Prussiens jusque dans la Sarthe, jusqu'à la Bosse, jusque chez Grand-mère ?

UN DIMANCHE, AVEC LA JAC

« Viens donc avec nous cet après-midi, on ira se promener dans une ferme… »

J'atteignais mes seize ans quand un dimanche deux amis me firent cette proposition à vrai dire peu enthousiasmante pour moi. Aller se promener dans une ferme c'était la perspective d'un après-midi passé à regarder de l'herbe et comparer différentes variétés de céréales, en écoutant les « grands » parler de leurs chevaux. Cependant j'avais accepté. Nous voilà donc partis pour une équipée comme il s'en faisait beaucoup à cette époque peu fertile en distractions.

Je ne me souviens plus du nom de l'endroit. Une grande ferme en tout cas, aux environs de la Ferté-Bernard, très loin, à une vingtaine de kilomètres, de mon village de Prévelles. Une ferme comme on n'en voyait pas dans ma commune, où les deux plus grandes nourrissaient tout juste dix vaches, deux génisses et deux chevaux de labour. On devait être au printemps, l'époque bénie entre toutes où l'herbe semble pousser toute seule, dans les prairies de la riche vallée de l'Huisne.

Les vaches étaient au pré, mais avant toutes choses, le grand gars qui nous recevait chez ses parents avait tenu à nous faire admirer son étable, l'alignement des stalles vides de chaque côté de l'allée de ciment, la paille neuve des litières, les crèches soigneusement balayées, les râteliers garnis de bon foin malgré la saison pour que, nous dit-il, les bêtes mangent un peu de sec à leur retour. Quand les petits fermiers de chez nous mettaient les vaches au pré c'est que les fenils étaient vides.

Puis on avait vu les petits veaux d'élevage. Rien que des génisses normandes à lunettes fauves, signe de la pureté de la race.

Et encore l'écurie aux juments poulinières. Tout cela si grand, si prospère…

Le gars a proposé : « On va voir les bêtes ? » Bien sûr, on était là pour ça, du moins en partie. Une visite d'amitié entre paysans ne se conçoit pas sans que notre hôte nous familiarise avec son cheptel !

Nous étions là une quinzaine de garçons, la plupart plus âgés que moi, plus mûrs, plus sûrs d'eux. Tous cravatés, endimanchés dans le complet avec lequel nous avions assisté à la messe le matin. Un peu *de crainte* ce costume pour enjamber les barbelés des clôtures, un peu salissant pour tâter, en précoces connaisseurs, les reins et la mamelle de la vache la moins farouche du troupeau, mais bah ! L'armoire familiale, avec son odeur de naphtaline, lui ferait perdre en quelques jours l'odeur si caractéristique de terroir.

Et les futurs *maîtres* de commenter, de se frotter aux panses rebondies, comme le faisaient les vieux au comice agricole. J'écoutais...

Le grand a dit : « Y a core les taures. » Autres franchissements de barbelés pour voir, en bandes séparées, des *broutiers*[2], des génisses de deux ans, de trois ans, celles-ci presque des vaches. Et pour finir il a fallu admirer le taureau, tout seul dans son enclos, avec une boucle dans les naseaux.

Ce n'est qu'ensuite que nous fûmes à même d'entrer dans la maison.

Nos distractions habituelles, c'était cela, ou les folles randonnées à bicyclette à la poursuite du vent, avec des sprints échevelés et de brusques arrêts à un carrefour pour discuter de tout et de rien, à cheval sur le cadre du vélo.

Cependant, cette soirée n'était pas tout à fait comme les autres, du moins pour moi. C'est que nous n'étions pas seuls. Parmi nous il y avait un curé. Un petit curé brun de poil, avec un visage émacié sous un grand béret basque, un corps ingrat qui flottait dans une vaste soutane dont le bas n'en pouvait plus d'essuyer en permanence les rayons de son vélo. Une haute bicyclette qui le projetait à vive allure d'une paroisse à l'autre à la force des mollets avec, flottant derrière à la manière d'une oriflamme une large ceinture d'ecclésiastique.

En ce dimanche après-midi, au lieu de chanter les Vêpres solennelles comme ses collègues plus âgés le faisaient encore pour des paroissiens de moins en moins assidus, il était donc là, levain dans la pâte, au contact de jeunes dont il essayait de capter les préoccupations à travers leurs propos, en partageant leurs loisirs étriqués. Assis au milieu de nous, sur la *bancelle* qui ceinturait la grosse table de chêne dans la vaste salle commune de la ferme, il était visiblement à l'aise dans cette ambiance jeune, sans rapport avec les propos feutrés que ses habituels fidèles se croyaient obligés de tenir en présence d'un prêtre.

2. Broutier : veau de 8-10 mois.

Tout cela était nouveau pour moi. Ce le fut encore plus quand il se leva comme mû par un ressort et proposa : « Les gars, si on chantait ? »

Sérieux tout à coup, ils se sont mis debout comme un seul homme. Et sans transition un chant s'éleva, grave, inattendu, ni romance, ni cantique, ni marche. Rien de ce qu'on avait coutume d'entendre dans nos veillées et dans le répertoire des chanteurs de rues :

Le profil des coteaux se dore
Un coq jette son premier chant
Le soleil ne luit pas encore...

Ils avaient commencé timidement, comme étonnés eux-mêmes de s'entendre, mais à mesure que les rimes se succédaient leurs voix s'étaient affermies :

Confiants dans notre promesse
Nos champs attendent leurs semeurs.
Jacistes, debout !
L'appel du Grand Semeur s'élève...

Le refrain avait éclaté comme une fanfare. Ils n'avaient plus peur. Oubliée la honte plus ou moins avouée, le sentiment confus d'appartenir à une multitude de minables, incapables de porter leur regard plus loin que la croupe de leurs bœufs. Car le chant continuait :

Nous aimons nos champs et nos vignes
Notre clocher et notre toit.
Notre horizon aux nobles lignes...

Des petits recueils de quatre sous étaient sortis des poches. Ils circulaient pour venir à bout des sept ou huit couplets que tout compositeur sérieux se croyait obligé de pondre en ce temps-là.

Et sans transition les gars tournèrent la page :

Comme éclatent les genêts
Sur les guérets
La jeunesse dans nos cœurs
Met ses ardeurs...

Pêle-mêle s'enchaînèrent chansons gaies, chansons à boire, pour finir sur un morceau de bravoure :

Paysan ton frère a faim
Sème, sème à pleine main...

Je découvrais, après d'autres, qu'à côté des tristes complaintes de Botrel, certaines fort célèbres pourtant, au-delà des chants trop solennels pour être francs, comme le *Credo* du paysan cher à nos pères, et du répertoire de nos vedettes du moment diffusé par la radio et les chanteurs de foire, il en existait un qui parle de nous, de notre vie, de nos travaux, et surtout des espoirs que tous les jeunes, à toutes les époques de notre histoire, ont ressenti plus ou moins confusément.

Bien sûr, avec le recul du temps, on peut trouver désuètes des rimes comme azur-air pur ou frères-lumière. Le seraient-elles davantage que amour-toujours ou cœur-bonheur des chansons de l'époque ? En quoi le fait de faire rimer semence et espérance serait-il condamnable ? Le seul vrai reproche qu'on peut faire peut-être c'est qu'à vouloir trop exalter certaines professions on minimise le rôle des autres. Le travail du laboureur n'est pas plus valorisant que celui du forgeron ou de l'homme qui a conçu la charrue. Mais l'époque était favorable à cette dérive corporatiste et le terrain glissant.

En ce dimanche après-midi je venais de rencontrer une petite partie de la JAC. Peu à peu, j'allais découvrir, au fil de réunions comme celles, innombrables, qui se sont tenues ces années-là dans toute la France, ce qu'était ce mouvement fondé en 1929. Comme tant d'autres dans d'autres mouvements semblables, dans tous les milieux, j'allais apprendre à voir plus loin que la tradition, si respectable fût-elle parce que transmise par nos aïeux. En particulier qu'il n'y a pas deux sortes de gens, les Bons et les Méchants, les Justes et les Pécheurs, les Blancs et les autres. Ceux dont on sait d'avance qu'ils seront sauvés et les autres pas. Il y a des gens qui peuplent la Terre et qui ont l'obligation de s'entendre pour que tous profitent sans distinction de ce qui a été mis à la disposition des humains.

[*Les Épis du vent*, © Éditions Cénomane, 2001.]

Charles Le Quintrec

Né en 1926

Né à Plescop, dans le Morbihan, Charles Le Quintrec a reçu en 1981 le Grand prix de la Société des gens de lettres pour l'ensemble de son œuvre. Longtemps critique littéraire du journal Ouest-France, *il est d'abord un poète, dont les recueils ont maintes fois été distingués :* Les Noces de la terre, *prix Max-Jacob 1958,* La Marche des arbres, *Grand prix international de poésie 1970,* Jeunesse de Dieu, *prix Apollinaire 1975,* Le Songe et le Sang, *Grand prix de poésie de l'Académie française 1978, et enfin, en 1990, pour l'ensemble de ses poèmes, la bourse Goncourt de la poésie. Auteur d'un* Journal *et de plusieurs essais, il a aussi écrit de nombreux romans, ayant souvent pour cadre sa Bretagne natale, comme* Chanticocq, Les Nuits du Parc-Lann, L'Empire des fougères *ou* Les Chemins de Kergrist, *son premier livre, très autobiographique.*
De ce roman qui nous plonge dans l'univers d'une famille paysanne de l'entre-deux-guerres, j'ai choisi de reproduire le passage où le jeune Guillerme va défendre sa belle – Thérèse, une pupille de l'Assistance recueillie par ses parents – contre un certain Chope en l'air, un peu trop entreprenant. Un texte, rare et attachant, qui aborde le problème de l'exhibitionnisme en milieu rural tout en évoquant, avec justesse, la force des amours enfantines.

« LAISSE LE CHEMIN, SALAUD ! »

« T'occupe pas de ce coquin, Guillerme. Pourrait te faire un mauvais coup et s'attaquer à Thérèse ! »

Mon père ne croyait pas si bien dire… Le jour de la rentrée, comme la petite et moi revenions de l'école en échangeant nos impressions, en supputant nos chances pour le prochain certificat d'études, nous vîmes tout à coup le rempailleur de chaises. L'endroit : des haies, des champs, des arbres, me parut mal choisi pour une telle rencontre.

Chope en l'air n'avait plus ses bottes mais, sous une veste à carreaux, on voyait ses cuisses poilues. Il ricana :

« Un moment, garçon… J' voudrais parler à la mignonne. J' suis sûr qu'elle a c' qu'il faut pour faire l' bonheur d'un célibataire dans mon genre, pas vrai ?

— Chope en l'air, laisse le chemin, sinon, mon père…

— Ton père (il eut un rire idiot), dis-lui d' ma part qu' j'y crache au cul ! Mais c'est pas tout ça !… Petite, comment tu t'appelles ?… Tu veux pas m' dire ton nom ?… Tu veux pas v'nir avec moi ?… T'as tort, tu sais, je t'achèterais des robes d' toutes les couleurs et pis, j' t'apprendrais à faire l'amour en douce… Tous les deux dans la fougère… Tu veux pas ? »

Thérèse tremblait et priait. Je le voyais à ses lèvres qui remuaient, à ses yeux qu'elle levait au-dessus des chênes pour appeler à notre secours quelque ange gardien de bonne volonté.

Mal rassuré mais curieux, je me demandais ce que voulait le putois. Je n'eus pas trop à attendre pour être renseigné. Tranquillement, Chope en l'air déboutonna sa veste et l'ouvrit sur une anatomie agressive.

Sans la présence de Thérèse je me serais amusé. Jamais encore je n'avais vu pareil spectacle et cette exhibition, dans ce décor sylvestre ne manquait pas de comique. Mais elle pleurait en détournant la tête, le béret maintenu à deux mains sur les yeux.

Pour elle, je devais faire quelque chose. Faute de mieux, je ramassai une pierre et marchai sur le satyre qui commençait à exécuter, sur les glands et les feuilles d'automne, je ne sais quelle danse lubrique.

« Laisse le chemin, salaud ! »

Avant que l'homme ait eu le temps de se mettre en garde, la pierre que je lançai de toutes mes forces le toucha à la tempe. Il battit l'air de ses bras, perdit l'équilibre et tomba dans une touffe d'orties.

« Thérèse, Thérèse, dépêche-toi ! »

J'étais fier d'avoir imposé ma loi à un adulte. Comme David, le berger à la fronde de l'Histoire sainte, j'avais abattu mon Goliath, triomphé de la force par la ruse, protégé celle qui me regardait avec des yeux brillants de larmes.

« Guillerme, Guillerme, que c'est laid les hommes, que j'ai honte ! »

J'invitai Thérèse à courir. Il nous fallait prendre beaucoup d'avance. Sa plaie pansée, Chope en l'air se lancerait à notre poursuite. Une chose me rassurait : il n'oserait pas pousser jusqu'à notre ferme.

Dès qu'en contrebas, sous un ciel de suie, parmi les arbres, je vis les roseaux de la rivière et le toit de notre maison, sans plus me soucier de mes livres et de mes cahiers, je m'assis sur ma musette et fis le point.

Calmée, Thérèse s'approcha de moi... Le halo de la lune émergeait par à-coups d'entre deux nuages tandis que les chauves-souris préludaient, face au vent de la lande, aux bacchanales du crépuscule.

« Nous ne parlerons de cette affaire à personne n'est-ce pas, Guillerme ? »

Le conseil était superflu. Il y a des moments où l'on aime à mettre la lampe sous le boisseau, à taire ses exploits. Et puis, tout raconter aux parents équivalait à lancer la main paternelle au collet de l'énergumène qui faisait maintenant de son mieux pour nous éviter.

Eugène Le Roy

(1836-1907)

Percepteur à Montignac, en Dordogne, Eugène Le Roy fut poète, journaliste pamphlétaire antimonarchiste et anticlérical, historien du Périgord et romancier. Défenseur de la petite propriété paysanne, «barde de la démocratie rurale», il a ouvert la voie, avec Émile Guillaumin qui le tenait pour l'un de ses maîtres, à un genre nouveau dans la littérature rurale : le roman social. Celui-ci débarrasse la figure du paysan de l'idylle champêtre comme de l'état de rustre et, le rendant à ses combats et à sa dignité, l'élève au rang d'acteur, de citoyen à part entière. Publié une première fois en feuilleton sous le titre La Forêt Barade, Jacquou le Croquant *est, aux côtés de romans restés méconnus* (Le Moulin du Frau, Les Gens d'Aubéroque, L'Ennemi de la mort) *l'œuvre maîtresse, quasi mythique, d'Eugène Le Roy.*

De l'histoire du petit Jacquou, âgé de sept ans au début du livre, on lira d'abord les pages d'ouverture où il se rend avec sa mère au château du comte de Nansac pour la messe de Noël. Tout s'y trouve résumé, de la misère et de l'oppression paysannes à la soif de justice qui, déjà, couve dans le cœur de l'enfant. À peine deux ans plus tard, vient le temps de la révolte et de la vengeance : Jacquou met le feu aux forêts du comte, qui a fait condamner son père aux galères et ainsi causé sa mort. Mais la joie d'avoir puni le tyran, de se sentir par là même devenir «un homme», sera, quelques jours après, endeuillée par la perte de sa mère, morte entre ses bras, laissant «son drôle seul sur la terre». De bien courts extraits pour un livre magistral dont le souffle, jamais, ne se dément.

UN NOËL D'INJUSTICE

Le plus loin dont il me souvienne, c'est 1815, l'année que les étrangers vinrent à Paris, et où Napoléon, appelé par les messieurs du château de l'Herm «l'ogre de Corse», fut envoyé à Sainte-Hélène, par-delà les mers. En ce temps-là, les miens étaient métayers à Combenègre, mauvais domaine du marquis de Nansac, sur la lisière de la Forêt Barade, dans le haut Périgord. C'était le soir de Noël : assis sur un petit banc dans le coin de l'âtre, j'attendais l'heure de partir pour aller à la messe de minuit dans la chapelle du château, et il me tardait fort qu'il fût temps. Ma mère, qui filait sa quenouille de chanvre devant le feu, me faisait prendre patience à grand-peine en me disant des contes. Elle se leva enfin, alla sur le pas de la porte, regarda les étoiles au ciel et revint aussitôt :

« Il est l'heure, dit-elle, va mon drôle ; laisse-moi arranger le feu pour quand nous reviendrons. »

Et aussitôt, allant quérir dans le fournil une souche de noyer gardée à l'exprès, elle la mit sur les landiers [1] et l'arrangea avec des tisons et des copeaux.

Cela fait, elle m'entortilla dans un mauvais fichu de laine qu'elle noua par-derrière, enfonça mon bonnet tricoté sur mes oreilles, et passa de la braise dans mes sabots. Enfin, ayant pris sa capuce [2] de bure, elle alluma le falot aux vitres noircies par la fumée de l'huile, souffla le chalel [3] pendu dans la cheminée, et, étant sortis, ferma la porte au verrou en dedans au moyen de la clef torte [4] qu'elle cacha ensuite dans un trou du mur :

« Ton père la trouvera là, mais qu'il revienne. »

Le temps était gris, comme lorsqu'il va neiger, le froid noir et la terre gelée. Je marchais près de ma mère qui me tenait par la main, forçant mes petites jambes de sept ans par grande hâte d'arriver, car la pauvre femme, elle, mesurait son pas sur le mien. C'est que j'avais tant ouï parler à notre voisine la Mïon de Puymaigre, de la crèche faite tous les ans dans la chapelle de l'Herm par les demoiselles de Nansac, qu'il me tardait de voir tout ce qu'elle en racontait. Nos sabots sonnaient fort sur le chemin durci, à peine marqué dans la lande grise et bien faiblement éclairé par le falot que portait ma mère. Après avoir marché un quart d'heure déjà, voici que nous entrons dans un grand chemin pierreux appelé *lou cami ferrat*, c'est-à-dire le chemin ferré, qui suivait le bas des grands coteaux pelés des Grillières. Au loin, sur la cime des termes [5] et dans les chemins, on voyait se mouvoir comme des feux follets les falots des gens qui allaient à la messe de minuit, ou les lumières portées par les garçons courant la campagne en chantant une antique chanson de nos pères, les Gaulois, qui se peut translater ainsi du patois :

1. Landier : chenet.

2. Capuce : capuchon taillé en pointe des capucins.

3. Chalel : lampe de cuivre à trois becs, dont les mèches de coton trempent dans l'huile.

4. Torte : tordue.

5. Terme : butte.

Nous sommes arrivés,
Nous sommes arrivés,
À la porte des rics, (chefs)
Dame, donnez-nous l'étrenne du gui !...
Si votre fille est grande,
Nous demandons l'étrenne du gui !
Si elle est prête à choisir l'époux
Dame, donnez-nous l'étrenne du gui !...
Si nous sommes vingt ou trente,
Nous demandons l'étrenne du gui !
Si nous sommes vingt ou trente bons à prendre femme,
Dame, donnez-nous l'étrenne du gui !...

Lorsque nous fûmes sous Puymaigre, une autre métairie du château, ma mère mit une main contre sa bouche et hucha[6] fortement :

« Hô, Mïon ! »

La Mïon sortit incontinent sur sa porte et répondit :

« Espère-moi, Françou ! »

Et, un instant après, dévalant lentement par un chemin d'écoursière ou de raccourci, elle nous rejoignit.

« Et tu emmènes le Jacquou !... fit-elle en me voyant.

— M'en parle pas ! il veut y aller que le ventre lui en fait mal. Et, avec ça, notre Martissou est sorti : je ne pouvais pas le laisser tout seul. »

Un peu plus loin, nous quittions le chemin qui tombait dans l'ancienne route de Limoges à Bergerac, venant de la forêt, et nous suivîmes cette route un quart d'heure de temps, jusqu'à la grande allée du château de l'Herm.

Cette allée, large de soixante pieds, dont il ne reste plus de traces aujourd'hui, avait deux rangées de vieux ormeaux de chaque côté. Elle était pavée de grosses pierres, tandis qu'une herbe courte poussait dans les contre-allées où il faisait bon passer, l'été. Elle montait en droite ligne au château campé sur la cime du puy, dont les toits pointus, les pignons et les hautes cheminées se dressaient tout noirs dans le ciel gris.

Comme nous grimpions avec d'autres gens rencontrés en chemin, il commença de neiger fort, de manière que nous

6. Hucher : appeler.

étions déjà tout blancs en arrivant en haut; et cette neige, qui tombait en flottant, faisait dire aux bonnes femmes : « Voici que le vieux Noël plume ses oies. » La porte extérieure renforcée de gros clous à tête pointue pour la garder jadis des coups de hache, était ce soir-là grande ouverte, et donnait accès dans l'enceinte circulaire bordée d'un large fossé, au milieu de laquelle était le château. Cette porte était percée dans un bâtiment crénelé, défendu par des meurtrières, maintenant rasé, et, sous la voûte qui conduisait à la cour intérieure, un fanal se balançait, éclairant l'entrée et le pont jeté sur la douve.

Au fond de l'enceinte de murs solides et à droite du château, on voyait briller les vitraux enflammés d'une chapelle qui n'existe plus; ma mère tua son falot et nous entrâmes.

Que de lumières! Dans le chœur de la chapelle, le vieil autel de pierre en forme de tombeau en était garni, et voici qu'on achevait d'éclairer la crèche de verdure faite dans une large embrasure de fenêtre. Après s'être signés avec de l'eau bénite, les gens allaient s'agenouiller devant la crèche et prier l'enfant Jésus qu'on voyait couché dans une mangeoire sur de la paille ruisselante comme de l'or, entre un bœuf pensif et un âne tout poilu qui levait la tête pour attraper du foin à un petit râtelier. Que c'était beau! On aurait dit une croze ou grotte, toute garnie de mousse, de buis et de branches de sapin sentant bon. Dans la lumière amortie par la verdure sombre, la Sainte Vierge, en robe bleue, était assise à côté de son nouveau-né, et, près d'elle, saint Joseph debout, en manteau vert, semblait regarder tout ça d'un œil attendri. Un peu à distance, accompagnés de leurs chiens, les bergers agenouillés, un bâton recourbé en crosse à la main, adoraient l'enfançon, tandis que, tout au fond, les trois rois mages, guidés par l'étoile qui brillait suspendue à la voûte de branches, arrivaient avec leurs longues barbes, portant des présents...

Je regardais goulûment toutes ces jolies choses, avec les autres qui étaient là, écarquillant nos yeux à force. Mais il nous fallut bientôt sortir du chœur réservé aux messieurs, car la messe était sonnée.

Ils entrèrent tous, comme en procession. D'abord le vieux marquis, habillé à l'ancienne mode d'avant la Révolution, avec une culotte courte, des bas de soie blancs, des souliers à boucles d'or, un habit à la française de velours brun à boutons d'acier ciselés, un gilet à fleurs brochées, qui lui tombait sur le ventre et une perruque enfarinée, finissant par une petite queue entortillée d'un ruban noir qui tombait sur le collet de son habit. Il menait par le bras sa bru, la comtesse de Nansac, grosse dame coiffée d'une manière de châle entortillé autour de sa tête, et serrée dans une robe de soie couleur puce, dont la ceinture lui montait sous les bras quasi.

Puis venait le comte, en frac à l'anglaise, en pantalon collant gris à sous-pieds, menant sa fille aînée qui avait les cheveux courts et frisés comme une drôlette, quoiqu'elle fût bien en âge d'être mariée. Ensuite venaient un jeune garçon d'une douzaine d'années, quatre demoiselles entre six et dix-sept ans, et une gouvernante qui menait la plus jeune par la main.

Tout ce monde défila, regardé de côté par les paysans craintifs, et alla se placer sur des prie-Dieu alignés dans le chœur.

Et la messe commença, dite par un ancien moine de Saint-Amand-de-Coly, qui s'était habitué au château, trouvant le gîte bon, et servie par le jeune monsieur, blondin, chaussé de jolis escarpins découverts, habillé d'un pantalon gris clair et d'un petit justaucorps de velours noir, sur lequel retombait une collerette brodée.

Au moment de la communion, les femmes de la campagne mirent leur voile et attendirent. Les messieurs ne se dérangèrent pas : comme de juste, le chapelain vint leur porter le Bon Dieu d'abord. Tous ceux qui étaient d'âge compétent communièrent, manque le vieux marquis, lequel, disaient les gens du château, par suite d'une grande imbécillité d'estomac, ne pouvait jamais garder le jeûne le temps nécessaire. Mais les vieux du pays riaient de ça, se rappelant fort bien qu'avant la Révolution il ne croyait ni à Dieu, ni au Diable, ni à l'Aversier, cet être mystérieux plus puissant et plus terrible que le Diable.

Après les messieurs, ce fut le tour des domestiques, agenouillés à la balustrade qui fermait le chœur, M. Laborie, le régisseur, en tête avec sa figure dure et fourbe en même temps. Ensuite vinrent les bonnes femmes voilées, les paysans, métayers du château, journaliers et autres manants comme nous. Pour tous ceux qui étaient sous la main des messieurs, il fallait de rigueur communier aux bonnes fêtes, c'était de règle ;

pourtant ma mère n'y alla pas cette fois ; mais on sut bien le lui reprocher puis après.

La messe finie, dom Enjalbert posa son ornement doré sur le coin de l'autel, et, la grille de la balustrade ayant été ouverte, on nous fit entrer tous dans le chœur, pour prier devant la crèche. On chanta d'abord un noël ancien, entonné par le chapelain, ensuite chacun fit son oraison à part. Tout ce monde à genoux regardait pieusement le petit Jésus rose, aux cheveux couleur de lin, en marmottant ses prières, quand voici que tout d'un coup il ouvre les bras, remue les yeux, tourne la tête et fait entendre un vagissement de nouveau-né…

Alors de cette foule de paysans superstitieux sortit discrètement un : « Oh ! » d'étonnement et d'admiration. Ces bonnes gens, bien sûr, pensaient pour la plupart qu'il y eût là quelque miracle, et en restaient immobiles, les yeux écarquillés, badant[7], avec l'espoir que le miracle allait recommencer.

Mais ce fut tout. Lorsque nous sortîmes en foule, tout ce monde babillait, échangeant ses impressions. D'aucuns tenaient pour le miracle, d'autres étaient en doute, car de vrais incrédules point. Ma mère s'en fut allumer notre falot à la cuisine dont la porte ouverte flambait au bas de l'escalier de la tour. Quelle cuisine ! sur de gros contre-hâtiers de fer forgé, brûlait un grand feu de bois de brasse devant lequel rôtissait un gros coq d'Inde au ventre rebondi, plein de truffes qui sentaient bon. Au manteau de la cheminée, un râtelier fait à l'exprès portait une demi-douzaine de broches avec leurs hâtelets[8], placés par rang de taille. Accrochées à des planches fixées aux murs, des casseroles de toutes grandeurs brillaient des reflets du foyer, au-dessous de chaudrons énormes et de bassines couleur d'or pâle. Des moules en cuivre rouge ou étamés étaient posés sur des tablettes, et encore des ustensiles de forme bizarre dont on ne devinait pas l'usage. Sur la table longue et massive, des couteaux rangés par grandeur, sur un napperon ; et des boîtes en fer battu, à compartiments, pour les épices. Deux grils étaient là aussi, chargés, l'un de boudins, l'autre de pieds de porc, tout prêts à être posés sur la braise qu'une fille de cuisine tirait par côté de la cheminée. Il y avait encore sur cette table des pièces de viande froide et des pâtés qui faisaient plaisir à voir dans leur croûte dorée.

7. Bader : bâiller ; ici, rester bouche bée.

8. Hâtelet : petite broche à rôtir.

Ayant allumé son falot, ma mère remercia et donna le bonsoir à ceux qui étaient là. Mais les deux femmes seules le lui rendirent. Quant au chef cuisinier qui se promenait, leur donnant des ordres, glorieux comme un dindon, avec sa veste blanche et son bonnet de coton, il ne daigna tant seulement pas lui répondre.

Au-delà de la première porte, après avoir passé le pont, la Mïon de Puymaigre et d'autres nous attendaient : leurs falots ayant été allumés au nôtre, nous nous en allâmes tous.

Il neigeait toujours, « comme qui jette de la plume d'oie à grandes poignées », pour parler ainsi que les bonnes femmes, et la neige était épaisse d'un pied déjà, dans laquelle nos sabots enfonçaient. À mesure que les gens rencontraient leur chemin, ils nous laissaient avec un : « À Dieu sois ! » À Puymaigre, la Mïon nous ayant quittés, nous suivîmes seuls notre route. Cette neige me lassait fort et, tout au rebours de l'aller, je me faisais tirer par le bras.

« Tu es fatigué, dit ma mère : monte à la chèvre-morte. »

Et, s'étant baissée, je grimpai à cheval sur son échine, entourant son col de mes petits bras, tandis qu'avec les siens elle ramenait mes jambottes en avant. Tout en allant, je lui faisais des questions sur tout ce que j'avais vu, principalement sur le petit Jésus :

« Est-ce qu'il est vivant, dis ?... »

Ma mère, qui était une pauvre paysanne ignorante, comme celle qui n'entendait pas seulement le français, mais femme de bon sens au demeurant, me fit comprendre que s'il avait remué, c'était par le moyen de quelque mécanique.

Et elle allait toujours, lentement, enfonçant dans la neige molle, me rehissant d'un coup de reins lorsque j'avais glissé quelque peu, et s'arrêtant de temps à autre pour secouer, contre une pierre, ses sabots embottés de neige.

Un vent âpre s'était levé, faisant tourbillonner la neige qui tombait toujours à force. La campagne déserte était toute blanche ; les coteaux semblaient couverts d'un grand linceul triste, comme ceux qu'on met sur la caisse des pauvres morts. Les châtaigniers aux formes bizarres, marquaient leurs branches tourmentées par une ligne blanche. Les fougères poudrées de neige penchaient vers la terre, tandis que sur les bruyères, la brande et les ajoncs, plus solides, elle s'amassait par places. Un silence de mort planait sur la terre désolée, et l'on n'entendait même pas le bruit des pas de ma mère, amorti par la neige épaisse. Pourtant, comme nous entrions dans la lande du Grand-Castang, un crapaud-volant[9] jeta dans la nuit son cri mal plaisant qui me fit frissonner.

Cependant, ma mère peinait fort à suivre le mauvais chemin perdu sous la neige. Des fois elle s'écartait un peu et, le reconnaissant, revenait incontinent, se guidait sur un arbre, une grosse touffe d'ajoncs, une flaque d'eau, gelée maintenant. Moi, bercé par le mouvement, malgré le froid, je finissais par m'endormir sur son échine, et mes bras gourds se dénouaient malgré moi.

« Tiens-toi bien ! me disait-elle ; dans un moment nous serons chez nous. »

Malgré ça, j'avais peine à me tenir éveillé, lorsque tout à coup, à cent pas en avant, éclate un hurlement prolongé qui me fit passer dans la tête comme un millier d'épingles : « Hoû ! oû… oû… oû… », et je vois une grande bête, comme un bien fort chien, aux oreilles pointues, qui gueulait ainsi en levant le museau vers le ciel.

« N'aie pas peur », me dit ma mère.

Et, m'ayant donné le falot, elle ôta ses sabots, en prit un dans chaque main et marcha droit à la bête, en les choquant l'un contre l'autre à grand bruit. Ça n'est pas pour dire, mais lors, j'aurais fort voulu être couché contre elle, dans le lit bien chaud. Lorsque nous fûmes à une cinquantaine de pas, le loup se jeta dans la lande en quelques sauts, et nous passâmes, épiant de côté, sans le voir pourtant. Mais, un instant après, le même hurlement sinistre s'éleva en arrière : « Hoû ! oû… oû… oû… », qui m'effraya encore plus, car il me semblait que le loup fût sur nos talons. De temps à autre, ma mère se retournait, faisant du tapage avec ses sabots, pour effrayer cette sale bête ; mais, si ça gardait le loup d'approcher trop, ça ne l'empêcha pas de nous suivre à une trentaine de pas, jusqu'à la claire-voie de notre cour. Ayant pris la clef torte dans la cache, car mon père n'était pas rentré, ma mère fit jouer le loquet de dedans et referma vivement la porte derrière nous.

9. Crapaud-volant : engoulevent.

Au lieu du bon feu que nous pensions trouver, la souche était sur les landiers, toute noire, éteinte.

« Ah ! s'écria ma mère, c'est méchant signe ! il nous arrivera quelque malheur ! »

En farfouillant sous la cendre avec une brindille, elle trouva quelques braises, sur lesquelles elle jeta un petit fagot de menu bois, qui flamba bientôt sous le vent du tuyau de fer qu'elle mit à sa bouche.

Lorsque je fus un peu réchauffé, n'ayant plus peur du loup, je dis :

« Mère, j'ai faim.

— Pauvre drôle ! il n'y a rien de bon ici… » fit-elle pensant au réveillon du château ; et, découvrant une marmite, elle ajouta : « Te voici une mique. »

Tout en mangeant cette boule de farine de maïs, pétrie à l'eau, cuite avec des feuilles de chou, sans un brin de lard dedans, et bien froide, je pensais à toutes ces bonnes choses vues dans la cuisine du château et, je ne le cache pas, ça me faisait trouver la mique mauvaise, comme elle l'était de vrai ; mais, ordinairement, je n'y faisais pas attention. Oh ! je n'étais pas bien gourmand en pensée, je n'appétais pas la dinde truffée, ni les pâtés, mais seulement un de ces beaux boudins d'un noir luisant…

Pourquoi, là-haut tant de bonnes choses, plus que de besoin, et chez nous de mauvaises miques froides de la veille ? Dans ma tête d'enfant, la question ne se posait pas bien clairement ; mais, tout de même, il me semblait qu'il y avait là quelque chose qui n'était pas bien arrangé.

« Il te faut aller au lit », dit ma mère.

Elle me prit sur ses genoux et me dépouilla en un tour de main. Aussitôt couché, je m'endormis sans plus penser à rien.

LA FORÊT INCENDIÉE

Mon plan était bien arrêté, je n'avais plus qu'à chercher un bon endroit et à attendre le moment propice. Il y avait une différence de trois ou quatre ans entre les coupes de la forêt de l'Herm et celles de La Granval qui se jouxtaient. Les premières étaient bonnes à couper l'hiver prochain, de manière que la divise, ou limite, était facile à trouver et à suivre, surtout avec les grosses bornes cornières qu'il y avait de distance en distance. Ayant bien considéré les choses, je me décidai pour une place où les bois de l'Herm entraient en coin dans les autres. Il y avait justement là un vieux fossé à moitié comblé : je cavai un petit four dans le talus, comme ceux que font les enfants pour s'amuser, j'assemblai quelques brassées de broussailles dans le fossé, et je m'en revins sans avoir été vu de quiconque.

Plusieurs jours se passèrent dans l'attente. Il faisait un soleil brûlant qui séchait sous bois les herbes et les brindilles, ce qui me réjouissait, en me faisant espérer une belle flambée; mais point de vent. Pourtant, un matin, avec la lune le temps changea, et un fort vent d'est se mit à souffler, à mon grand contentement. Toute la journée, je trépignai, impatient, et, la nuit venue, j'emplis un vieux sabot de braises et de cendres, et, le cachant sous ma veste, je m'encourus à travers les bois.

Des nuages grisâtres filaient au ciel, le temps était orageux, le vent soufflait chaud, sous les taillis, courbant les fougères et la palène, ou herbe forestière, et balançant à grand bruit les têtes des baliveaux et des arbres de haute futaie. Aussi, tout en galopant, je me disais : « Pourvu qu'il ne pleuve pas cette nuit ! »

Lorsque j'arrivai à mon endroit, j'étais essoufflé et tout en sueur. Il pouvait être sur les dix heures : je retrouvai mon petit four en tâtonnant, et aussitôt, vidant mon sabot dedans, je le bourrai d'herbes sèches et me mis à souffler sur les braises. L'herbe flamba rapidement : j'y ajoutai quelques brindilles, et, à mesure que le feu prenait, des petits morceaux de branches mortes. Après qu'il fut bien allumé, j'y jetai une brassée des broussailles sèches que j'avais amassées, et incontinent, la flamme monta, gagnant le bois. Bientôt, sous l'action du vent, le taillis fut en feu, et je me sauvai comme j'étais venu, par les fourrés, emportant le sabot qui m'aurait dénoncé.

Arrivé à la tuilière, les mains saignantes, les jambes éraflées par les ronces, je me couchai tout habillé, agité, inquiet, ne craignant qu'une seule chose, que le feu ne s'éteignît de lui-même, ou par l'orage qui ronflait au loin. Vers une heure après minuit, j'entendis de grands bruits, et, me levant, je sortis. Le tocsin sonnait aux clochers d'alentour, avec des tintements pressés, sinistres. Une immense lueur rouge ensanglantait les nuages qui s'enfuyaient emportés par le vent, et éclairait les coteaux. Des clameurs montaient des villages voisins de la forêt : l'Herm, Prisse, Les Foucaudies, La Lande ; et, au milieu des bois, on entendait les cris des gens des Maurezies, de La Cabane, du Lac-Viel, de La Granval, qui couraient au secours.

Alors je fus pris d'un grandissime désir de contempler mon ouvrage. Ayant laissé passer ces gens, je gagnai à travers les coupes un des endroits les plus élevés de la forêt, où il y avait un grand hêtre sur lequel j'étais monté plus d'une fois, et, l'embrassant aussitôt, je me mis à grimper.

À mesure que je montais, je découvrais le feu, et, arrivé au faîte, l'incendie m'apparut dans toute son étendue. La forêt de l'Herm brûlait sur une demi-lieue de largeur, semblable à un grand lac de feu. Les taillis, desséchés par la chaleur, flambaient comme des sarments ; les grands baliveaux isolés au milieu de l'incendie résistaient plus longtemps, mais, enveloppés par les flammes, le pied miné, ils finissaient par tomber avec bruit dans l'énorme brasier où ils disparaissaient en soulevant des nuages d'étincelles. La fumée chassée par le vent découvrait ce flot qui s'avançait rapidement, dévorant tout sur son passage. Les oiseaux, réveillés brusquement, s'élevaient en l'air, et, ne sachant où aller dans les ténèbres, voletaient effarés au-dessus du foyer géant. Sur le sourd grondement de l'incendie s'élevaient dans la nuit les pétillements du bois vert se tordant dans la flamme, les craquements des arbres chus dans l'amoncellement de charbons ardents, et les voix des gens affolés travaillant à préserver leurs blés mûrs. Dans les clairières, des langues de feu s'allongeaient comme d'immenses serpents, et s'arrêtaient finalement à la lisière du bois. Sur le seuil des maisons d'alentour, inondées d'une aveuglante lumière, des enfants en chemise regardaient tranquillement brûler la forêt du comte de Nansac. Les lueurs de l'immense embrasement se projetaient au loin sur les collines, éclairant les villages de rougeurs sinistres qui se reflétaient dans le ciel incendié. Plus près, au-dessus des maisons basses du village, les fours et les grands pignons du château de l'Herm se dressaient comme une masse sombre où brillaient dans les vitres des reflets enflambés.

Je restai là, à cheval sur une grosse branche jusqu'à la pointe du jour, suivant les progrès du feu, qui, sauf en quelques coins préservés par un bout de chemin, ne s'arrêta qu'après avoir dévoré toute la forêt, laissant après lui un vaste espace noir d'où s'élevaient des nuages de fumée. Alors, repu de vengeance, je descendis de mon arbre, et m'en retournai à la tuilière, plein d'une joie sauvage.

Merci à mon petit four, on crut que le feu avait été mis par des enfants en s'amusant; ils furent interrogés, tous ceux de par là, à tour de rôle, mais inutilement : le comte de Nansac en fut pour six ou sept cents journaux[10] de bois brûlés.

Dès lors, il me sembla que je devenais un homme. L'orgueil de ma mauvaise action me grisait; je mesurais ma force, à son étendue, et je me complaisais dans le sentiment de ma haine satisfaite. De remords, je n'en avais pas l'ombre, pas plus que le sanglier qui se retourne sur le veneur, pas plus que la vipère qui mord le pied du paysan. Au contraire, la réussite de mon projet m'affriandait jusqu'à me faire songer aux moyens de me venger encore.

Le dimanche, quand vint ma mère passer la journée à la tuilière, elle me demanda si je n'avais pas eu peur, la nuit de l'incendie, à quoi je répondis que non, et que, tout à l'opposé, je m'étais réjoui en voyant brûler les bois du comte.

À l'air dont je dis cela, elle me regarda, prise d'un soupçon, et puis, comprenant tout à coup, se jeta sur moi, m'enleva contre sa poitrine et m'embrassa furieusement.

« Ah ! dit-elle en me reposant à terre, il ne sera jamais assez puni ! »

LORSQUE LE RÂLE S'ARRÊTA...

Trois ou quatre jours après, les fenaisons finies, la pauvre femme revenait tard, recrue, épuisée de fatigue, pour avoir peiné toute une longue journée de quinze heures sous un soleil pesant. Elle se hâtait fort afin d'arriver avant l'orage qui la sui-

10. Journal : ancienne mesure de terre égale à environ un demi-hectare, soit la surface qu'un homme pouvait faucher en une journée.

vait, mais elle eut beau se presser, un peu après avoir passé La Salvetat, les nuages crevèrent à grand bruit, et toute en sueur, haletante, une pluie froide mêlée de grêlons lui tomba dessus, de manière qu'au bout de trois quarts d'heure, lorsqu'elle arriva sous cette pluie battante, trempée jusqu'à la peau, elle triboulait, c'est-à-dire grelottait, et n'en pouvait plus. N'ayant pas d'autres habillements pour se changer, elle se coucha, et, moi, j'en fis autant. Toute la nuit, je la sentis contre moi, brûlante, agitée par la fièvre, et tourmentée dans son demi-sommeil de mauvais rêves qui la faisaient déparler, ou délirer. Le matin, comme c'était une vaillante femme, elle voulut se lever ; mais, ayant mis la marmite sur le feu pour faire cuire des pommes de terre, elle fut obligée de se recoucher, prise de frissons avec de forts claquements de dents, et se plaignant d'un grand mal dans les côtés.

La voyant ainsi, je la couvris de tout ce que je pus trouver, de son cotillon séché, et, finalement, de ma veste, mais elle frissonnait toujours. Je pensai alors à aller quérir du secours, mais lorsque je lui en parlai, elle me dit faiblement :

« Ne me quitte pas, mon Jacquou !... »

Comme on doit penser, j'étais bien inquiet. Ne sachant que faire pour apaiser la soif qui la tourmentait, je coupai en quartiers des pommes d'anis que la pauvre femme avait portées pour moi dans la poche de son tablier, et, les faisant bouillir, j'en fis une espèce de tisane que je lui donnais lorsqu'elle demandait à boire, ce qui était souvent. Quelquefois, je me disais que, si elle pouvait s'endormir, je courrais jusqu'aux Granges pour avoir du secours ; mais, quand je me bougeais le moindrement, elle ouvrait les yeux et disait :

« Tu es là, mon Jacquou ? ne me laisse pas ! »

Et je lui répondais, en lui prenant la main :

« Ne crains point, mère, je ne te quitterai pas. »

Et elle refermait les paupières, brisée par la fièvre, et la poitrine haletante, oppressée.

Lorsqu'elle s'assoupissait un peu, j'allais sur la porte et j'épiais si quelqu'un passait par là. Mais dans cet endroit sauvage, où personne n'avait affaire, qui n'était sur aucun chemin, on ne voyait guère jamais personne, sinon, de loin en loin, un pauvre diable longeant l'orée des bois, sa serpe sous son sansculotte, ou autrement dit sa veste, et s'en allant faire son faix dans les taillis. Et, personne ne se montrant, je rentrais bien ennuyé, et lorsque ma mère se réveillait, j'essayais de lui faire comprendre qu'il lui fallait avoir patience de rester deux heures seule, tandis que j'irais chercher quelqu'un ; mais à tout ce que je pouvais lui dire, elle ne savait que répondre toujours :

« Ne me quitte pas, mon Jacquou ! »

Ou bien, n'ayant pas la force de parler, elle secouait la tête pour dire non.

La nuit d'après, elle se mit à délirer, parlant de guillotine, de galères, appelant son pauvre homme, mort là-bas, sur une planche nue, les fers aux pieds. Tous nos malheurs lui revenaient dans la tête, et l'affolissaient. Elle criait après le comte de Nansac, et reniait la Vierge Marie qui n'avait pas sauvé son homme. Dans sa fièvre, elle battait des bras sur le couvre-pieds pour chasser le bourreau qu'elle disait voir au fond du lit, ou cherchait à se lever pour aller rejoindre son Martissou qui l'attendait. J'avais grand-peine à la calmer un peu ; il me fallait monter sur le lit, la prendre par le cou et lui parler comme à un petit drôle en l'embrassant. Au matin, harassée de fatigue, elle s'assoupit un peu et, moi la voyant ainsi, je crus qu'elle allait mieux ; mais, lorsqu'elle se réveilla en sursaut avec une longue plainte, je vis bien que non. Sa respiration devenait de plus en plus pénible, précipitée, et la fièvre était si forte que sa main brûlait la mienne. La journée se passa ainsi, et quand revint la nuit, elle ne pouvait plus parler, mais se doulait[11] et s'agitait désespérément. Oh ! quelle nuit ! Qu'on s'imagine un enfant de neuf ans, seul dans une cahute perdue au milieu des bois, avec sa mère agonisante ! Pendant plusieurs heures, la pauvre malheureuse se débattit contre la mort, faisant aller follement ses bras, essayant d'arracher le couvre-pieds, se soulevant tout entière dans les transports de la fièvre, les yeux égarés, la poitrine haletante, et retombant sur le lit, le souffle lui faisant défaut un instant, pour reprendre encore par un pénible effort. Vers la minuit ou une heure, la fièvre cessa, et un bruit rauque sortit de sa poitrine, le rommeau ou râle de la mort ! Cela dura une demi-heure ; j'étais sur le banc près du lit, et, à moitié couché, je tenais la main de ma pauvre mère serrée contre ma poitrine. La connaissance lui revint tout à fait à la fin ; elle tourna

11. Se douloir : souffrir.

vers moi ses yeux pleins d'un angoisseux désespoir et deux grosses larmes coulèrent sur ses joues amaigries et hâlées; puis ses lèvres remuèrent, le râle s'arrêta : elle était morte.

Alors, moi, plein de douleur et d'épouvante, je l'appelai :

« Mère ! mère ! »

Et je me mis à sangloter sur sa main que je gardais toujours dans les miennes.

Je restais longtemps là, immobile, affaissé. Lorsque je relevai la tête, à la lueur du chalel, que le vent venant du trou de la tuilée faisait vaciller, je vis la figure de ma mère qui prenait une teinte de cire jaunâtre. Ses yeux étaient restés ouverts, et aussi sa bouche, dont les lèvres rétractées laissaient voir les dents. Oh ! de quelle funèbre terreur je fus pris en la voyant ainsi ! Je ne pus la regarder, une minute, et, me cachant la figure dans les draps, rempli de désespoir et d'effroi, j'achevai de passer de la sorte cette horrible nuit.

Le jour venu, je me relevai un peu rassuré et j'avisai ma pauvre mère. Maintenant elle était froide, roidie par la mort; sa main que je touchais glaçait la mienne; ses cheveux noirs, défaits dans les mouvements de fièvre, s'épandaient en mèches épaisses sur le lit, comme des serpents; sa pâleur était devenue terreuse; ses yeux étaient vitreux et ternis, et sa bouche, toujours grande ouverte, semblait clamer le désespoir de laisser son drôle seul sur la terre.

[*Jacquou le Croquant*, 1900.]

Pierre Loti

(1850-1923)

Officier de marine et écrivain, Julien Viaud, alias Pierre Loti, a cherché tout au long de sa vie à concilier un irrésistible désir de voyage, d'inconnu avec un attachement, non moins marqué, pour ses terres françaises : la Saintonge et Rochefort-sur-mer, son pays natal, le Lot où, enfant, il se rendit souvent en vacances, la Bretagne et le Pays Basque plus tard. Pour saisir les raisons de cette ambivalence, ou pour mieux dire de cette richesse, c'est vers un livre étrange et mal connu de Loti qu'il faut se tourner : Le Roman d'un enfant, *publié alors qu'il fête son quarantième anniversaire.*
De cette autobiographie irrégulière, suite « d'instants » par lesquels il souhaite « toucher à l'énigme » des « impressions du commencement de la vie », on lira ci-dessous trois extraits. L'un est consacré à ses souvenirs de l'île d'Oléron, d'où était originaire sa famille maternelle et où il est aujourd'hui enterré. Le second évoque « La Limoise », une propriété située à Échillais, près de Rochefort, qui appartenait à des amis, les Duplais, et où le jeune Julien allait chaque jeudi retrouver leur fille Lucette. Enfin, on le suivra pour ses premières vacances à Bretenoux, dans le Lot, en compagnie de sa sœur.
Au fil de ces quelques pages, écrites dans un style parfois un peu précieux mais attachant, le lecteur découvrira l'enfant « très choyé, très tenu, très obéissant et toujours convenable dans ses petites manières » que fut Julien Viaud et dont le Loti adulte voulut peut-être se défaire par ses voyages au lointain.
Mais il aura surtout l'occasion d'apprécier combien ces lieux originaires ont, chacun à leur façon, déterminé le double visage de Loti, terrien enraciné et arpenteur des océans. Combien, en un mot et par-delà les pensées toutes faites, on peut être d'ici et d'ailleurs pour peu que l'enfance vous y conduise…

UNE ÎLE AU CHARME SINGULIER

Dans la chambre de grand'mère, où je les trouvais généralement toutes deux réunies, je m'asseyais près du feu, sur une chaise d'enfant placée là à mon usage, pour passer l'heure toujours un peu pénible, un peu angoissante du « chien et loup ». Après tous les remuements, tous les sauts de la journée, cette heure grise m'immobilisait presque toujours sur cette même petite chaise, les yeux très ouverts, inquiets, guettant les moindres changements dans la forme des ombres, surtout du côté de la porte, entre-bâillée sur l'escalier obscur. Évidemment, si on avait su quelles tristesses et quelles frayeurs les crépuscules me causaient, on eût allumé bien vite pour me les éviter ; mais on ne le comprenait pas, et les personnes, presque toutes âgées, qui m'entouraient, avaient coutume, quand le jour baissait, de rester ainsi longtemps tranquilles à leurs places, sans éprouver le besoin d'une lampe. Quand la nuit s'épaississait davantage, il fallait même que l'une des deux, grand'mère ou tante, avançât sa chaise tout près, tout près, et que je sentisse sa protection immédiatement derrière moi ; alors, complètement rassuré, je disais : « raconte-moi des histoires de l'*île,* à présent !... »

« L'île », c'est-à-dire l'île d'Oléron, était le pays de ma mère, et le leur, qu'elles avaient quitté toutes les trois, une vingtaine d'années avant ma naissance, pour venir s'établir ici sur le continent. Et c'est singulier le charme qu'avaient pour moi cette île et les moindres choses qui en venaient.

Nous n'en étions pas très loin, puisque, de certaine lucarne du toit de notre maison, on l'apercevait par les temps clairs, tout au bout, tout au bout des grandes plaines unies : une petite ligne bleuâtre, au-dessus de cette autre mince ligne plus pâle qui était le bras de l'océan la séparant de nous. Mais pour s'y rendre, c'était tout un voyage, à cause des mauvaises voitures campagnardes, des barques à voiles dans lesquelles il fallait passer, souvent par grande brise d'ouest. À cette époque, dans la petite ville de Saint-Pierre-d'Oléron, j'avais trois vieilles tantes, qui vivaient très modestement des revenus de leurs marais salants, – débris de fortunes dissipées, – et de redevances annuelles que des paysans leur payaient encore en sacs de blé. Quand on allait les voir à Saint-Pierre, c'était pour moi une joie, mêlée de toutes sortes de sentiments compliqués, encore à l'état d'ébauche, que je ne débrouillais pas bien. L'impression dominante, c'était que leurs personnes, l'austérité huguenote de leurs allures, leur manière de vivre, leur maison, leurs meubles, tout enfin datait d'une époque passée, d'un siècle antérieur; et puis il y avait la mer, qu'on devinait tout autour, nous isolant; la campagne encore plus plate, plus battue par le vent; les grands sables, les grandes plages...

Ma bonne était aussi de Saint-Pierre-d'Oléron, d'une famille huguenote dévouée de père en fils à la nôtre, et elle avait une manière de dire : « dans l'île » qui me faisait passer, dans un frisson, toute sa nostalgie de là-bas.

Une foule de petits objets venus de l'« île » et très particuliers avaient pris place chez nous. D'abord ces énormes galets noirs, pareils à des boulets de canon, choisis entre mille parmi ceux de la *grand'côte,* polis et roulés pendant des siècles sur les plages. Ils faisaient partie du petit train régulier de nos soirées d'hiver; aux veillées, on les mettait dans les cheminées où flambaient de beaux feux de bois; ensuite on les enfermait dans des sacs d'indienne à fleurs, également venus de l'île, et on les portait dans les lits, où, jusqu'au matin, ils tenaient chauds les pieds des personnes couchées.

Et puis, dans le chai, il y avait des fourches, des jarres; il y avait surtout une quantité de grandes gaules droites, en ormeau, pour tendre les lessives, qui étaient de jeunes arbres choisis et coupés dans les bois de grand'mère. Toutes ces choses jouissaient à mes yeux d'un rare prestige.

Ces bois, je savais que grand'mère ne les possédait plus, ni ses marais salants, ni ses vignes; j'avais entendu qu'elle s'était décidée à les vendre peu à peu, pour placer l'argent sur le continent, et qu'un certain notaire peu délicat avait, par de mauvais placements, réduit à très peu de chose cet avoir. Quand j'allais dans l'île, quand d'anciens saulniers, d'anciens vignerons de ma famille, toujours fidèles et soumis, m'appelaient « notre petit bourgeois » (ce qui signifie notre petit maître), c'était donc par pure politesse et déférence de souvenir. Mais j'avais déjà un regret de tout cela; cette vie passée à surveiller des vendanges ou des moissons, qui avait été la vie de plusieurs de mes ascendants, me semblait bien plus désirable que la mienne, si enfermée dans une maison de ville.

Les histoires de l'île, que me contaient grand'mère et tante Claire, étaient surtout des aventures de leur enfance, et cette enfance me paraissait lointaine, lointaine, perdue dans des époques que je ne pouvais me représenter qu'à demi éclairées comme les rêves ; des grands-parents y étaient toujours mêlés, des grands-oncles jamais connus, morts depuis bien des années, dont je me faisais dire les noms et dont les aspects m'intriguaient, me plongeaient dans des rêveries sans fin. Il y avait surtout un certain aïeul Samuel, qui avait vécu au temps des persécutions religieuses et auquel je portais un intérêt tout à fait spécial.

Je ne tenais pas à ce que ce fût varié, ces histoires ; souvent même j'en faisais recommencer de déjà racontées qui m'avaient plus particulièrement captivé.

En général, c'étaient des voyages (sur ces petits ânes qui jouaient un rôle si important jadis dans la vie des bonnes gens de l'île), pour aller visiter des propriétés éloignées, des vignes, ou bien pour traverser les sables de la « grand'côte » ; ensuite, sur le soir de ces expéditions, se déchaînaient des orages terribles, qui obligeaient à camper pour la nuit dans des auberges, dans des fermes…

Et quand mon imagination était bien tendue vers ces choses d'autrefois, dans l'obscurité tout à fait épaissie dont je n'avais plus conscience : drelin, drelin, la sonnette du dîner !… Je me levais en sautant de joie. Nous descendions ensemble, dans la salle à manger, où je retrouvais toute la famille réunie, la lumière, la gaieté, et où je me jetais tout d'abord sur maman pour me cacher la figure dans sa robe.

MES JEUDIS D'ÉCOLIER

Dans ce qui précède, je n'ai pas assez parlé de cette Limoise, qui fut le lieu de ma première initiation aux choses de la nature. Toute mon enfance est intimement liée à ce petit coin du monde, à ses vieux bois de chênes, à son sol pierreux que recouvrent des tapis de serpolet, ou des bruyères.

Pendant dix ou douze étés rayonnants, j'y passais tous mes jeudis d'écolier, et de plus j'en rêvais, d'un jeudi à l'autre, pendant les ennuyeux jours du travail.

Dès le mois de mai, nos amis les D… s'installaient dans cette maison de campagne, avec Lucette, pour y rester, après les vendanges, jusqu'aux premières fraîcheurs d'octobre, – et on m'y conduisait régulièrement tous les mercredis soirs.

Rien que de s'y rendre me paraissait déjà une chose délicieuse. Très rarement en voiture – car elle n'était guère qu'à cinq ou six kilomètres, cette Limoise, bien qu'elle me semblât très loin, très perdue dans les bois. C'était vers le sud, dans la direction des pays chauds. (J'en aurais trouvé le charme moins grand si c'eût été du côté du nord.)

Donc, tous les mercredis soirs, au déclin du soleil, à des heures variables suivant les mois, je partais de la maison en compagnie du frère aîné de Lucette, grand garçon de dix-huit ou vingt ans qui me faisait l'effet alors d'un homme d'âge mûr. Autant que possible, je marchais à son pas, plus vite par conséquent que dans mes promenades habituelles avec mon père et ma sœur; nous descendions par les tranquilles quartiers bas, pour passer devant cette vieille caserne des matelots dont les bruits bien connus de clairons et de tambours venaient jusqu'à mon musée, les jours de vent de sud; puis nous franchissions les remparts, par la plus ancienne et la plus grise des portes, – une porte assez abandonnée, où ne passe plus guère que des paysans, des troupeaux, – et nous arrivions enfin sur la route qui mène à la rivière.

Deux kilomètres d'une avenue bien droite, bordée en ce temps-là de vieux arbres rabougris, qui étaient absolument jaunes de lichen et qui portaient tous la chevelure inclinée vers la gauche, à cause des vents marins, soufflant constamment de l'ouest dans les grandes prairies vides d'alentour.

Pour les gens qui ont sur le paysage des idées de convention, et auxquels il faut absolument le site de vignette, l'eau courante entre des peupliers et la montagne surmontée du vieux château, pour ces gens-là, il est admis d'avance que cette pauvre route est très laide.

Moi, je la trouve exquise, malgré les lignes unies de son horizon. De droite et de gauche, rien cependant, rien que des plaines d'herbages où des troupeaux de bœufs se promènent. Et en avant, sur toute l'étendue du lointain, quelque chose qui semble murer les prairies, un peu tristement, comme un long rempart : c'est l'arête du plateau pierreux d'en face, au bas duquel la rivière coule; c'est l'autre rive, plus élevée que celle-ci et d'une nature différente, mais aussi plane, aussi monotone. Et dans cette monotonie réside précisément pour moi le charme très incompris de nos contrées ; sur de grands espaces, souvent la tranquillité de leurs lignes est ininterrompue et profonde.

Dans nos environs, cette vieille route est du reste celle que j'aime le plus, probablement parce que beaucoup de mes petits rêves d'écolier sont restés posés sur ses lointains plats, où de temps en temps il m'arrive de les retrouver encore... Elle est la seule aussi qu'on ne m'ait pas défigurée avec des usines, des bassins ou des gares. Elle est absolument à moi, sans que personne s'en doute, ni ne songe par conséquent à m'en contester la propriété.

(...) Tous les mercredis soirs, je prenais, d'un pas joyeux, cette route-là pour me diriger vers cette assise lointaine de rochers qui fermait là-bas les prairies, vers cette région des chênes et des pierres, où la Limoise est située et que mon imagination d'alors grandissait étrangement.

La rivière qu'il fallait traverser était au bout de l'avenue si droite de ces vieux arbres, que rongeaient les lichens couleur d'or et que tourmentaient les vents d'ouest. Très changeante, cette rivière, soumise aux marées et à tous les caprices de l'océan voisin. Nous la passions dans un bac ou dans une yole, toujours avec les mêmes bateliers de tout temps connus, anciens matelots aux barbes blanches et aux figures noircies de soleil.

Sur l'autre rive, la rive des pierres, j'avais l'illusion d'un recul subit de la ville que nous venions de quitter et dont les remparts gris se voyaient encore ; dans ma petite tête, les distances s'exagéraient brusquement, les lointains fuyaient. C'est qu'aussi tout était changé, le sol, les herbes, les fleurettes sauvages et les papillons qui venaient s'y poser ; rien n'était plus ici comme dans ces abords de la ville, marais et prairies, où se faisaient mes promenades des autres jours de la semaine. Et ces différences que d'autres n'auraient pas aperçues devaient me frapper et me charmer beaucoup, moi qui perdais mon temps à observer si minutieusement les plus infimes petites choses de la nature, qui m'abîmais dans la contemplation des moindres mousses. Même les crépuscules de ces mercredis avaient je ne sais quoi de particulier que je définissais mal ; généralement, à l'heure où nous arrivions sur cette autre rive, le soleil se couchait, et, ainsi regardé, du haut de l'espèce de plateau solitaire où nous étions, il me paraissait s'élargir plus que de coutume, tandis que s'enfonçait son disque rouge derrière les plaines de hauts foins que nous venions de quitter.

La rivière ainsi franchie, nous laissions tout de suite la grande route pour prendre des sentiers à peine tracés, dans une région, odieusement profanée aujourd'hui mais exquise en ce temps-là, qui s'appelait « les Chaumes ».

Ces Chaumes étaient un bien communal, dépendant d'un village dont on apercevait là-bas l'antique église. N'appartenant donc à personne, ils avaient pu garder intacte leur petite sauvagerie relative. Ils n'étaient qu'une sorte de plateau de pierre d'un seul morceau, légèrement ondulé et couvert d'un tapis de plantes sèches, courtes, odorantes, qui craquaient sous les pas ; tout un monde de minuscules papillons, de microscopiques mouches, vivait là, bizarrement coloré, sur des fleurettes rares.

On rencontrait aussi quelquefois des troupeaux de moutons, avec des bergères qui les gardaient, bien plus paysannes, plus noircies au grand air que celles des environs de la ville. Et ces chaumes mélancoliques, brûlés de soleil, étaient pour moi comme le vestibule de la Limoise ; ils en avaient déjà le parfum de serpolet et de marjolaine.

Au bout de cette petite lande apparaissait le hameau du Frelin. Or, j'aimais ce nom de Frelin, il me semblait dériver de ces gros frelons terribles des bois de la Limoise, qui nichaient dans le cœur de certains chênes et qu'on détruisait au printemps en allumant de grands feux alentour. Trois ou quatre maisonnettes composaient ce hameau. Toutes basses, comme c'est l'usage dans nos pays, elles étaient vieilles, vieilles, grisâtres ; des fleurons gothiques, des blasons à moitié effacés surmontaient leurs petites portes rondes. Presque toujours entrevues à la même heure, à la lumière mourante, à la tombée du crépuscule, elles évoquaient dans mon esprit le mystère du temps passé ; surtout elles attestaient l'antiquité de ce sol rocheux, très antérieur à nos prairies de la ville qui ont été gagnées sur la mer, et où rien ne remonte beaucoup plus loin que l'époque de Louis XIV.

Après le Frelin, je commençais à regarder en avant de moi dans les sentiers, car en général on ne tardait pas à apercevoir Lucette, venant à notre rencontre, en voiture ou à pied, avec son père ou sa mère. Et dès que je l'avais reconnue, je prenais ma course pour aller l'embrasser.

On franchissait le village, en longeant l'église – une antique petite merveille du XIIe siècle, du style roman le plus reculé et le plus rare ; alors, le crépuscule s'éteignant toujours, on voyait surgir devant soi une haute bande noire : les bois de la Limoise, composés surtout de chênes verts, dont le feuillage est si sombre. Puis on s'engageait dans les chemins particuliers du domaine ; on passait devant le puits où les bœufs attendaient leur tour pour boire. Et enfin on ouvrait le vieux petit portail ; on pénétrait dans la première cour, espèce de préau d'herbe, déjà plongé dans l'ombre tout à fait obscure de ses arbres de cent ans.

L'habitation était entre cette cour et un grand jardin un peu à l'abandon, qui confinait aux bois de chênes. En entrant dans les appartements très anciens, aux murailles peintes à la chaux blanche et aux boiseries d'autrefois, je cherchais d'abord des yeux ma papillonnette, toujours accrochée à la même place, prête pour les chasses du lendemain…

Après dîner, on allait généralement s'asseoir au fond du jardin, sur les bancs d'un berceau adossé aux vieux murs d'enceinte, adossé à tout l'inconnu de la campagne noire où chantaient les hiboux des bois. Et tandis qu'on était là, dans la belle nuit tiède semée d'étoiles, dans le silence sonore plein de musiques de grillons, tout à coup une cloche commençait à tinter, très loin mais très clair, là-bas dans l'église du village.

Oh ! l'*Angélus* d'Échillais, entendu dans ce jardin, par ces beaux soirs d'autrefois ! Oh ! le son de cette cloche, un peu fêlée mais argentine encore, comme ces voix très vieilles, qui ont été jolies et qui sont restées douces ! Quel charme de passé, de recueillement mélancolique et de paisible mort, ce son-là venait répandre dans l'obscurité limpide de la campagne !…

Et la cloche tintait longtemps, inégale dans le lointain, tantôt assourdie, tantôt rapprochée, au gré des souffles tièdes qui remuaient l'air. Je songeais à tous les gens qui devaient l'écouter, dans les fermes isolées; je songeais surtout aux endroits déserts d'alentour, où il n'y avait personne pour l'entendre, et un frisson me venait à l'idée des bois proches voisins, où sans doute les dernières vibrations devaient mourir...

Un conseil municipal, composé d'esprits supérieurs, après avoir affublé le pauvre vieux clocher roman d'une potence avec un drapeau tricolore, a supprimé maintenant cet *Angélus*. Donc, c'est fini; on n'entendra plus jamais, les soirs d'été, cet appel séculaire...

Aller se coucher ensuite était une chose très égayante, surtout avec la perspective du lendemain jeudi qui prédisposait à s'amuser de tout. J'aurais sans doute eu peur, dans les chambres d'amis qui étaient au rez-de-chaussée de la grande maison solitaire; aussi, jusqu'à ma douzième année m'installait-on en haut, dans l'immense chambre de la mère de Lucette, derrière des paravents qui me faisaient un logis particulier. Dans mon réduit se trouvait une bibliothèque Louis XV, vitrée, remplie de livres de navigation du siècle dernier, de journaux de marine fermés depuis cent ans. Et sur la chaux blanche du mur, il y avait, tous les étés, les mêmes imperceptibles petits papillons, qui entraient dans le jour par les fenêtres ouvertes et qui dormaient là posés, les ailes étendues. Des incidents, qui complétaient la soirée, survenaient toujours au moment où on allait s'endormir : une intempestive chauve-souris qui faisait son entrée, tournoyant comme une folle autour des flambeaux; ou une énorme phalène bourdonnante qu'il fallait chasser avec un aranteloir[12]. Ou bien encore, quelque orage se déchaînait, tourmentant les arbres voisins qui battaient le mur de leurs branches; rouvrant les vieilles fenêtres qu'on avait fermées, ébranlant tout!

J'ai un souvenir effrayant et magnifique de ces orages de la Limoise, tels qu'ils m'apparaissaient, à cette époque où tout était plus grand qu'aujourd'hui et palpitait d'une vie plus intense...

12. Aranteloir : plumeau à long manche servant à enlever les toiles d'araignée.

DANS LE MIDI LOTOIS

La tête à la portière d'un wagon qui filait très vite, je demandais à ma sœur, assise en face de moi :

« Est-ce que ce ne sont pas déjà des montagnes ?

— Pas encore, répondait-elle, ayant toujours en tête le souvenir des Alpes. Pas encore. De grandes collines tout au plus ! »

La journée d'août était chaude et radieuse. Un train rapide de la ligne du Midi nous emportait. Nous étions en route pour chez nos cousins inconnus !...

« Oh ! Mais ça ?... voyons ! repris-je avec un accent de triomphe, apercevant de mes yeux écarquillés quelque chose de plus haut que tout, qui se dessinait en bleu sur l'horizon pur. »

Elle se pencha :

« Ah ! dit-elle, oui ; cette fois, par exemple, je t'accorde ; pas très élevées cependant, mais enfin... »

Tout nous amusa, le soir à l'hôtel, dans une ville où il fallut nous arrêter jusqu'au jour suivant, et je me rappelle la nuit splendide qui survint, tandis que nous étions accoudés à notre balcon de louage, regardant s'assombrir les montagnes bleuâtres et écoutant les grillons chanter.

Le lendemain, troisième jour de notre voyage qui se faisait par étapes, nous frétâmes une voiture drôle, pour nous faire conduire dans la petite ville, bien perdue en ce temps-là, où nos cousins habitaient.

Par des défilés, des ravins, des traverses, cinq heures de route, pendant lesquelles tout fut enchantement pour moi. En plus de la nouveauté de ces montagnes, il y avait aussi des changements complets dans toutes choses : le sol, les pierres prenaient une ardente couleur rouge ; au lieu de nos villages, toujours si blancs sous leur couche de chaux neigeuse, et toujours si bas, comme n'osant pas s'élever au milieu de l'immense uniformité des plaines, ici les maisons, rougeâtres autant que les rochers, se dressaient en vieux pignons, en vieilles tourelles, et se perchaient bien haut, sur les sommets des collines ; les paysans plus bruns parlaient un langage incompréhensible, et je regardais surtout ces femmes qui marchaient avec un balancement de hanches inusité chez nos paysannes, portant sur leur tête des fardeaux, des gerbes, ou de grandes buires de cuivre brillant. Toute mon intelligence était tendue, vibrante, dangereusement charmée par cette première révélation d'aspects étrangers et inconnus.

Vers le soir, au bord d'une de ces rivières du Midi qui bruissent sur des lits plats de galets blancs, nous arrivâmes à la petite ville singulière qui était le but de notre voyage. Elle avait encore ses vieilles portes ogivales, ses hauts remparts à mâchicoulis, ses rues bordées de maisons gothiques, et le rouge de sanguine était la teinte générale de ses murailles.

Un peu intrigués et émus, nous cherchions des yeux ces cousins dont nous ne connaissions même pas les portraits, et qui sans doute guettaient notre arrivée, viendraient à notre rencontre... Tout à coup, nous vîmes paraître un grand jeune homme donnant le bras à une jeune fille en robe de mousseline blanche; alors, sans la moindre hésitation réciproque, nous échangeâmes un signe de reconnaissance : nous nous étions retrouvés.

À leur porte, sur les marches de leur seuil, l'oncle et la tante nous attendaient, accueillants, et tous deux ayant conservé dans leur vieillesse déjà grise les traces d'une remarquable beauté. Ils avaient une vieille maison Louis XIII, à l'angle d'une de ces places régulières entourées de porches comme on en voit dans beaucoup de petites villes du Midi. On entrait d'abord dans un vestibule dallé de pierres un peu roses et orné d'une énorme fontaine de cuivre rouge. Un escalier des mêmes pierres, très large comme un escalier de château, avec une curieuse rampe en fer forgé, menait aux appartements en boiseries anciennes de l'étage supérieur. Et le passé dont ces choses évoquaient le souvenir, je le sentais différent de celui de la Saintonge et de l'île, – le seul avec lequel je me fusse un peu familiarisé jusqu'à ce jour.

Après dîner, nous allâmes nous asseoir tous ensemble au bord de la rivière bruissante, sur une prairie, parmi des centaurées et des marjolaines qu'on devinait dans l'obscurité à leur pénétrante odeur. Il faisait très chaud, très calme, et d'innombrables grillons chantaient. Il me sembla aussi que je n'avais encore vu nuit si limpide, ni tant d'étoiles dans du bleu si profond. La différence en latitude n'était cependant pas bien grande, mais les brises marines, qui attiédissent nos hivers, embrument aussi parfois nos soirées d'été ; donc, ce ciel étoilé pouvait être plus pur en effet que celui de mon pays, plus *méridional.*

Et autour de moi, montaient dans l'air de grandes silhouettes bleuâtres que je ne pouvais me lasser de contempler : les montagnes jamais vues, me donnant cette impression de dépaysement que j'avais tant désirée, m'indiquant que mon premier petit rêve était bien réellement accompli...

Je devais revenir passer plusieurs étés dans ce village et m'y acclimater au point d'apprendre le patois méridional que les bonnes gens y parlaient. En somme les deux pays de mon enfance ont été la Saintonge et celui-là, ensoleillés tous deux.

La Bretagne, que beaucoup de gens me donnent pour patrie, je ne l'ai vue que bien plus tard, à dix-sept ans, et j'ai été très long à l'aimer, – ce qui fait sans doute que je l'ai aimée davantage. Elle m'avait causé d'abord une oppression et une tristesse extrêmes ; ce fut mon frère Yves qui commença de m'initier à son charme mélancolique, de me faire pénétrer dans l'intimité de ses chaumières et de ses chapelles des bois. Et ensuite, l'influence qu'une jeune fille du pays de Tréguier exerça sur mon imagination, très tard, vers mes vingt-sept ans, décida tout à fait mon amour pour cette patrie adoptée.

[*Le Roman d'un enfant*, 1890.]

Pierre Magnan

Né en 1922

Né à Manosque, dans les Alpes-de-Haute-Provence, Pierre Magnan se définit, dans son « autobiographie passionnelle » présente sur son site web (www.lemda.com.fr), comme un homme « apolitique, asocial, atrabilaire, agnostique et, si l'on ose écrire, aphilosophique ». Fils spirituel de Jean Giono dont il a hérité l'esprit rebelle et le combat de l'écriture, c'est un écrivain de grand talent, aujourd'hui reconnu et à la tête d'une œuvre composée de plus de vingt romans, dont la plupart ont vu le jour dans son pigeonnier de Revest-Saint-Martin. Longtemps ignoré et contraint, pour vivre, de s'employer dans une entreprise de transports frigorifiques, il est sorti de l'anonymat, à cinquante-six ans, grâce au roman policier : Le Sang des Atrides, *prix du Quai-des-Orfèvres 1978,* La Maison assassinée *prix RTL-Lire 1984, que suivront beaucoup d'autres ouvrages de même genre, généralement situés sur ses terres natales* (La Folie Forcalquier, Les Enquêtes du commissaire Laviolette, *etc.*). *Mais il a également écrit plusieurs livres autobiographiques, comme son* Pour saluer Giono, *sur ses rencontres de jeunesse avec l'homme du Contadour, ou* L'Amant du poivre d'âne, *consacré à son enfance manosquine. Des œuvres seulement « à connotation autobiographique », tient-il à préciser, car elles font toujours « appel à la péripétie et au foisonnement des personnages », émanent d'« un écrivain figuratif » qui « s'ennuierait à raconter sa propre histoire si elle ne s'enracinait pas dans la marche générale du siècle ».*

Récit des douze premières années de l'auteur en même temps que peinture d'une « ville » qui est alors encore paysanne mais ne le sera bientôt plus, L'Amant du poivre d'âne *est un livre magnifiquement écrit, captivant, qu'on devrait compter parmi les chefs-d'œuvre de la littérature rurale. On en lira ci-dessous un trop court extrait, où le tout jeune Magnan – il n'a alors que cinq ans – part à la découverte de Manosque, à l'automne…*

LA VILLE AUX DIX MILLE MOUTONS

Quand ma mémoire se retrouve de plain-pied au milieu du Manosque que j'ai quitté et qui m'a quitté, ce n'est jamais sous la stridence des cris de martinets assiégeant les génoises au gros de l'été, ce n'est jamais au noir de l'hiver, quand pour aller à fond de train de chez moi à chez mes grands-parents, les voisines m'épiaient à l'abri de leurs vitres embuées qu'elles essuyaient furtivement, ce n'est jamais non plus par les printemps sonores comme des cloches où soudain, le matin de Pâques, les filles fleurissaient sous de nouveaux chapeaux roses, sortis des mains de fée de Mme Battala la modiste.

Non, c'est toujours à l'automne où tous les sucs de la vie se condensent que je me vois sur mes courtes jambes, aux aguets de l'extraordinaire, essayant d'apprivoiser le monde. Cet automne arrivait sur le vent de la mer que nous avions oublié durant tout l'été. Il nous apportait l'odeur du crassier de la mine qui s'interposait entre le Sud et nous, car il soufflait d'abord sur lui avant de nous atteindre. Nous n'étions pas d'odorat délicat, et les effluves du crassier étaient facilement absorbés par la nappe des fumées de cheminées où l'on brûlait le charbon de Gaude, lequel dès les premiers jours d'octobre commençait à sévir. Mais avant de souffler sur ce crassier, le vent marin balayait toute l'étendue de la plaine où les *bastidans* profitant de l'humide brûlaient les *ribes* (talus), les fanes de haricots et de pommes de terre, les feuilles mortes des marronniers et des platanes.

Toutes ces odeurs piégées par la masse stagnante des fumées lourdes qui tournoient autour des clochers, m'atteignent au fond de ma chambre, au creux de ma paillasse, me chuchotent de venir tout de suite dans la rue et par les chemins, afin qu'elles ne circulent pas en vain, afin que l'automne ne commence pas sans moi.

L'Henri Gardon, l'épicier, venait de recevoir le premier boudin et la première florentine de Mane. Ces deux délectables charcuteries annonçaient l'automne mieux que la rentrée des classes ou que le vent marin. Si j'avais dix sous, je les dépensais tout de suite dans l'achat d'un de ces morceaux de boudin. Parfois, il était encore chaud et je l'ingurgitais tout cru. C'était plus qu'une nourriture, c'était une libation. Ce Mane que je ne connaissais que par ce boudin et cette florentine, ce Mane où ma marraine était née dans une ferme qui s'appelait Pitaugier, où elle avait deux filles enterrées, ce Mane m'apparaissait comme une terre promise, un pays où tout était bon, un pays où tout devait être à la portée de la main, tant ce boudin était équilibré et distribuait en proportion égale aux antennes de mes sens largement déployées des arômes de landes à poivre d'âne, de jardins de curé à rangées d'oignons et d'aulx, dominés, sur un mur ruiné, par la rutilante pyramide d'un laurier-sauce.

Il ne manquait même pas à mon évocation passionnée le tintement de ce clocher dont ma marraine parlait tout le temps et que je goûtais avec tout le reste en aspirant sous sa peau incomestible la chair onctueuse de ce boudin capable de créer en moi, sans même que je ferme les yeux, tout un village et tout un autre ciel.

Mon père arrivait au soir, environné d'odeurs de campagne gagnées à travers collines et plateaux par soleil radieux ou pluie battante. Il extrayait de sa biasse les offrandes du jour. Parfois c'était une bécasse tombée au pied d'un pylône, électrocutée, parfois c'était la merveille couleur vert-de-gris d'un fromage plié dans des feuilles de châtaignier. C'était parfois aussi le velours éclatant de quatre ou cinq oronges dénichées au pied d'un arbre. Sur le chapeau de l'une d'elles, une feuille de chêne était restée collée. Échappée des alvéoles une poussière jaune s'alentissait sur la toile cirée et y demeurait bien longtemps après que ma mère eut retiré les oronges. Cette poussière grenue, faite de minuscules boules hérissées de pointes, je savais bien que d'un coup de torchon tout à l'heure ma mère allait l'effacer et que celle que d'autres oronges y perdraient en un autre automne ne serait pas la même, pas plus que ne serait la même la perception de l'enfant que je serais alors, encore alourdi d'un an.

Mais mon plus beau bouquet d'automne c'était à Manosque même que je le rassemblais. Je dévalais la rue Chacundier où m'appelait le boudin de Mane chez l'Henri Gardon. J'en demandais pour dix sous, mais l'Henri ou sa femme, la Marie-Rose, ne m'en donnaient que pour huit, soucieux de mon estomac et de la bourse de mes parents. Je tournais le coin du boulevard de la Plaine pour aller le savourer sous l'ombre des platanes aux feuillages à peine révélés par quelque rare lampadaire à abat-jour vert. Car c'était par un soir d'octobre que le premier boudin de Mane et la florentine étaient acheminés par le courrier de Forcalquier jusque chez l'Henri Gardon dépositaire exclusif.

Une surprise m'attendait là car sous la pluie et dans le silence, dix mille moutons s'étaient cependant assemblés. Ils comblaient l'espace entre l'escalier de la Plaine et le boulevard Mirabeau, débordant en partie sur la route, devant la gendarmerie. Sous les platanes qui les encensaient de feuilles mortes, ces dix mille moutons chatoyaient dans la houle des échines ponctuées par les marques rouges, vertes et bleues des différents propriétaires. Il m'arrivait d'imaginer que je pourrais marcher sur ce tapis mouvant. De loin en loin, embossé au milieu d'eux, encore bâté de son cacolet, un âne tête basse se mettait à braire sa désolation vers le ciel noir et le vacarme des feuillages morts que le vent arrachait avec violence couvrait le bruit de ses protestations.

Là-haut, tout à fait au coin de l'escalier de la Plaine, sur le perron de Mme Dépieds, cinq ou six hommes tout noirs et tout silence se pressaient, parfois sous la pluie battante qui dégoulinait au rebord de leur chapeau. Je m'approchais d'eux souvent, en silence moi aussi pour les dévisager sans parler. Sous le capuchon de ma pèlerine, coincé entre une douzaine de brebis qui m'oignaient de leur suint et à peine plus haut qu'elles, personne ne me repérait. Je pouvais observer tout mon saoul ces inconnus en retrait sous leurs chapeaux suintés comme la laine de leurs moutons et dont les reflets des réverbères accusaient les arêtes vives du visage pour les souligner de noir. Ils mastiquaient des nourritures qu'ils découpaient au tranchet dans les trognons de pain ou de charcuterie, tenus solidement en main. Leurs chiens alignés sur les marches ne quémandaient même pas, tant ils étaient fourbus. Parfois l'un de ces bergers était en train de nourrir au biberon un agneau nouveau-né qui avait eu la malchance de perdre sa mère, morte en route pour quelque raison.

Je n'ai jamais entendu la voix de l'un de ces hommes. Sans doute parlaient-ils entre eux parfois ou avec d'autres êtres, mais devant moi par ces soirées, jamais ils ne desserrèrent les dents, comme s'ils faisaient partie d'un tableau. Une odeur de buffleterie et de suint formait autour d'eux une atmosphère particulière sous le vent. Parfois, l'un d'eux enfin prenait conscience de l'acuité de mon attention et il me chassait du regard, sans un mot, sans un geste.

Tout le monde avait fermé ses portes, tiré ses contrevents sur les lumières devant cette inondation de moutons car lorsqu'ils trouvaient le moindre interstice dans nos forteresses claquemurées, ces animaux patients et obstinés poussaient machinalement du museau et comblaient tous les creux qu'ils rencontraient. Si la clenche des étables et la cadole des vantaux tenaient mal, on retrouvait leur marée laineuse jusqu'au fond des caves, ayant parfois soulevé des barriques hors de leurs tins. Ils submergeaient les escaliers, étouffaient dans les poulaillers les poules endormies sur leurs œufs. On les entendait souffler contre les portes palières qu'on n'osait plus ouvrir, de crainte de les voir déborder jusqu'aux cuisines, jusqu'aux buffets des salles à manger.

Entre les riverains et ce cataclysme naturel, il n'y avait pas d'amour perdu. Dans la nuit, humble et sans bruit, sans même l'accompagnement des clarines dont on immobilisait le battant pour la traversée des villes, le *scabot* reprenait sa route vers la Crau. Le malheur et le mystère, voici tout l'enchantement que tiraient mes cinq ans de ces dix mille bêtes résignées, ne tenant debout que parce qu'elles étaient coincées les unes contre les autres et de ces hommes – *leï pastré*, disait-on sans aucune sympathie –, de ces hommes tout noirs qui ne vivaient pas comme nous et venaient d'ailleurs.

[*L'Amant du poivre d'âne*, © Éditions Denoël, 1988.]

Hector Malot

(1830-1907)

Hector Malot fit d'abord les études de droit que son père, notaire à La Bouille, près de Rouen, souhaitait. Mais, à vingt-trois ans, après avoir été clerc dans des études de la région, il se dispute avec lui et part à Paris, y accomplir sa vocation d'écrivain. Un temps journaliste, il publie en 1859 son premier roman, Les Amants, *qui connaît un succès immédiat. Près de soixante-dix autres ouvrages suivront, essentiellement des romans, dont le plus célèbre est* Sans famille, *publié en 1878 et dédié à sa fille, Lucie, née dix ans plus tôt. Grand classique de la littérature pour la jeunesse,* Sans famille *débute par la scène où Rémi, âgé de huit ans, va faire l'horrible découverte : il croyait avoir une mère, un père et il n'est, en réalité, qu'un enfant trouvé. On y remarquera l'usage par Malot de principes dramaturgiques efficaces. Dès les premiers mots, le lecteur sait ce qu'il en est et progresse, au rythme de l'enfant-narrateur, dans la connaissance de la vérité. Mais on appréciera surtout la façon dont Malot traite le thème de l'enfant sans origine et dépeint la paysannerie pauvre du Massif Central, vivant de peu, éloignée de tout et contrainte d'émigrer en ville pour survivre. L'abondante documentation réunie par l'auteur sur ces deux sujets n'est jamais mise en avant, l'écriture est simple, presque rudimentaire, et le malheur de tous, adultes ou enfants, relève plus de l'évidence que d'un ton volontairement larmoyant. Le style rime ainsi avec la dureté de la condition paysanne au XIXe siècle autant qu'il fait écho à la question universelle des origines.*

« QU'EST-CE QUE C'EST QUE CELUI-LÀ ? »

Je suis un enfant trouvé.

Mais, jusqu'à huit ans, j'ai cru que, comme tous les autres enfants, j'avais une mère, car, lorsque je pleurais, il y avait une femme qui me serrait si doucement dans ses bras en me berçant, que mes larmes s'arrêtaient de couler.

Jamais je ne me couchais dans mon lit sans qu'une femme vînt m'embrasser, et, quand le vent de décembre collait la neige contre les vitres blanchies, elle me prenait les pieds entre ses deux mains et elle restait à me les réchauffer en me chantant une chanson, dont je retrouve encore dans ma mémoire l'air et quelques paroles.

Quand je gardais notre vache le long des chemins herbus ou dans les brandes, et que j'étais surpris par une pluie d'orage, elle accourait au devant de moi et me forçait à m'abriter sous son jupon de laine soigneusement ramené par elle sur ma tête et sur mes épaules.

Enfin, quand j'avais une querelle avec un de mes camarades, elle me faisait conter mes chagrins, et presque toujours elle trouvait de bonnes paroles pour me consoler ou me donner raison.

Par tout cela et par bien d'autres choses encore, par la façon dont elle me parlait, par la façon dont elle me regardait, par ses caresses, par la douceur qu'elle mettait dans ses gronderies, je croyais qu'elle était ma mère.

Voici comment j'appris qu'elle n'était que ma nourrice.

Mon village, ou, pour parler plus justement, le village où j'ai été élevé, car je n'ai pas eu de village à moi, pas de lieu de naissance, pas plus que je n'ai eu de père et de mère, le village enfin où j'ai passé mon enfance se nomme Chavanon ; c'est l'un des plus pauvres du centre de la France.

Cette pauvreté, il la doit non à l'apathie ou à la paresse de ses habitants, mais à sa situation même dans une contrée peu fertile. Le sol n'a pas de profondeur, et pour produire de bonnes récoltes il lui faudrait des engrais ou des amendements qui manquent dans le pays. Aussi ne rencontre-t-on (ou tout au moins ne rencontrait-on à l'époque dont je parle) que peu de champs cultivés, tandis qu'on voit partout de vastes étendues de brandes dans lesquelles ne croissent que des bruyères et des genêts. Là où les brandes cessent, les landes commencent ; et sur ces landes élevées les vents âpres rabougrissent les maigres bouquets d'arbres qui dressent çà et là leurs branches tordues et tourmentées.

Pour trouver de beaux arbres, il faut abandonner les hauteurs et descendre dans les plis du terrain, sur les bords des rivières, où, dans d'étroites prairies, poussent de grands châtaigniers et des chênes vigoureux.

C'est dans un de ces replis de terrain, sur les bords d'un ruisseau qui va perdre ses eaux rapides dans un des affluents de la Loire, que se dresse la maison où j'ai passé mes premières années.

Jusqu'à huit ans, je n'avais jamais vu d'homme dans cette maison ; cependant ma mère n'était pas veuve, mais son mari, qui était tailleur de pierre, comme un grand nombre d'autres ouvriers de la contrée, travaillait à Paris, et il n'était pas revenu au pays depuis que j'étais en âge de voir ou de comprendre ce qui m'entourait. De temps en temps seulement, il envoyait de ses nouvelles par un de ses camarades qui rentrait au village.

« Mère Barberin, votre homme va bien ; il m'a chargé de vous dire que l'ouvrage marche fort, et de vous remettre l'argent que voilà ; voulez-vous compter ? »

Et c'était tout. Mère Barberin se contentait de ces nouvelles : son homme était en bonne santé ; l'ouvrage donnait ; il gagnait sa vie.

De ce que Barberin était resté si longtemps à Paris, il ne faut pas croire qu'il était en mauvaise amitié avec sa femme. La question de désaccord n'était pour rien dans cette absence. Il demeurait à Paris parce que le travail l'y retenait ; voilà tout. Quand il serait vieux, il reviendrait vivre près de sa vieille femme, et avec l'argent qu'ils auraient amassé ils seraient à l'abri de la misère pour le temps où l'âge leur aurait enlevé la force et la santé.

Un jour de novembre, comme le soir tombait, un homme, que je ne connaissais pas, s'arrêta devant notre barrière. J'étais sur le seuil de la maison occupé à casser une bourrée. Sans pousser la barrière, mais en levant sa tête par-dessus en me regardant, l'homme me demanda si ce n'était pas là que demeurait la mère Barberin.

Je lui dis d'entrer.

Il poussa la barrière qui cria dans sa hart, et à pas lents il s'avança vers la maison.

Jamais je n'avais vu un homme aussi crotté ; des plaques de boue, les unes encore humides, les autres déjà sèches, le couvraient des pieds à la tête, et à le regarder on comprenait que depuis longtemps il marchait dans les mauvais chemins.

Au bruit de nos voix, mère Barberin accourut et, au moment où il franchissait notre seuil, elle se trouva face à face avec lui.

« J'apporte des nouvelles de Paris », dit-il.

C'étaient là des paroles bien simples et qui déjà plus d'une fois avaient frappé nos oreilles ; mais le ton avec lequel elles furent prononcées ne ressemblait en rien à celui qui autrefois accompagnait les mots : « Votre homme va bien, l'ouvrage marche. »

« Ah ! mon Dieu ! s'écria mère Barberin en joignant les mains, un malheur est arrivé à Jérôme !

— Eh bien, oui, mais il ne faut pas vous rendre malade de peur ; votre homme a été blessé, voilà la vérité ; seulement il n'est pas mort. Pourtant il sera peut-être estropié. Pour le moment il est à l'hôpital. J'ai été son voisin de lit, et, comme je rentrais au pays, il m'a demandé de vous dire la chose en passant. Je ne peux pas m'arrêter, car j'ai encore trois lieues à faire, et la nuit vient vite. »

Mère Barberin, qui voulait en savoir plus long, pria l'homme de rester à souper ; les routes étaient mauvaises ; on parlait de loups qui s'étaient montrés dans les bois ; il repartirait le lendemain matin.

Il s'assit dans le coin de la cheminée et, tout en mangeant, il nous raconta comment le malheur était arrivé : Barberin avait été à moitié écrasé par des échafaudages qui s'étaient abattus, et comme on avait prouvé qu'il ne devait pas se trouver à la place où il avait été blessé, l'entrepreneur refusait de lui payer aucune indemnité.

« Pas de chance, le pauvre Barberin, dit-il, pas de chance ; il y a des malins qui auraient trouvé là-dedans un moyen pour se faire faire des rentes, mais votre homme n'aura rien. »

Et, tout en séchant les jambes de son pantalon qui devenaient raides sous leur enduit de boue durcie, il répétait ce mot : « pas de chance », avec une peine sincère, qui montrait que, pour lui, il se fût fait volontiers estropier dans l'espérance de gagner ainsi de bonnes rentes.

« Pourtant, dit-il en terminant son récit, je lui ai donné le conseil de faire un procès à l'entrepreneur.

— Un procès, cela coûte gros.

— Oui, mais quand on le gagne ! »

Mère Barberin aurait voulu aller à Paris, mais c'était une terrible affaire qu'un voyage si long et si coûteux.

Le lendemain matin, nous descendîmes au village pour consulter le curé. Celui-ci ne voulut pas la laisser partir sans savoir avant si elle pouvait être utile à son mari. Il écrivit à l'aumônier de l'hôpital où Barberin était soigné, et, quelques jours après, il reçut une réponse, disant que mère Barberin ne devait pas se mettre en route, mais qu'elle devait envoyer une certaine somme d'argent à son mari, parce que celui-ci allait faire un procès à l'entrepreneur chez lequel il avait été blessé.

Les journées, les semaines s'écoulèrent, et de temps en temps il arriva des lettres qui toutes demandaient de nouveaux envois d'argent ; la dernière, plus pressante que les autres, disait que, s'il n'y avait plus d'argent, il fallait vendre la vache pour s'en procurer.

Ceux-là seuls qui ont vécu à la campagne avec les paysans savent ce qu'il y a de détresses et de douleurs dans ces trois mots : « vendre la vache. »

Pour le naturaliste, la vache est un animal ruminant ; pour le promeneur, c'est une bête qui fait bien dans le paysage lorsqu'elle lève au-dessus des herbes son mufle noir humide de rosée ; pour l'enfant des villes, c'est la source du café au lait et du fromage à la crème ; mais pour le paysan, c'est bien plus et mieux encore. Si pauvre qu'il puisse être et si nombreuse que soit sa famille, il est assuré de ne pas souffrir de la faim tant qu'il y a une vache dans son étable. Avec une longe ou même avec une simple hart nouée autour des cornes, un enfant promène la vache le long des chemins herbus, là où la pâture n'appartient à personne, et le soir la famille entière a du beurre dans sa soupe et du lait pour mouiller ses pommes de terre ; le père, la mère, les enfants, les grands comme les petits, tout le monde vit de la vache.

Nous vivions si bien de la nôtre, mère Barberin et moi, que jusqu'à ce moment je n'avais presque jamais mangé de viande. Mais ce n'était pas seulement notre nourrice qu'elle était, c'était encore notre camarade, notre amie, car il ne faut pas s'imaginer que la vache est une bête stupide, c'est au contraire un animal plein d'intelligence et de qualités morales d'autant plus développées qu'on les aura cultivées par l'éducation. Nous caressions la nôtre, nous lui parlions, elle nous comprenait, et de son côté, avec ses grands yeux ronds pleins de douceur, elle savait très bien nous faire entendre ce qu'elle voulait ou ce qu'elle ressentait.

Enfin nous l'aimions et elle nous aimait, ce qui est tout dire.

Pourtant il fallut s'en séparer, car c'était seulement par « la vente de la vache » qu'on pouvait satisfaire Barberin.

Il vint un marchand à la maison et, après avoir bien examiné la *Roussette,* après avoir dit et répété cent fois qu'elle ne lui convenait pas du tout, que c'était une vache de pauvres gens qu'il ne pourrait pas revendre, qu'elle n'avait pas de lait, qu'elle faisait du mauvais beurre, il avait fini par dire qu'il voulait bien la prendre, mais seulement par bonté d'âme et pour obliger mère Barberin qui était une brave femme.

La pauvre *Roussette,* comme si elle comprenait ce qui se passait, avait refusé de sortir de son étable et elle s'était mise à meugler.

« Passe derrière et chasse-la, m'avait dit le marchand en me tendant le fouet qu'il portait passé autour de son cou.

— Pour ça non », avait dit mère Barberin.

Et, prenant la vache par la longe, elle lui avait parlé doucement.

« Allons, ma belle, viens, viens. »

Et *Roussette* n'avait plus résisté ; arrivé sur la route, le marchand l'avait attachée derrière sa voiture, et il avait bien fallu qu'elle suivît le cheval.

Nous étions rentrés dans la maison. Mais longtemps encore nous avions entendu ses beuglements.

Plus de lait, plus de beurre. Le matin un morceau de pain ; le soir des pommes de terre au sel.

Le Mardi gras arriva justement peu de temps après la vente de *Roussette* ; l'année précédente, pour le Mardi gras, mère Barberin m'avait fait un régal avec des crêpes et des beignets ; et j'en avais tant mangé, tant mangé, qu'elle en avait été tout heureuse.

Mais alors nous avions *Roussette,* qui nous avait donné le lait pour délayer la pâte et le beurre pour mettre dans la poêle.

Plus de *Roussette,* plus de lait, plus de beurre, plus de Mardi gras ; c'était ce que je m'étais dit tristement.

Mais mère Barberin m'avait fait une surprise; bien qu'elle ne fût pas emprunteuse, elle avait demandé une tasse de lait à l'une de nos voisines, un morceau de beurre à une autre, et, quand j'étais rentré, vers midi, je l'avais trouvée en train de verser de la farine dans un grand poêlon en terre.

« Tiens ! de la farine, dis-je en m'approchant d'elle.

— Mais oui, fit-elle en souriant, c'est bien de la farine, mon petit Rémi, de la belle farine de blé; tiens, vois comme elle fleure bon. »

Si j'avais osé, j'aurais demandé à quoi devait servir cette farine; mais, précisément parce que j'avais grande envie de le savoir, je n'osais pas en parler. Et puis d'un autre côté je ne voulais pas dire que je savais que nous étions au Mardi gras, pour ne pas faire de la peine à mère Barberin.

« Qu'est-ce qu'on fait avec de la farine ? dit-elle me regardant.

— Du pain.

— Et puis encore ?

— De la bouillie.

— Et puis encore ?

— Dame... je ne sais pas.

— Si, tu sais bien. Mais, comme tu es un bon petit garçon, tu n'oses pas le dire. Tu sais que c'est aujourd'hui Mardi gras, le jour des crêpes et des beignets. Mais, comme tu sais aussi que nous n'avons ni beurre, ni lait, tu n'oses pas en parler. C'est vrai ça ?

— Oh ! mère Barberin.

— Comme d'avance j'avais deviné tout cela, je me suis arrangée pour que Mardi gras ne te fasse pas vilaine figure. Regarde dans la huche. »

Le couvercle levé, et il le fut vivement, j'aperçus le lait, le beurre, des œufs et trois pommes.

« Donne-moi les œufs, me dit-elle, et, pendant que je les casse, pèle les pommes. »

Pendant que je coupais les pommes en tranches, elle cassa les œufs dans la farine et se mit à battre le tout, en versant dessus, de temps en temps, une cuillerée de lait.

Quand la pâte fut délayée, mère Barberin posa la terrine sur les cendres chaudes, et il n'y eut plus qu'à attendre le soir, car c'était à notre souper que nous devions manger les crêpes et les beignets.

Pour être franc, je dois avouer que la journée me parut longue et que plus d'une fois j'allai soulever le linge qui recouvrait la terrine.

« Tu vas faire prendre froid à la pâte, disait mère Barberin, et elle lèvera mal. »

Mais elle levait bien, et de place en place se montraient des renflements, des sortes de bouillons qui venaient crever à la surface. De toute la pâte en fermentation se dégageait une bonne odeur d'œufs et de lait.

« Casse de la bourrée, me disait-elle ; il nous faut un bon feu clair, sans fumée. »

Enfin, la chandelle fut allumée.

« Mets du bois au feu ! » me dit-elle.

Il ne fut pas nécessaire de me répéter deux fois cette parole que j'attendais avec tant d'impatience. Bientôt une grande flamme monta dans la cheminée, et sa lueur vacillante emplit la cuisine.

Alors mère Barberin décrocha de la muraille la poêle à frire et la posa au-dessus de la flamme.

« Donne-moi le beurre. »

Elle en prit, au bout de son couteau, un morceau gros comme une petite noix, et le mit dans la poêle, où il fondit en grésillant.

Ah ! c'était vraiment une bonne odeur qui chatouillait d'autant plus agréablement notre palais que depuis longtemps nous ne l'avions pas respirée.

C'était aussi une joyeuse musique que celle produite par les grésillements et les sifflements du beurre.

Cependant, si attentif que je fusse à cette musique, il me sembla entendre un bruit de pas dans la cour.

Qui pouvait venir nous déranger à cette heure ? Une voisine sans doute, pour nous demander du feu.

Mais je ne m'arrêtai pas à cette idée, car mère Barberin, qui avait plongé la cuiller à pot dans la terrine, venait de faire couler dans la poêle une nappe de pâte blanche, et ce n'était pas le moment de se laisser aller aux distractions.

Un bâton heurta le seuil, puis aussitôt la porte s'ouvrit brusquement.

« Qui est là ? » demanda mère Barberin sans se retourner.

Un homme était entré, et la flamme qui l'avait éclairé en plein m'avait montré qu'il était vêtu d'une blouse blanche et qu'il tenait à la main un gros bâton.

« On fait donc la fête ici ? Ne vous gênez pas, dit-il d'un ton rude.

— Ah ! mon Dieu ! s'écria mère Barberin en posant vivement sa poêle à terre, c'est toi, Jérôme ? »

Puis me prenant par le bras elle me poussa vers l'homme qui s'était arrêté sur le seuil.

« C'est ton père. »

Je m'étais approché pour l'embrasser à mon tour, mais du bout de son bâton il m'arrêta :

« Qu'est-ce que c'est que celui-là ?

— C'est Rémi.

— Tu m'avais dit…

— Eh bien, oui, mais… ce n'était pas vrai, parce que…

— Ah ! pas vrai, pas vrai. »

Il fit quelques pas vers moi son bâton levé, et instinctivement je reculai.

Qu'avais-je fait ? De quoi, étais-je coupable ? Pourquoi cet accueil lorsque j'allais à lui pour l'embrasser ?

Je n'eus pas le temps d'examiner ces diverses questions qui se pressaient dans mon esprit troublé.

« Je vois que vous faisiez Mardi gras, dit-il ; ça se trouve bien, car j'ai une solide faim. Qu'est-ce que tu as pour souper ?

— Je faisais des crêpes.

— Je vois bien ; mais ce n'est pas des crêpes que tu vas donner à manger à un homme qui a dix lieues dans les jambes.

— C'est que je n'ai rien ; nous ne t'attendions pas.

— Comment, rien ; rien à souper ? »

Il regarda autour de lui.

« Voilà du beurre. »

Il leva les yeux au plafond à l'endroit où l'on accrochait le lard autrefois ; mais depuis longtemps le crochet était vide, et à la poutre pendaient seulement maintenant quelques glanes d'ail et d'oignon.

« Voilà de l'oignon, dit-il en faisant tomber une glane avec son bâton ; quatre ou cinq oignons, un morceau de beurre, et nous aurons une bonne soupe. Retire ta crêpe et fricasse-nous les oignons dans la poêle. »

Retirer la crêpe de la poêle ! mère Barberin ne répliqua rien. Au contraire, elle s'empressa de faire ce que son homme demandait, tandis que celui-ci s'asseyait sur le banc qui était dans le coin de la cheminée.

Je n'avais pas osé quitter la place où le bâton m'avait amené, et appuyé contre la table, je le regardais.

C'était un homme d'une cinquantaine d'années environ, au visage rude, à l'air dur ; il portait la tête inclinée sur l'épaule droite par suite de la blessure qu'il avait reçue, et cette difformité contribuait à rendre son aspect peu rassurant.

Mère Barberin avait replacé la poêle sur le feu.

« Est-ce que c'est avec ce petit morceau de beurre que tu vas nous faire la soupe ? » dit-il.

Alors, prenant lui-même l'assiette où se trouvait le beurre, il fit tomber la motte entière dans la poêle.

Plus de beurre, dès lors plus de crêpes.

En tout autre moment, il est certain que j'aurais été profondément touché par cette catastrophe ; mais je ne pensais plus aux crêpes, ni aux beignets, et l'idée qui occupait mon esprit, c'était que cet homme qui paraissait si dur était mon père.

« Mon père, mon père ! » C'était là le mot que je me répétais machinalement.

Je ne m'étais jamais demandé d'une façon bien précise ce que c'était qu'un père, et vaguement, d'instinct, j'avais cru que c'était une mère à grosse voix ; mais en regardant celui qui me tombait du ciel, je me sentis pris d'un effroi douloureux.

J'avais voulu l'embrasser, il m'avait repoussé du bout de son bâton, pourquoi ? Mère Barberin ne me repoussait jamais lorsque j'allais l'embrasser ; bien au contraire, elle me prenait dans ses bras et me serrait contre elle.

« Au lieu de rester immobile comme si tu étais gelé, me dit-il, mets les assiettes sur la table. »

Je me hâtai d'obéir. La soupe était faite. Mère Barbarin la servit dans les assiettes.

Alors, quittant le coin de la cheminée, il vint s'asseoir à table et commença à manger, s'arrêtant seulement de temps en temps pour me regarder.

J'étais si troublé, si inquiet, que je ne pouvais manger, et je le regardais aussi, mais à la dérobée, baissant les yeux quand je rencontrais les siens.

« Est-ce qu'il ne mange pas plus que ça d'ordinaire ? dit-il tout à coup en tendant vers moi sa cuiller.

— Ah ! si, il mange bien.

— Tant pis ! si encore il ne mangeait pas ! »

Naturellement, je n'avais pas envie de parler, et mère Barberin n'était pas plus que moi disposée à la conversation ; elle allait et venait autour de la table, attentive à servir son mari.

« Alors tu n'as pas faim ? me dit-il.

— Non.

— Eh bien, va te coucher, et tâche de dormir tout de suite ; sinon, je me fâche. »

Mère Barberin me lança un coup d'œil qui me disait d'obéir sans répliquer. Mais cette recommandation était inutile, je ne pensais pas à me révolter.

Comme cela se rencontre dans un grand nombre de maisons de paysans, notre cuisine était en même temps notre chambre à coucher. Auprès de la cheminée tout ce qui servait au manger, la table, la huche, le buffet ; à l'autre bout les meubles propres au coucher ; dans un angle le lit de mère Barberin, dans le coin opposé le mien, qui se trouvait dans une sorte d'armoire entourée d'un lambrequin en toile rouge.

Je me dépêchai de me déshabiller et de me coucher. Mais dormir était une autre affaire.

On ne dort pas par ordre ; on dort parce qu'on a sommeil et qu'on est tranquille.

Or, je n'avais pas sommeil et n'étais pas tranquille.

Terriblement tourmenté au contraire, et de plus très malheureux.

Comment, cet homme était mon père ! Alors pourquoi me traitait-il si durement ?

Le nez collé contre la muraille, je faisais effort pour chasser ces idées et m'endormir comme il me l'avait ordonné; mais c'était impossible. Le sommeil ne venait pas, je ne m'étais jamais senti si bien éveillé.

Au bout d'un certain temps, je ne saurais dire combien, j'entendis qu'on s'approchait de mon lit.

Au pas lent, traînant et lourd, je reconnus tout de suite que ce n'était pas mère Barberin.

Un souffle chaud effleura mes cheveux.

« Dors-tu ? » demanda une voix étouffée.

Je n'eus garde de répondre, car les terribles mots : « Je me fâche », retentissaient encore à mon oreille.

« Il dort, dit mère Barberin; aussitôt couché, aussitôt endormi, c'est son habitude; tu peux parler sans craindre qu'il t'entende. »

Sans doute, j'aurais dû dire que je ne dormais pas, mais je n'osais point; on m'avait commandé de dormir, je ne dormais pas, j'étais en faute.

« Ton procès, où en est-il ? demanda mère Barberin.

— Perdu ! Les juges ont décidé que j'étais en faute de me trouver sous les échafaudages et que l'entrepreneur ne me devait rien. »

Là-dessus il donna un coup de poing sur la table et se mit à jurer sans dire aucune parole sensée.

« Le procès perdu, reprit-il bientôt; notre argent perdu, estropié, la misère; voilà ! Et comme si ce n'était pas assez, en rentrant ici je trouve un enfant. M'expliqueras-tu pourquoi tu n'as pas fait comme je t'avais dit de faire ?

— Parce que je n'ai pas pu.

— Tu n'as pas pu le porter aux Enfants trouvés ?

— On n'abandonne pas comme ça un enfant qu'on a nourri de son lait et qu'on aime.

— Ce n'était pas ton enfant.

— Enfin je voulais faire ce que tu demandais, mais voilà précisément qu'il est tombé malade.

— Malade ?

— Oui, malade; ce n'était pas le moment, n'est-ce pas, de le porter à l'hospice pour le tuer.

— Et quand il a été guéri ?

— C'est qu'il n'a pas été guéri tout de suite. Après cette maladie en est venue une autre : il toussait, le pauvre petit, à vous fendre le cœur. C'est comme ça que notre petit Nicolas est mort ; il me semblait que, si je portais celui-là à la ville, il mourrait aussi.

— Mais après ?

— Le temps avait marché. Puisque j'avais attendu jusque-là, je pouvais bien attendre encore.

— Quel âge a-t-il présentement ?

— Huit ans.

— Eh bien, il ira à huit ans là où il aurait dû aller autrefois, et ça ne lui sera pas plus agréable ; voilà ce qu'il y aura gagné.

— Ah ! Jérôme, tu ne feras pas ça.

— Je ne ferai pas ça ! Et qui m'en empêchera ? Crois-tu que nous pouvons le garder toujours ? »

Il y eut un moment de silence et je pus respirer ; l'émotion me serrait à la gorge au point de m'étouffer.

Bientôt mère Barberin reprit :

« Ah ! comme Paris t'a changé ! tu n'aurais pas parlé comme ça avant d'aller à Paris.

— Peut-être. Mais ce qu'il y a de sûr, c'est que, si Paris m'a changé, il m'a aussi estropié. Comment gagner sa vie maintenant, la tienne, la mienne ? nous n'avons plus d'argent. La vache est vendue. Faut-il que, quand nous n'avons pas de quoi manger, nous nourrissions un enfant qui n'est pas le nôtre ? »

[*Sans famille*, 1878.]

Guy de Maupassant
(1850-1893)

Né au château de Miromesnil, à Tourville-sur-Arques, près de Dieppe, Guy de Maupassant a vécu son enfance à Fécamp, puis Étretat. Exclu pour indiscipline du séminaire d'Yvetot, il entre en 1867 au lycée Corneille de Rouen et rencontre là Flaubert, qui devient rapidement son ami, son maître et premier guide dans le monde littéraire. Mais la guerre de 1870, qui le marquera à jamais, retarde ses projets. Petit fonctionnaire au ministère de la Marine, puis de l'Instruction publique après la défaite, il écrit de longues années sans presque rien publier et ce n'est qu'à partir du début des années 1880, avec Boule-de-Suif, *qu'il accédera à la renommée. Chroniqueur dans plusieurs journaux, auteur de romans et, surtout, de nouvelles – il en a écrit plus de trois cents – Maupassant est mort fou, à l'âge de quarante-trois ans, à Paris. De cette folie qui, souvent, contribue au génie et fait que, de tous les écrivains du XIXe siècle, Maupassant est peut-être le plus puissant. Par sa concision, son mordant, l'intelligence du regard porté sur les turpitudes du monde social comme les dédales de l'âme humaine.*

De ses nouvelles rurales, auxquelles la Normandie servait couramment de cadre, j'ai choisi Aux champs *et* Coco, *deux textes d'abord publiés dans* Le Gaulois, *puis repris dans des volumes de contes.* Aux champs *raconte l'histoire des Tuvache et des Vallin, deux familles de paysans pauvres, voisines et encombrées d'enfants, dont la seconde accepte de vendre leur fils, Jean, à un couple de petite noblesse, les d'Hubières. Critique d'une paysannerie rustaude, âpre au gain et d'une noblesse de province cynique et condescendante, face-à-face de deux mondes incapables de se comprendre, inversion de la morale et des bons sentiments composent la matière de cette nouvelle, au rythme rapide, et dont la chute, comme souvent chez Maupassant, provoque en nous un rire aigre, mêlé d'admiration. Plus sombre,* Coco *met en scène Isidore Duval, dit Zidore, un grand dadais de quinze ans, mi-garçon de ferme, mi-idiot du village, qui va exercer sa cruauté sur un vieux cheval, fatigué et inutile. Si la peinture des travers paysans s'avère très proche de la nouvelle précédente, si Maupassant renverse une fois encore la morale courante à travers la dénonciation de la pseudo-candeur de l'enfance,*

Coco *est aussi, en filigrane, une réflexion sur notre commune inhumanité. « Tu tueras des innocents », semble nous dire Maupassant, en guise de onzième commandement…*

AUX CHAMPS

Les deux chaumières étaient côte à côte, au pied d'une colline, proches d'une petite ville de bains. Les deux paysans besognaient dur sur la terre inféconde pour élever tous leurs petits. Chaque ménage en avait quatre. Devant les deux portes voisines, toute la marmaille grouillait du matin au soir. Les deux aînés avaient six ans et les deux cadets quinze mois environ ; les mariages et, ensuite les naissances, s'étaient produites à peu près simultanément dans l'une et l'autre maison.

Les deux mères distinguaient à peine leurs produits dans le tas ; et les deux pères confondaient tout à fait. Les huit noms dansaient dans leur tête, se mêlaient sans cesse ; et, quand il fallait en appeler un, les hommes souvent en criaient trois avant d'arriver au véritable.

La première des deux demeures, en venant de la station d'eaux de Rolleport, était occupée par les Tuvache, qui avaient trois filles et un garçon ; l'autre masure abritait les Vallin, qui avaient une fille et trois garçons.

Tout cela vivait péniblement de soupe, de pomme de terre et de grand air. À sept heures, le matin, puis à midi, puis à six heures, le soir, les ménagères réunissaient leurs mioches pour donner la pâtée, comme des gardeurs d'oies assemblent leurs bêtes. Les enfants étaient assis, par rang d'âge, devant la table en bois, vernie par cinquante ans d'usage. Le dernier moutard avait à peine la bouche au niveau de la planche. On posait devant eux l'assiette creuse pleine de pain molli dans l'eau où avaient cuit les pommes de terre, un demi-chou et trois oignons ; et toute la lignée mangeait jusqu'à plus faim. La mère empâtait elle-même le petit. Un peu de viande au pot-au-feu, le dimanche, était une fête pour tous, et le père, ce jour-là, s'attardait au repas en répétant : « Je m'y ferais bien tous les jours. »

Par un après-midi du mois d'août, une légère voiture s'arrêta brusquement devant les deux chaumières, et une jeune femme, qui conduisait elle-même, dit au monsieur assis à côté d'elle :

« Oh ! regarde, Henri, ce tas d'enfants ! Sont-ils jolis, comme ça, à grouiller dans la poussière ! »

L'homme ne répondit rien, accoutumé à ces admirations qui étaient une douleur et presque un reproche pour lui.

La jeune femme reprit :

« Il faut que je les embrasse ! Oh ! comme je voudrais en avoir un, celui-là, le tout petit. »

Et, sautant de la voiture, elle courut aux enfants, prit un des deux derniers, celui des Tuvache, et, l'enlevant dans ses bras, elle le baisa passionnément sur ses joues sales, sur ses cheveux blonds frisés et pommadés de terre, sur ses menottes qu'il agitait pour se débarrasser des caresses ennuyeuses.

Puis elle remonta dans sa voiture et partit au grand trot. Mais elle revint la semaine suivante, s'assit elle-même par terre, prit le moutard dans ses bras, le bourra de gâteaux, donna des bonbons à tous les autres ; et joua avec eux comme une gamine, tandis que son mari attendait patiemment dans sa frêle voiture.

Elle revint encore, fit connaissance avec les parents, reparut tous les jours, les poches pleines de friandises et de sous.

Elle s'appelait Mme Henri d'Hubières.

Un matin, en arrivant, son mari descendit avec elle ; et, sans s'arrêter aux mioches, qui la connaissaient bien maintenant, elle pénétra dans la demeure des paysans.

Ils étaient là, en train de fendre du bois pour la soupe ; ils se redressèrent tout surpris, donnèrent des chaises et attendirent. Alors la jeune femme, d'une voix entrecoupée, tremblante commença :

« Mes braves gens, je viens vous trouver parce que je voudrais bien... je voudrais bien emmener avec moi votre... votre petit garçon... »

Les campagnards, stupéfaits et sans idée, ne répondirent pas.

Elle reprit haleine et continua.

« Nous n'avons pas d'enfants ; nous sommes seuls, mon mari et moi... Nous le garderions... voulez-vous ? »

La paysanne commençait à comprendre. Elle demanda :

« Vous voulez nous prend'e Charlot ? Ah ben non, pour sûr. »

Alors M. d'Hubières intervint :

« Ma femme s'est mal expliquée. Nous voulons l'adopter, mais il reviendra vous voir. S'il tourne bien, comme tout porte à le croire, il sera notre héritier. Si nous avions, par hasard, des enfants, il partagerait également avec eux. Mais s'il ne répondait pas à nos soins, nous lui donnerions, à sa majorité, une somme de vingt mille francs, qui sera immédiatement déposée en son nom chez un notaire. Et, comme on a aussi pensé à vous, on vous servira jusqu'à votre mort, une rente de cent francs par mois. Avez-vous bien compris ? »

La fermière s'était levée, toute furieuse.

« Vous voulez que j'vous vendions Charlot ? Ah ! mais non ; c'est pas des choses qu'on d'mande à une mère ça ! Ah ! mais non ! Ce serait abomination. »

L'homme ne disait rien, grave et réfléchi ; mais il approuvait sa femme d'un mouvement continu de la tête.

Mme d'Hubières, éperdue, se mit à pleurer, et, se tournant vers son mari, avec une voix pleine de sanglots, une voix d'enfant dont tous les désirs ordinaires sont satisfaits, elle balbutia :

« Ils ne veulent pas, Henri, ils ne veulent pas ! »

Alors ils firent une dernière tentative.

« Mais, mes amis, songez à l'avenir de votre enfant, à son bonheur, à... »

La paysanne, exaspérée, lui coupa la parole :

« C'est tout vu, c'est tout entendu, c'est tout réfléchi... Allez-vous-en, et pi, que j' vous revoie point par ici. C'est i permis d' vouloir prendre un éfant comme ça ! »

Alors Mme d'Hubières, en sortant, s'avisa qu'ils étaient deux tout petits, et elle demanda à travers ses larmes, avec une ténacité de femme volontaire et gâtée, qui ne veut jamais attendre :

« Mais l'autre petit n'est pas à vous ? »

Le père Tuvache répondit :

« Non, c'est aux voisins ; vous pouvez y aller si vous voulez. »

Et il rentra dans sa maison, où retentissait la voix indignée de sa femme.

Les Vallin étaient à table, en train de manger avec lenteur des tranches de pain qu'ils frottaient parcimonieusement avec un peu de beurre piqué au couteau, dans une assiette entre eux deux.

M. d'Hubières recommença ses propositions, mais avec plus d'insinuations, de précautions oratoires, d'astuce.

Les deux ruraux hochaient la tête en signe de refus; mais quand ils apprirent qu'ils auraient cent francs par mois, ils se considérèrent, se consultant de l'œil, très ébranlés.

Ils gardèrent longtemps le silence, torturés, hésitants. La femme enfin demanda :

« Qué qu' t'en dis, l'homme ? »

Il prononça d'un ton sentencieux :

« J' dis qu' c'est point méprisable. »

Alors Mme d'Hubières, qui tremblait d'angoisse, leur parla de l'avenir du petit, de son bonheur, et de tout l'argent qu'il pourrait leur donner plus tard.

Le paysan demanda :

« C'te rente de douze cents francs, ce s'ra promis d'vant l' notaire ? »

M. d'Hubières répondit :

« Mais certainement, dès demain. »

La fermière, qui méditait, reprit :

« Cent francs par mois, c'est point suffisant pour nous priver du p'tit; ça travaillera dans quéqu'z'ans c't éfant; i nous faut cent vingt francs. »

Mme d'Hubières trépignant d'impatience, les accorda tout de suite; et, comme elle voulait enlever l'enfant, elle donna cent francs en cadeau pendant que son mari faisait un écrit. Le maire et un voisin, appelé aussitôt, servirent de témoins complaisants.

Et la jeune femme, radieuse, emporta le marmot hurlant, comme on emporte un bibelot désiré d'un magasin.

Les Tuvache sur leur porte, le regardaient partir muets, sévères, regrettant peut-être leur refus.

On n'entendit plus du tout parler du petit Jean Vallin. Les parents, chaque mois, allaient toucher leurs cent vingt francs chez le notaire; et ils étaient fâchés avec leurs voisins parce que la mère Tuvache les agonisait d'ignominies, répétant sans cesse de porte en porte qu'il fallait être dénaturé pour vendre son enfant, que c'était une horreur, une saleté, une corromperie.

Et parfois elle prenait en ses bras son Charlot avec ostentation, lui criant, comme s'il eût compris :

« J' t'ai pas vendu, mé, j' t'ai pas vendu, mon p'tiot. J' vends pas m's éfants, mé. J' sieus pas riche, mais vends pas m's éfants. »

Et, pendant des années et encore des années, ce fut ainsi chaque jour des allusions grossières qui étaient vociférées devant la porte, de façon à entrer dans la maison voisine. La mère Tuvache avait fini par se croire supérieure à toute la contrée parce qu'elle n'avait pas vendu Charlot. Et ceux qui parlaient d'elle disaient :

« J' sais ben que c'était engageant, c'est égal, elle s'a conduite comme une bonne mère. »

On la citait; et Charlot, qui prenait dix-huit ans, élevé dans cette idée qu'on lui répétait sans répit, se jugeait lui-même supérieur à ses camarades, parce qu'on ne l'avait pas vendu.

Les Vallin vivotaient à leur aise, grâce à la pension. La fureur inapaisable des Tuvache, restés misérables, venait de là.

Leur fils aîné partit au service. Le second mourut; Charlot resta seul à peiner avec le vieux père pour nourrir la mère et deux autres sœurs cadettes qu'il avait.

Il prenait vingt et un ans, quand, un matin, une brillante voiture s'arrêta devant les deux chaumières. Un jeune monsieur, avec une chaîne de montre en or, descendit, donnant la main à une vieille dame en cheveux blancs. La vieille dame lui dit :

« C'est là, mon enfant, à la seconde maison. »

Et il entra comme chez lui dans la masure des Vallin.

La vieille mère lavait ses tabliers; le père, infirme, sommeillait près de l'âtre. Tous deux levèrent la tête, et le jeune homme dit :

« Bonjour, papa; bonjour maman. »

Ils se dressèrent, effarés. La paysanne laissa tomber d'émoi son savon dans son eau et balbutia :

« C'est-i té, m'n éfant ? C'est-i té, m'n éfant ? »

Il la prit dans ses bras et l'embrassa, en répétant : « Bonjour, maman ». Tandis que le vieux, tout tremblant, disait, de son ton calme qu'il ne perdait jamais : « Te v'là-t-i revenu, Jean ? » Comme s'il l'avait vu un mois auparavant.

Et, quand ils se furent reconnus, les parents voulurent tout de suite sortir le fieu dans le pays pour le montrer. On le conduisit chez le maire, chez l'adjoint, chez le curé, chez l'instituteur.

Charlot, debout sur le seuil de sa chaumière, le regardait passer.

Le soir, au souper il dit aux vieux :

« Faut-i qu' vous ayez été sots pour laisser prendre le p'tit aux Vallin ! »

Sa mère répondit obstinément :

« J' voulions point vendre not' éfant ! »

Le père ne disait rien.

Le fils reprit :

« C'est-i pas malheureux d'être sacrifié comme ça ! »

Alors le père Tuvache articula d'un ton coléreux :

« Vas-tu pas nous r'procher d' t'avoir gardé ? »

Et le jeune homme, brutalement :

« Oui, j' vous le r'proche, que vous n'êtes que des niants. Des parents comme vous, ça fait l' malheur des éfants. Qu'vous mériteriez que j' vous quitte. »

La bonne femme pleurait dans son assiette. Elle gémit tout en avalant des cuillerées de soupe dont elle répandait la moitié :

« Tuez-vous donc pour élever d's éfants ! »

Alors le gars, rudement :

« J'aimerais mieux n'être point né que d'être c' que j' suis. » Quand j'ai vu l'autre, tantôt, mon sang n'a fait qu'un tour. Je m' suis dit : « V'là c' que j' serais maintenant ! »

Il se leva.

« Tenez, j' sens bien que je ferai mieux de n' pas rester ici, parce que j' vous le reprocherais du matin au soir, et que j' vous ferais une vie d' misère. Ça, voyez-vous, j' vous l' pardonnerai jamais ! »

Les deux vieux se taisaient, atterrés, larmoyants.

Il reprit :

— Non, c't idée-là, ce serait trop dur. J'aime mieux m'en aller chercher ma vie aut' part!

Il ouvrit la porte. Un bruit de voix entra. Les Vallin festoyaient avec l'enfant revenu.

Alors Charlot tapa du pied et, se tournant vers ses parents, cria :

— Manants, va!

Et il disparut dans la nuit.

[*Contes du Jour et de la Nuit*, 1885.]

COCO

Dans tout le pays environnant on appelait la ferme des Lucas « la Métairie ». On n'aurait su dire pourquoi. Les paysans, sans doute, attachaient à ce mot « métairie » une idée de richesse et de grandeur, car cette ferme était assurément la plus vaste, la plus opulente et la plus ordonnée de la contrée.

La cour, immense, entourée de cinq rangs d'arbres magnifiques pour abriter contre le vent violent de la plaine les pommiers trapus et délicats, enfermait de longs bâtiments couverts en tuiles pour conserver les fourrages et les grains, de belles étables bâties en silex, des écuries pour trente chevaux, et une maison d'habitation en brique rouge, qui ressemblait à un petit château.

Les fumiers étaient bien tenus ; les chiens de garde habitaient en des niches, un peuple de volailles circulait dans l'herbe haute.

Chaque midi, quinze personnes, maîtres, valets et servantes, prenaient place autour de la longue table de cuisine où fumait la soupe dans un vase de faïence à fleurs bleues.

Les bêtes, chevaux, vaches, porcs et moutons, étaient grasses, soignées et propres ; et maître Lucas, un grand homme qui prenait du ventre, faisait sa ronde trois fois par jour, veillant sur tout et pensant à tout.

On conservait, par charité, dans le fond de l'écurie, un très vieux cheval blanc que la maîtresse voulait nourrir jusqu'à sa mort naturelle, parce qu'elle l'avait élevé, gardé toujours, et qu'il lui rappelait des souvenirs.

Un goujat de quinze ans, nommé Isidore Duval, et appelé plus simplement Zidore, prenait soin de cet invalide, lui donnait, pendant l'hiver, sa mesure d'avoine et son fourrage, et devait aller, quatre fois par jour, en été, le déplacer dans la côte où on l'attachait, afin qu'il eût en abondance de l'herbe fraîche.

L'animal, presque perclus, levait avec peine ses jambes lourdes, grosses des genoux et enflées au-dessus des sabots. Ses poils, qu'on n'étrillait plus jamais, avaient l'air de cheveux blancs, et des cils très longs donnaient à ses yeux un air triste.

Quand Zidore le menait à l'herbe, il lui fallait tirer sur la corde, tant la bête allait lentement ; et le gars, courbé, haletant, jurait contre elle, s'exaspérant d'avoir à soigner cette vieille rosse.

Les gens de la ferme, voyant cette colère du goujat contre Coco, s'en amusaient, parlaient sans cesse du cheval à Zidore, pour exaspérer le gamin. Ses camarades le plaisantaient. On l'appelait dans le village Coco-Zidore.

Le gars rageait, sentant naître en lui le désir de se venger du cheval. C'était un maigre enfant haut sur jambes, très sale, coiffé de cheveux épais, durs et hérissés. Il semblait stupide, parlait en bégayant, avec une peine infinie, comme si les idées n'eussent pu se former dans son âme épaisse de brute.

Depuis longtemps déjà, il s'étonnait qu'on gardât Coco, s'indignant de voir perdre du bien pour cette bête inutile. Du moment qu'elle ne travaillait plus, il lui semblait injuste de la nourrir, il lui semblait révoltant de gaspiller de l'avoine, de l'avoine qui coûtait si cher, pour ce bidet paralysé. Et souvent même, malgré les ordres de maître Lucas, il économisait sur la nourriture du cheval, ne lui versant qu'une demi-mesure, ménageant sa litière et son foin. Et une haine grandissait en son esprit confus d'enfant, une haine de paysan rapace, de paysan sournois, féroce, brutal et lâche.

Lorsque revint l'été, il lui fallut aller remuer la bête dans sa côte. C'était loin. Le goujat, plus furieux chaque matin, partait de son pas lourd à travers les blés. Les hommes qui travaillaient dans les terres lui criaient, par plaisanterie :

« Hé Zidore, tu f'ras mes compliments à Coco. »

Il ne répondait point ; mais il cassait, en passant, une baguette dans une haie et, dès qu'il avait déplacé l'attache du vieux cheval, il le laissait se remettre à brouter ; puis approchant traîtreusement, il lui cinglait les jarrets. L'animal essayait de fuir, de ruer, d'échapper aux coups, et il tournait au bout de sa corde comme s'il eût été enfermé dans une piste. Et le gars le frappait avec rage, courant derrière, acharné, les dents serrées par la colère.

Puis il s'en allait lentement, sans se retourner, tandis que le cheval le regardait partir de son œil de vieux, les côtes saillantes, essoufflé d'avoir trotté. Et il ne rebaissait vers l'herbe sa tête osseuse et blanche qu'après avoir vu disparaître au loin la blouse bleue du jeune paysan.

Comme les nuits étaient chaudes, on laissait maintenant Coco coucher dehors, là-bas, au bord de la ravine, derrière le bois. Zidore seul allait le voir.

L'enfant s'amusait encore à lui jeter des pierres. Il s'asseyait à dix pas de lui, sur un talus, et il restait là une demi-heure, lançant de temps en temps un caillou tranchant au bidet, qui demeurait debout, enchaîné devant son ennemi, et le regardant sans cesse, sans oser paître avant qu'il fût reparti.

Mais toujours cette pensée restait plantée dans l'esprit du goujat : « Pourquoi nourrir ce cheval qui ne faisait plus rien ? » Il lui semblait que cette misérable rosse volait le manger des autres, volait l'avoir des hommes, le bien du bon Dieu, le volait même aussi, lui Zidore qui travaillait.

Alors, peu à peu, chaque jour, le gars diminua la bande de pâturage qu'il lui donnait en avançant le piquet de bois où était fixée la corde.

La bête jeûnait, maigrissait, dépérissait. Trop faible pour casser son attache, elle tendait la tête vers la grande herbe verte et luisante, si proche. Et dont l'odeur lui venait sans qu'elle y pût toucher.

Mais, un matin, Zidore eut une idée : c'était de ne plus remuer Coco. Il en avait assez d'aller si loin pour cette carcasse.

II vint cependant, pour savourer sa vengeance. La bête inquiète le regardait. Il ne la battit pas ce jour-là. Il tournait autour, les mains dans les poches. Même il fit mine de la changer de place, mais il enfonça le piquet juste dans le même trou, et il s'en alla, enchanté de son invention.

Le cheval, le voyant partir, hennit pour le rappeler ; mais le goujat se mit à courir, le laissant seul, tout seul, dans son vallon, bien attaché, et sans un brin d'herbe à portée de la mâchoire.

Affamé, il essaya d'atteindre la grasse verdure qu'il touchait du bout de ses naseaux. Il se mit sur les genoux, tendant le cou, allongeant ses grandes lèvres baveuses. Ce fut en vain. Tout le jour, elle s'épuisa, la vieille bête, en efforts inutiles, en efforts terribles. La faim la dévorait, rendue plus affreuse par la vue de toute la verte nourriture qui s'étendait sur l'horizon.

Le goujat ne revint point ce jour-là. Il vagabonda par les bois pour chercher des nids.

Il reparut le lendemain. Coco, exténué, s'était couché. Il se leva en apercevant l'enfant, attendant enfin d'être changé de place.

Mais le petit paysan ne toucha même pas au maillet jeté dans l'herbe. Il s'approcha, regarda l'animal, lui lança dans le nez une motte de terre qui s'écrasa sur le poil blanc, et il repartit en sifflant.

Le cheval resta debout tant qu'il put l'apercevoir encore ; puis sentant bien que ses tentatives pour atteindre l'herbe voisine seraient inutiles, il s'étendit de nouveau sur le flanc et ferma les yeux.

Le lendemain, Zidore ne vint pas.

Quand il approcha, le jour suivant, de Coco toujours étendu, il s'aperçut qu'il était mort.

Alors il demeura debout, le regardant, content de son œuvre, étonné en même temps que ce fût déjà fini. Il le toucha du pied, leva une de ses jambes, puis la laissa retomber, s'assit dessus, et resta là, les yeux dans l'herbe et sans penser à rien.

Il revint à la ferme, mais il ne dit pas l'accident, car il voulait vagabonder encore aux heures où, d'ordinaire, il allait changer de place le cheval.

Il alla le voir le lendemain. Des corbeaux s'envolèrent à son approche. Des mouches innombrables se promenaient sur le cadavre et bourdonnaient à l'entour.

En rentrant il annonça la chose. La bête était si vieille que personne ne s'étonna. Le maître dit à deux valets :

« Prenez vos pelles, vous f'rez un trou là ous qu'il est. »

Et les hommes enfouirent le cheval juste à la place où il était mort de faim.

Et l'herbe poussa drue, verdoyante, vigoureuse, nourrie par le pauvre corps.

[*Contes de la bécasse*, 1883.]

Prosper Mérimée

(1803-1870)

Auteur d'une dictée légendaire, grand amateur de supercheries littéraires (le Théâtre de Clara Gazul *d'une prétendue comédienne espagnole,* La Guzla, *« choix de poésies illyriques » d'un certain Hyacinthe Malglanowitch), traducteur de Gogol, Pouchkine ou Tourgueniev, Prosper Mérimée doit surtout sa renommée à son talent de nouvelliste : de* Mateo Falcone *à* Lokis, *en passant par* La Partie de trictrac, La Vénus d'Ille *ou* Colomba, *la plus célèbre en même temps que la plus longue.*

Publiée en mai 1829, Mateo Falcone *précède d'une dizaine d'années le voyage de Mérimée en Corse, en tant qu'inspecteur général des Monuments historiques. Inspirée de faits réels sur lesquels l'auteur s'est abondamment documenté, l'intrigue met en scène le jeune Fortunato, un enfant traître au code de l'honneur corse, auquel son père, Mateo, décide d'infliger le châtiment suprême. Écho d'un thème biblique, peinture des mœurs paysannes corses dont le caractère primitif fascine depuis longtemps philosophes et romanciers (Rousseau, Balzac, Flaubert, Maupassant),* Mateo Falcone *est, en matière de texte court, un modèle. Écriture épurée à l'extrême, psychologie ramassée des personnages, densité des dialogues, progression inexorable vers la fin tragique, tout se combine pour faire de cette première nouvelle de Mérimée un chef-d'œuvre. Sans doute a-t-elle été quelque peu occultée par l'illustre, peut-être trop illustre* Colomba.

MATEO FALCONE

En sortant de Porto-Vecchio et se dirigeant au nord-ouest, vers l'intérieur de l'île, on voit le terrain s'élever assez rapidement, et après trois heures de marche par des sentiers tortueux, obstrués par de gros quartiers de rocs, et quelquefois coupés par des ravins, on se trouve sur le bord d'un *maquis* très étendu. Le maquis est la patrie des bergers corses et de quiconque s'est brouillé avec la justice. Il faut savoir que le laboureur corse, pour s'épargner la peine de fumer son champ, met le feu à une certaine étendue de bois : tant pis si la flamme se répand plus loin que besoin n'est ; arrive que pourra, on est sûr d'avoir une bonne récolte en semant sur cette terre fertilisée par les cendres des arbres qu'elle portait. Les épis enlevés, car on laisse la paille, qui donnerait de la peine à recueillir, les racines qui sont restées en terre sans se consumer poussent, au printemps suivant, des cépées très épaisses qui, en peu d'années, parviennent à une hauteur de sept ou huit pieds. C'est cette manière de taillis fourré que l'on nomme maquis. Différentes espèces d'arbres et d'arbrisseaux le composent ; mêlés et confondus comme il plaît à Dieu. Ce n'est que la hache à la main que l'homme s'y ouvrirait un passage, et l'on voit des maquis si épais et si touffus, que les mouflons eux-mêmes ne peuvent y pénétrer.

Si vous avez tué un homme, allez dans le maquis de Porto-Vecchio, et vous y vivrez en sûreté, avec un bon fusil, de la poudre et des balles ; n'oubliez pas un manteau brun garni d'un capuchon, qui sert de couverture et de matelas. Les bergers vous donnent du lait, du fromage et des châtaignes, et vous n'aurez rien à craindre de la justice ou des parents du mort, si ce n'est quand il vous faudra descendre à la ville pour y renouveler vos munitions.

Mateo Falcone, quand j'étais en Corse en 18.., avait sa maison à une demi-lieue de ce maquis. C'était un homme assez riche pour le pays ; vivant noblement, c'est-à-dire sans rien faire, du produit de ses troupeaux, que des bergers, espèces de nomades, menaient paître çà et là sur les montagnes. Lorsque je le vis, deux années après l'événement que je vais raconter, il me parut âgé de cinquante ans tout au plus. Figurez-vous un homme petit, mais robuste, avec des cheveux crépus, noirs comme le jais, un nez aquilin, les lèvres minces, les yeux grands et vifs, et un teint couleur de revers de botte. Son habileté au tir au fusil passait pour extraordinaire, même dans son pays, où il y a tant de bons tireurs. Par exemple, Mateo n'aurait jamais tiré sur un mouflon avec des chevrotines ; mais, à cent vingt pas, il l'abattait d'une balle dans la tête ou dans l'épaule, à son choix. La nuit, il se servait de ses armes aussi facilement que le jour, et l'on m'a cité de lui ce trait d'adresse qui paraîtra peut-être incroyable à qui n'a pas voyagé en Corse. À quatre-vingts pas, on plaçait une chandelle allumée derrière un transparent de papier, large comme une assiette. Il mettait en joue, puis on éteignait la chandelle, et, au bout d'une minute, dans l'obscurité la plus complète, il tirait et perçait le transparent trois fois sur quatre.

Avec un mérite aussi transcendant, Mateo Falcone s'était attiré une grande réputation. On le disait aussi bon ami que dangereux ennemi : d'ailleurs serviable et faisant l'aumône, il vivait en paix avec tout le monde dans le district de Porto-Vecchio. Mais on contait de lui qu'à Corte, où il avait pris femme, il s'était débarrassé fort vigoureusement d'un rival qui passait pour aussi redoutable en guerre qu'en amour : du moins on attribuait à Mateo certain coup de fusil qui surprit ce rival comme il était à se raser devant un petit miroir pendu à sa fenêtre. L'affaire assoupie, Mateo se maria. Sa femme Giuseppa lui avait donné d'abord trois filles (dont il enrageait), et enfin un fils, qu'il nomma Fortunato : c'était l'espoir de sa famille, l'héritier du nom. Les filles étaient bien mariées : leur père pouvait compter au besoin sur les poignards et les escopettes de ses gendres. Le fils n'avait que dix ans, mais il annonçait déjà d'heureuses dispositions.

Un certain jour d'automne, Mateo sortit de bonne heure avec sa femme pour aller visiter un de ses troupeaux dans une clairière du maquis. Le petit Fortunato voulait l'accompagner, mais la clairière était trop loin; d'ailleurs, il fallait bien que quelqu'un restât pour garder la maison; le père refusa donc : on verra s'il n'eut pas lieu de s'en repentir.

Il était absent depuis quelques heures, et le petit Fortunato était tranquillement étendu au soleil, regardant les montagnes bleues, et pensant que, le dimanche prochain, il irait dîner à la ville, chez son oncle le *caporal*, quand il fut soudainement interrompu dans ses méditations par l'explosion d'une arme à feu. Il se leva et se tourna du côté de la plaine d'où partait ce bruit. D'autres coups de fusil se succédèrent, tirés à intervalles inégaux, et toujours de plus en plus rapprochés; enfin, dans le sentier qui menait de la plaine à la maison de Mateo parut un homme, coiffé d'un bonnet pointu comme en portent les montagnards, barbu, couvert de haillons, et se traînant avec peine en s'appuyant sur son fusil. Il venait de recevoir un coup de feu dans la cuisse.

Cet homme était un *bandit* qui, étant parti de nuit pour aller chercher de la poudre à la ville, était tombé en route dans une embuscade de voltigeurs corses. Après une vigoureuse défense, il était parvenu à faire sa retraite, vivement poursuivi et tiraillant de rocher en rocher. Mais il avait peu d'avance sur les soldats, et sa blessure le mettait hors d'état de gagner le maquis avant d'être rejoint.

Il s'approcha de Fortunato et lui dit :

« Tu es le fils de Mateo Falcone ?

— Oui.

— Moi, je suis Gianetto Sanpiero. Je suis poursuivi par les collets jaunes. Cache-moi, car je ne puis aller plus loin.

— Et que dira mon père si je te cache sans sa permission ?

— Il dira que tu as bien fait.

— Qui sait ?

— Cache-moi vite ; ils viennent.

— Attends que mon père soit revenu.

— Que j'attende ? malédiction ! Ils seront ici dans cinq minutes. Allons, cache-moi, ou je te tue. »

Fortunato lui répondit avec le plus grand sang-froid :

« Ton fusil est déchargé, et il n'y a plus de cartouches dans ta carchera[1].

— J'ai mon stylet.

— Mais courras-tu aussi vite que moi ? »

Il fit un saut, et se mit hors d'atteinte.

« Tu n'es pas le fils de Mateo Falcone ! Me laisseras-tu donc arrêter devant ta maison ? »

L'enfant parut touché.

« Que me donneras-tu si je te cache ? » dit-il en se rapprochant.

Le bandit fouilla dans une poche de cuir qui pendait à sa ceinture, et il en tira une pièce de cinq francs qu'il avait réservée sans doute pour acheter de la poudre. Fortunato sourit à la vue de la pièce d'argent ; il s'en saisit, et dit à Gianetto :

« Ne crains rien. »

Aussitôt il fit un grand trou dans un tas de foin placé auprès de la maison. Gianetto s'y blottit, et l'enfant le recouvrit de manière à lui laisser un peu d'air pour respirer, sans qu'il fût possible cependant de soupçonner que ce foin cachât un

1. Carchera : ceinture de cuir servant de giberne et de porte-feuille.

homme. Il s'avisa, de plus, d'une finesse de sauvage assez ingénieuse. Il alla prendre une chatte et ses petits, et les établit sur le tas de foin pour faire croire qu'il n'avait pas été remué depuis peu. Ensuite, remarquant des traces de sang sur le sentier près de la maison, il les couvrit de poussière avec soin, et, cela fait, il se recoucha au soleil avec la plus grande tranquillité.

Quelques minutes après, six hommes en uniforme brun à collet jaune, et commandés par un adjudant, étaient devant la porte de Mateo. Cet adjudant était quelque peu parent de Falcone. (On sait qu'en Corse on suit les degrés de parenté beaucoup plus loin qu'ailleurs.) Il se nommait Tiodoro Gamba : c'était un homme actif, fort redouté des bandits dont il avait déjà traqué plusieurs.

« Bonjour, petit cousin, dit-il à Fortunato en l'abordant; comme te voilà grandi ! As-tu vu passer un homme tout à l'heure ?

— Oh ! je ne suis pas encore si grand que vous, mon cousin, répondit l'enfant d'un air niais.

— Cela viendra. Mais n'as-tu pas vu passer un homme, dis-moi ?

— Si j'ai vu passer un homme ?

— Oui, un homme avec un bonnet pointu en velours noir, et une veste brodée de rouge et de jaune ?

— Un homme avec un bonnet pointu, et une veste brodée de rouge et de jaune ?

— Oui, réponds vite, et ne répète pas mes questions.

— Ce matin, M. le curé est passé devant notre porte, sur son cheval Piero. Il m'a demandé comment papa se portait, et je lui ai répondu...

— Ah ! petit drôle, tu fais le malin ! Dis-moi vite par où est passé Gianetto, car c'est lui que nous cherchons; et, j'en suis certain, il a pris par ce sentier.

— Qui sait ?

— Qui sait ? C'est moi qui sais que tu l'as vu.

— Est-ce qu'on voit les passants quand on dort ?

— Tu ne dormais pas, vaurien; les coups de fusil t'ont réveillé.

— Vous croyez donc, mon cousin, que vos fusils font tant de bruit ? L'escopette de mon père en fait bien davantage.

— Que le diable te confonde, maudit garnement ! Je suis bien sûr que tu as vu le Gianetto. Peut-être même l'as-tu caché. Allons, camarades, entrez dans cette maison, et voyez si notre homme n'y est pas. Il n'allait plus que d'une patte, et il a trop de bon sens, le coquin, pour avoir cherché à gagner le maquis en clopinant. D'ailleurs, les traces de sang s'arrêtent ici.

— Et que dira papa ? demanda Fortunato en ricanant ; que dira-t-il s'il sait qu'on est entré dans sa maison pendant qu'il était sorti ?

— Vaurien ! dit l'adjudant Gamba en le prenant par l'oreille, sais-tu qu'il ne tient qu'à moi de te faire changer de note ? Peut-être qu'en te donnant une vingtaine de coups de plat de sabre tu parleras enfin. »

Et Fortunato ricanait toujours.

« Mon père est Mateo Falcone ! dit-il avec emphase.

— Sais-tu bien, petit drôle, que je puis t'emmener à Corte ou à Bastia. Je te ferai coucher dans un cachot, sur la paille, les fers aux pieds, et je te ferai guillotiner si tu ne dis où est Gianetto Sanpiero. »

L'enfant éclata de rire à cette ridicule menace. Il répéta :

« Mon père est Mateo Falcone !

— Adjudant, dit tout bas un des voltigeurs, ne nous brouillons pas avec Mateo. »

Gamba paraissait évidemment embarrassé. Il causait à voix basse avec ses soldats, qui avaient déjà visité toute la maison. Ce n'était pas une opération fort longue, car la cabane d'un Corse ne consiste qu'en une seule pièce carrée. L'ameublement se compose d'une table, de bancs, de coffres et d'ustensiles de chasse ou de ménage. Cependant le petit Fortunato caressait sa chatte, et semblait jouir malignement de la confusion des voltigeurs et de son cousin.

Un soldat s'approcha du tas de foin. Il vit la chatte, et donna un coup de baïonnette dans le foin avec négligence, et en haussant les épaules, comme s'il sentait que sa précaution était ridicule. Rien ne remua ; et le visage de l'enfant ne trahit pas la plus légère émotion.

L'adjudant et sa troupe se donnaient au diable ; déjà ils regardaient sérieusement du côté de la plaine, comme disposés à s'en retourner par où ils étaient venus, quand leur chef, convaincu que les menaces ne produiraient aucune impression sur le fils de Falcone, voulut faire un dernier effort et tenter le pouvoir des caresses et des présents.

« Petit cousin, dit-il, tu me parais un gaillard bien éveillé ! Tu iras loin. Mais tu joues un vilain jeu avec moi ; et, si je ne craignais de faire de la peine à mon cousin Mateo, le diable m'emporte ! je t'emmènerais avec moi.

— Bah !

— Mais, quand mon cousin sera revenu, je lui conterai l'affaire, et, pour ta peine d'avoir menti, il te donnera le fouet jusqu'au sang.

— Savoir ?

— Tu verras... Mais tiens... sois brave garçon, et je te donnerai quelque chose.

— Moi, mon cousin, je vous donnerai un avis : c'est que, si vous tardez davantage, le Gianetto sera dans le maquis, et alors il faudra plus d'un luron comme vous pour aller l'y chercher. »

L'adjudant tira de sa poche une montre d'argent qui valait bien dix écus ; et, remarquant que les yeux du petit Fortunato étincelaient en la regardant, il lui dit en tenant la montre suspendue au bout de sa chaîne d'acier :

« Fripon ! tu voudrais bien avoir une montre comme celle-ci suspendue à ton col, et tu te promènerais dans les rues de Porto-Vecchio, fier comme un paon ; et les gens te demanderaient : "Quelle heure est-il ?" et tu leur dirais : "Regardez à ma montre". »

— Quand je serai grand, mon oncle le caporal me donnera une montre.

— Oui ; mais le fils de ton oncle en a déjà une... pas aussi belle que celle-ci, à la vérité... Cependant il est plus jeune que toi. »

L'enfant soupira.

« Eh bien, la veux-tu cette montre, petit cousin ? »

Fortunato, lorgnant la montre du coin de l'œil, ressemblait à un chat à qui l'on présente un poulet tout entier. Et comme il sent qu'on se moque de lui, il n'ose y porter la griffe, et de temps en temps, il détourne les yeux pour ne pas s'exposer à succomber à la tentation; mais il se lèche les babines à tout moment, il a l'air de dire à son maître : « Que votre plaisanterie est cruelle ! »

Cependant l'adjudant Gamba semblait de bonne foi en présentant sa montre. Fortunato n'avança pas la main; mais il lui dit avec un sourire amer :

« Pourquoi vous moquez-vous de moi ?

— Par Dieu ! je ne me moque pas. Dis-moi seulement où est Gianetto, et cette montre est à toi. »

Fortunato laissa échapper un sourire d'incrédulité ; et, fixant ses yeux noirs sur ceux de l'adjudant, il s'efforçait d'y lire la foi qu'il devait avoir en ses paroles.

« Que je perde mon épaulette, s'écria l'adjudant, si je ne te donne pas la montre à cette condition ! Les camarades sont témoins ; et je ne puis m'en dédire. »

En parlant ainsi, il approchait toujours la montre, tant qu'elle touchait presque la joue pâle de l'enfant. Celui-ci montrait bien sur sa figure le combat que se livraient en son âme la convoitise et le respect dû à l'hospitalité. Sa poitrine nue se soulevait avec force, et il semblait près d'étouffer. Cependant la montre oscillait, tournait, et quelquefois lui heurtait le bout du nez. Enfin, peu à peu, sa main droite s'éleva vers la montre : le bout de ses doigts la toucha ; et elle pesait tout entière dans sa main sans que l'adjudant lâchât pourtant le bout de la chaîne... Le cadran était azuré... la boîte nouvellement fourbie... au soleil, elle paraissait toute de feu... La tentation était trop forte.

Fortunato leva aussi sa main gauche, et indiqua du pouce, par-dessus son épaule, le tas de foin auquel il était adossé. L'adjudant le comprit aussitôt. Il abandonna l'extrémité de la chaîne ; Fortunato se sentit seul possesseur de la montre. Il se leva avec l'agilité d'un daim, et s'éloigna de dix pas du tas de foin, que les voltigeurs se mirent aussitôt à culbuter.

On ne tarda pas à voir le foin s'agiter ; et un homme sanglant, le poignard à la main, en sortit ; mais, comme il essayait de se lever en pied, sa blessure refroidie ne lui permit plus de se tenir debout. Il tomba. L'adjudant se jeta sur lui et lui arracha son stylet. Aussitôt on le garrotta fortement malgré sa résistance.

Gianetto, couché par terre et lié comme un fagot, tourna la tête vers Fortunato qui s'était rapproché.

« Fils de... ! » lui dit-il avec plus de mépris que de colère.

L'enfant lui jeta la pièce d'argent qu'il en avait reçue, sentant qu'il avait cessé de la mériter ; mais le proscrit n'eut pas l'air de faire attention à ce mouvement. Il dit avec beaucoup de sang-froid à l'adjudant :

« Mon cher Gamba, je ne puis marcher ; vous allez être obligé de me porter à la ville.

— Tu courais tout à l'heure plus vite qu'un chevreuil, repartit le cruel vainqueur ; mais sois tranquille : je suis si content de te tenir, que je te porterais une lieue sur mon dos sans être fatigué. Au reste, mon camarade, nous allons te faire une litière avec des branches et ta capote ; et à la ferme de Crespoli nous trouverons des chevaux.

— Bien, dit le prisonnier ; vous mettrez aussi un peu de paille sur votre litière, pour que je sois plus commodément. »

Pendant que les voltigeurs s'occupaient, les uns à faire une espèce de brancard avec des branches de châtaignier, les autres à panser la blessure de Gianetto, Mateo Falcone et sa femme parurent tout d'un coup au détour d'un sentier qui conduisait au maquis. La femme s'avançait courbée péniblement sous le poids d'un énorme sac de châtaignes, tandis que son mari se prélassait, ne portant qu'un fusil à la main et un autre en bandoulière ; car il est indigne d'un homme de porter d'autre fardeau que ses armes.

À la vue des soldats, la première pensée de Mateo fut qu'ils venaient pour l'arrêter. Mais pourquoi cette idée ? Mateo avait-il donc quelques démêlés avec la justice ? Non. Il jouissait d'une bonne réputation. C'était, comme on dit, *un particulier bien famé* ; mais il était Corse et montagnard, et il y a peu de Corses montagnards qui, en scrutant bien leur mémoire, n'y trouvent quelque peccadille, telle que coups de fusil, coups de stylet et autres bagatelles. Mateo, plus qu'un autre, avait la conscience nette ; car depuis plus de dix ans il n'avait dirigé son fusil contre un homme ; mais toutefois il était prudent, et il se mit en posture de faire une belle défense, s'il en était besoin.

« Femme, dit-il à Giuseppa, mets bas ton sac et tiens-toi prête. »

Elle obéit sur-le-champ. Il lui donna le fusil qu'il avait en bandoulière et qui aurait pu le gêner. Il arma celui qu'il avait à la main, et il s'avança lentement vers sa maison, longeant les arbres qui bordaient le chemin, et prêt, à la moindre démonstration hostile, à se jeter derrière le plus gros tronc, d'où il aurait pu faire feu à couvert. Sa femme marchait sur ses talons, tenant son fusil de rechange et sa giberne. L'emploi d'une bonne ménagère, en cas de combat, est de charger les armes de son mari.

D'un autre côté, l'adjudant était fort en peine en voyant Mateo s'avancer ainsi, à pas comptés, le fusil en avant et le doigt sur la détente.

« Si par hasard, pensa-t-il, Mateo se trouvait parent de Gianetto, ou s'il était son ami, et qu'il voulût le défendre, les bourres de ses deux fusils arriveraient à deux d'entre nous, aussi sûr qu'une lettre à la poste, et s'il me visait, nonobstant la parenté !... »

Dans cette perplexité, il prit un parti fort courageux, ce fut de s'avancer seul vers Mateo pour lui conter l'affaire, en l'abordant comme une vieille connaissance ; mais le court intervalle qui le séparait de Mateo lui parut terriblement long.

« Holà ! eh ! mon vieux camarade, criait-il, comment cela va-t-il, mon brave ? C'est moi, je suis Gamba, ton cousin. »

Mateo, sans répondre un mot, s'était arrêté, et, à mesure que l'autre parlait, il relevait doucement le canon de son fusil, de sorte qu'il était dirigé vers le ciel au moment où l'adjudant le joignit.

« Bonjour, frère, dit l'adjudant en lui tendant la main. Il y a bien longtemps que je ne t'ai vu.

— Bonjour, frère !

— J'étais venu pour te dire bonjour en passant, et à ma cousine Pepa. Nous avons fait une longue traite aujourd'hui ; mais il ne faut pas plaindre notre fatigue, car nous avons fait une fameuse prise. Nous venons d'empoigner Gianetto Sanpiero.

— Dieu soit loué ! s'écria Giuseppa. Il nous a volé une chèvre laitière la semaine passée. »

Ces mots réjouirent Gamba.

« Pauvre diable ! dit Mateo, il avait faim.

— Le drôle s'est défendu comme un lion, poursuivit l'adjudant un peu mortifié ; il m'a tué un de mes voltigeurs, et, non content de cela, il a cassé le bras au caporal Chardon ; mais il n'y a pas grand mal, ce n'était qu'un Français. Ensuite, il s'était si bien caché, que le diable ne l'aurait pu découvrir. Sans mon petit cousin Fortunato, je ne l'aurais jamais pu trouver.

— Fortunato ! s'écria Mateo.

— Fortunato ! répéta Giuseppa.

— Oui, le Gianetto s'était caché sous ce tas de foin là-bas ; mais mon petit cousin m'a montré la malice. Aussi je le dirai à son oncle le caporal, afin qu'il lui envoie un beau cadeau pour sa peine. Et son nom et le tien seront dans le rapport que j'enverrai à M. l'avocat général.

— Malédiction ! » dit tout bas Mateo.

Ils avaient rejoint le détachement. Gianetto était déjà couché sur la litière et prêt à partir. Quand il vit Mateo en la compagnie de Gamba, il sourit d'un sourire étrange ; puis, se tournant vers la porte de la maison, il cracha sur le seuil en disant :

« Maison d'un traître ! »

Il n'y avait qu'un homme décidé à mourir qui eût osé prononcer le mot de traître en l'appliquant à Falcone. Un bon coup de stylet, qui n'aurait pas eu besoin d'être répété, aurait immédiatement payé l'insulte. Cependant Mateo ne fit pas d'autre geste que celui de porter sa main à son front comme un homme accablé.

Fortunato était entré dans la maison en voyant arriver son père. Il reparut bientôt avec une jatte de lait, qu'il présenta les yeux baissés à Gianetto.

« Loin de moi ! » lui cria le proscrit d'une voix foudroyante.

Puis, se tournant vers un des voltigeurs :

« Camarade, donne-moi à boire », dit-il.

Le soldat remit sa gourde entre ses mains, et le bandit but l'eau que lui donnait un homme avec lequel il venait d'échanger des coups de fusil. Ensuite il demanda qu'on lui attachât les mains de manière qu'il les eût croisées sur sa poitrine, au lieu de les avoir liées derrière le dos.

« J'aime, disait-il, à être couché à mon aise. »

On s'empressa de le satisfaire ; puis l'adjudant donna le signal du départ, dit adieu à Mateo, qui ne lui répondit pas, et descendit au pas accéléré vers la plaine.

Il se passa près de dix minutes avant que Mateo ouvrît la bouche. L'enfant regardait d'un œil inquiet tantôt sa mère et tantôt son père, qui, s'appuyant sur son fusil, le considérait avec une expression de colère concentrée.

« Tu commences bien ! dit enfin Mateo d'une voix calme, mais effrayante pour qui connaissait l'homme.

— Mon père ! » s'écria l'enfant en s'avançant les larmes aux yeux comme pour se jeter à ses genoux.

Mais Mateo lui cria :

« Arrière de moi ! »

Et l'enfant s'arrêta et sanglota, immobile, à quelques pas de son père.

Giuseppa s'approcha. Elle venait d'apercevoir la chaîne de la montre, dont un bout sortait de la chemise de Fortunato.

« Qui t'a donné cette montre ? demanda-t-elle d'un ton sévère.

— Mon cousin l'adjudant. »

Falcone saisit la montre, et, la jetant avec force contre une pierre, il la mit en mille pièces.

« Femme, dit-il, cet enfant est-il de moi ? »

Les joues brunes de Giuseppa devinrent d'un rouge de brique.

« Que dis-tu, Mateo ? et sais-tu bien à qui tu parles ?

— Eh bien, cet enfant est le premier de sa race qui ait fait une trahison. » Les sanglots et les hoquets de Fortunato redoublèrent, et Falcone tenait ses yeux de lynx toujours attachés sur lui. Enfin il frappa la terre de la crosse de son fusil, puis le jeta sur son épaule et reprit le chemin du maquis en criant à Fortunato de le suivre. L'enfant obéit.

Giuseppa courut après Mateo et lui saisit le bras.

« C'est ton fils, lui dit-elle d'une voix tremblante en attachant ses yeux noirs sur ceux de son mari, comme pour lire ce qui se passait dans son âme.

— Laisse-moi, répondit Mateo : je suis son père. »

Giuseppa entra en pleurant dans sa cabane. Elle se jeta à genoux devant une image de la Vierge et pria avec ferveur. Cependant Falcone marcha quelque deux cents pas dans le sentier et ne s'arrêta que dans un petit ravin où il descendit. Il sonda la terre avec la crosse de son fusil et la trouva molle et facile à creuser. L'endroit lui parut convenable pour son dessein.

« Fortunato, va auprès de cette grosse pierre. »

L'enfant fit ce qu'il lui commandait, puis il s'agenouilla.

« Dis tes prières.

— Mon père, mon père, ne me tuez pas.

— Dis tes prières ! » répéta Mateo d'une voix terrible.

L'enfant, tout en balbutiant et en sanglotant, récita le *Pater* et le *Credo*. Le père, d'une voix forte, répondait *Amen !* à la fin de chaque prière.

« Sont-ce là toutes les prières que tu sais ?

— Mon père, je sais encore l'*Ave Maria* et la litanie que ma tante m'a apprise.

— Elle est bien longue, n'importe. »

L'enfant acheva la litanie d'une voix éteinte.

« As-tu fini ?

— Oh ! mon père, grâce ! pardonnez-moi ! Je ne le ferai plus ! Je prierai tant mon cousin le caporal qu'on fera grâce au Gianetto ! »

Il parlait encore ; Mateo avait armé son fusil et le couchait en joue en lui disant :

« Que Dieu te pardonne ! »

L'enfant fit un effort désespéré pour se relever et embrasser les genoux de son père ; mais il n'en eut pas le temps. Mateo fit feu, et Fortunato tomba roide mort.

Sans jeter un coup d'œil sur le cadavre, Mateo reprit le chemin de sa maison pour aller chercher une bêche afin d'enterrer son fils. Il avait fait à peine quelques pas qu'il rencontra Giuseppa, qui accourait alarmée du coup de feu.

« Qu'as-tu fait ? s'écria-t-elle.

— Justice.

— Où est-il ?

— Dans le ravin. Je vais l'enterrer. Il est mort en chrétien ; je lui ferai chanter une messe. Qu'on dise à mon gendre Tiodoro Bianchi de venir demeurer avec nous. »

[*Mateo Falcone*, 1829.]

Claude Michelet

Né en 1938

Né à Brive-la-Gaillarde, en Corrèze, Claude Michelet est depuis les années quatre-vingt un auteur reconnu, dont la tétralogie consacrée à l'histoire de la famille Vialhe, Des grives aux loups, *constitue un classique de la littérature rurale. Toutefois, avant de connaître la consécration, il a longtemps dû mener de front les deux métiers d'éleveur et d'écrivain, publiant dans les années soixante et soixante-dix plusieurs ouvrages remarqués :* La Grande Muraille, J'ai choisi la terre, Mon père Edmond Michelet *ou bien encore* Une fois sept.

De ce dernier livre, consacré à ses souvenirs d'enfance, j'ai extrait le passage où Claude Michelet revient sur ce que fut, grâce au jeune berger de la ferme familiale, sa première éducation paysanne. Il avait alors cinq ans et appréciait, comme tant d'autres enfants de la campagne, la pratique du lance-pierres…

LES LANIÈRES DE CAOUTCHOUC

L'été 1943 nous ramena tous à la ferme. Là-haut, malgré l'absence de Papa et la guerre, la vie avait une autre saveur. Nous étions libres comme l'air et en jouissions pleinement. Une seule ombre ternissait un peu ce tableau, c'était la corvée journalière des devoirs de vacances que nos sœurs nous imposaient. Nous n'y coupions pas. Jacqueline se transformait en institutrice sans pitié et assurait à qui voulait l'entendre que nous n'arriverions jamais à rien. Il faut bien dire que nous ne faisions pas grand-chose… Les maths, qui sont déjà sans saveur en temps normal, deviennent infâmes quand une grotte préhistorique débordant de silex vous attend à un kilomètre de là ! L'histoire et la géographie sont de vrais supplices lorsque les arbres croulent sous les fruits. Comme Maman défendait notre point de vue, car elle jugeait immoraux ces devoirs de vacances, nous nous sentions en position relativement forte. Malgré tout, nous n'échappions pas à cette obligation, tout au plus la rendions-nous moins pénible en faisant nos devoirs en plein air lorsqu'il faisait beau.

Il y avait aussi la corvée de jardin. Quand nous débarquions au début des vacances, le jardin était une véritable forêt vierge. Pour Bernard, Yves et moi, la prolifération des orties et du chiendent au milieu des allées ne méritait pas la moindre attention. Il en allait différemment pour Maman et nos sœurs. Maman aime l'ordre et les belles fleurs ; quant à nos sœurs, je crois qu'elles avaient une peur bleue des vipères lovées dans cette herbe folle. Il fallait donc nettoyer. Nos sœurs nous allouaient généreusement chaque jour quelques mètres d'allée que nous devions gratter jusqu'à ce que le sol soit net. Cet exercice avait au moins le mérite de nous durcir les mains et les muscles.

Malgré ces diverses occupations, il nous restait chaque jour plusieurs heures de liberté. Nous en usions largement, visitant les grottes, bâtissant des cabanes au plus profond des bois ou au sommet des gros châtaigniers. Et puis nous chassions, enfin nous jouions à la chasse. Armés de nos lance-pierres, nous cernions les buissons, traquions les merles et autres volatiles. Que les âmes sensibles se rassurent, nos victimes étaient rares et je pense que nous étions toujours plus étonnés qu'elles lorsqu'une de nos pierres faisait mouche. La pratique du lance-pierres nous était venue grâce à la fréquentation assidue du jeune berger de la ferme. C'était un garçon un peu plus âgé que Bernard et qui avait pour rôle principal de garder les vaches. Nous le rejoignions dans les prés et là, il nous faisait bâiller d'envie et d'admiration devant sa prodigieuse adresse au lance-pierres. Je le vois encore tendant les lanières de caoutchouc, la main gauche crispée sur le manche de frêne, un œil à demi fermé. La pierre sifflait en démarrant et allait fracasser un des isolateurs du plus proche poteau électrique... Le bris de ce que nous appelions des « tasses » ne manquait pas de nous causer quelques soucis. Nous savions très bien que c'était un acte passible de la raclée si une de nos sœurs apercevait le manège. Et pourtant, quelles belles cibles ! À l'inverse des oiseaux, ça ne bougeait pas sans arrêt, de plus ça faisait en explosant un petit bruit fort sympathique, un son cristallin, doux aux oreilles. Notre copain le berger nous enseigna donc son art du tir. Il nous apprit également un long répertoire d'insultes et de jurons en patois et, accessoirement, la façon de traire une vache, de faire des flûtes en écorce de châtaignier, de cuire des pommes dans un four en terre glaise.

[*Une fois sept*, © Éditions Robert Laffont, 1983.]

Frédéric Mistral

(1830-1914)

Entre Mistral et la Provence, il y a plus qu'une passion : une unité. Né au mas du Juge, à Maillane, où il mourra quatre-vingt-quatre ans plus tard, il a été l'un des sept fondateurs et le principal représentant d'un mouvement littéraire créé en 1854, le félibrige, qui se donnait pour ambition de rénover et promouvoir la langue et la culture provençales. Collaborateur assidu de L'Almanach Provençal *destiné à alimenter les veillées paysannes, auteur d'un monumental dictionnaire provençal-français,* Le Trésor du félibrige, *dont l'objectif était d'aider le peuple des «pâtres et des gens des mas» à reconquérir leur langue, créateur d'un musée ethnographique à Arles, Frédéric Mistral est et restera surtout le poète de* Mireille, *poème épique en douze chants, qui deviendra un opéra de Gounod et lui vaudra une renommée internationale. Prix Nobel de littérature en 1904, il écrit, deux ans plus tard, un ouvrage largement autobiographique,* Mémoires et Récits, *d'où j'ai tiré les textes reproduits ci-dessous.*
On y suivra l'enfance de Mistral, de sa naissance à l'âge de huit ans : du cocon maternel à la première école buissonnière en passant par le récit de la fête des Rois mages à Maillane. On peut – disons-le d'emblée – aimer ou détester le style, tant il fait place au lyrisme et est empreint d'une naïveté quelquefois agaçante. Mais la lecture de cette Provence rurale des années 1830, le plus souvent festive et où religion catholique et paganisme des campagnes faisaient bon ménage, n'en demeure pas moins enrichissante. Et on appréciera aussi, dans le dernier extrait, la chute, drôle et inattendue.

DANS LE COCON MATERNEL

Or donc, ma venue au monde avait eu lieu le 8 septembre en l'an 1830, dans l'après-midi, la gaillarde accouchée envoya quérir mon père, qui était en ce moment, selon son habitude, au milieu de ses champs. En courant, et du plus loin qu'il pût se faire entendre :

« Maître, cria le messager, venez ! car la maîtresse vient d'accoucher maintenant même.

— Combien en a-t-elle fait ? demanda mon père.
— Un beau, ma foi.
— Un fils ! Que le bon Dieu le fasse grand et sage ! »

Et sans plus, comme si de rien n'était, ayant achevé son labour, le brave homme, lentement s'en revint à la ferme. Non pas qu'il fût moins tendre pour cela, mais élevé, endoctriné, comme les Provençaux anciens, avec la tradition romaine, il avait, dans ses manières, l'apparente rudesse du vieux *pater familias*.

On me baptisa Frédéric, en mémoire, paraît-il, d'un pauvre petit gars qui, au temps où mon père et ma mère se *parlaient*, avait fait gentiment leurs commissions d'amour, et qui peu de temps après, était mort d'une insolation. Mais, comme elle m'avait eu à Notre-Dame de Septembre, ma mère m'a toujours dit qu'elle m'avait voulu donner le prénom de Nostradamus, d'abord pour remercier la Mère de Dieu, ensuite par souvenance de l'auteur des *Centuries*, le fameux astrologue natif de Saint-Rémy. Seulement, ce nom mystique et mirifique, n'est-ce pas ? que l'instinct maternel avait si bien trouvé, on ne voulut l'accepter ni à la mairie ni au presbytère.

Ma première sortie sur les bras de ma mère, qui me nourrissait de son lait, lorsqu'elle fit ses relevailles, – tout cela vaguement, dans une lointaine brume, il me semble le revoir : elle, ma pauvre mère, dans la beauté, l'éclat de sa pleine jeunesse, présentant avec orgueil son « roi » à ses amies, et, cérémonieuses, les amies et parentes nous accueillant avec les félicitations d'usage et m'offrant une couple d'œufs, un quignon de pain, un grain de sel et une allumette, avec ces mots sacramentels :

« Mignon, sois plein comme un œuf, sois bon comme le pain, sois sage comme le sel, sois droit comme une allumette. »

On trouvera peut-être tant soit peu enfantin de raconter ces choses. Mais, après tout chacun est libre, et, à moi, il m'agrée de revenir par songerie, dans mon premier maillot et dans mon berceau de mûrier et dans mon chariot à roulettes, car là, je ressuscite le bonheur de ma mère dans ses plus doux tressaillements.

Quand j'eus six mois, on me délivra de la bande qui enveloppait mes langes (car Nanounet, ma mère-grand, avait très fort recommandé de me tenir serré à point, parce que, disait-elle, les enfants bien emmaillotés ne sont ni bancals ni bancroches), et, le jour de la Saint Joseph, selon l'us de Provence, on me « donna les pieds » et, triomphalement, ma mère m'apporta à l'église de Maillane ; et sur l'autel du saint, en me tenant par les lisières, pendant que ma marraine me chantait : *Avène, avène, avène* (Viens, viens, viens), on me fit faire mes premiers pas.

À Maillane, chaque dimanche, nous venions pour la messe. C'était une demi-lieue de chemin pour le moins. Ma mère, tout le long, me dorlotait dans ses bras. Oh ! le sein nourricier, ce nid doux et moelleux ! Je voulais toujours, toujours, qu'il me portât encore un peu... Mais, une fois, – j'avais cinq ans – à mi-chemin du village, ma pauvre mère me déposa en disant :

« Oh ! tu pèses trop, maintenant ; je ne puis plus te porter. »

« NOUS ALLONS AU-DEVANT DES ROIS ! »

« C'est demain la fête des Rois : si vous voulez les voir arriver, allez vite, petits à leur rencontre, et portez-leur quelques offrandes. »

Voilà, de notre temps, la veille du jour des Rois, ce que nous disaient nos mères.

Et en avant ! Toute la marmaille, les enfants du village, nous partions enthousiastes au-devant des Rois Mages, qui venaient à Maillane, avec leurs pages, leurs chameaux et toute leur suite, pour adorer l'Enfant Jésus.

« Où allez-vous, petits ?

— Nous allons au-devant des Rois. »

Et ainsi, tous ensemble, mioches ébouriffés et blondines fillettes, en béguins et petits sabots, nous partions sur le chemin d'Arles, le cœur tressailli de joie, les yeux pleins de visions, et nous portions à la main, comme on nous l'avait dit, des galettes pour les Rois, des figues sèches pour les pages, avec du foin pour les chameaux.

Jours croissants,
Jours cuisants.

La bise sifflait, c'est vous dire qu'il faisait froid. Le soleil descendait, blafard, devers le Rhône. Les ruisseaux étaient gelés. L'herbe des bords était brouie. Des saules défeuillés les branches rougeoyaient. Le rouge-gorge, le troglodyte, sautillaient, frétillants, familiers, de branche en branche... Et l'on ne voyait personne aux champs, à part quelque pauvre veuve qui rechargeait sur la tête son tablier plein de bois sec, ou quelque vieux dépenaillé qui cherchait des escargots au pied d'une haie morte.

« Où allez-vous si tard, petits ?

— Nous allons au-devant des Rois ! »

Et la tête en arrière, fiers comme jeunes coqs, en riant, en chantant, en courant à cloche-pied ou en faisant des glissades, nous allions devant nous sur le chemin blanchâtre, balayé par le vent.

Puis le jour déclinait. Le clocher de Maillane disparaissait derrière les arbres, derrière les grands cyprès aux pointes noires ; et la campagne, vaste et nue, s'épandait au lointain... Nous portions nos regards si loin que nous pouvions, à perte de vue, mais en vain ! Rien ne se montrait à nous, hormis quelque faisceau d'épines emporté dans les chaumes par le vent. Comme les soirs d'hiver et de janvier, tout était triste, souffreteux et muet.

Quelquefois, cependant, nous rencontrions un berger qui, plié dans sa cape, venait de faire paître ses brebis.

« Mais où allez-vous, enfants, si tard ?

— Nous allons au-devant des Rois... Ne pourriez-vous pas nous dire s'ils sont encore bien loin ?

— Ah ! oui, les Rois ? c'est vrai... Ils sont là derrière qui viennent ; vous allez bientôt les voir. »

Et de courir, et de courir, à la rencontre des Rois avec nos gâteaux, nos petites galettes, et les poignées de foin pour les chameaux.

Puis, le jour défaillait. Le soleil, obstrué par un nuage énorme, s'évanouissait peu à peu. Les babils folâtres se calmaient un brin. La bise fraîchissait et les plus courageux marchaient en retenant.

Tout à coup :

« Les voilà ! »

Un cri de joie folle partait de toutes les bouches... et la magnificence de la pompe royale éblouissait nos yeux. Un rejaillissement, un triomphe de couleurs splendides, fastueuses, enflammait, embrasait la zone du couchant; de gros lambeaux de pourpre flamboyaient; et, d'or et de rubis, une demi-couronne, dardant un cercle de longs rayons au ciel, illuminait l'horizon.

« Les Rois ! les Rois ! voyez leur couronne ! voyez leurs manteaux ! voyez leurs drapeaux ! et leur cavalerie et les chameaux qui viennent ! »

Et nous demeurions ébaubis... Mais bientôt cette splendeur, mais bientôt cette gloire, dernière échappée du soleil couchant, se fondait, s'éteignait peu à peu dans les nues ; et, penauds, bouche béante, dans la campagne sombre, nous nous trouvions tout seuls :

« Où ont passé les Rois ?

— Derrière la montagne. »

La chevêche miaulait. La peur nous saisissait : et, dans le crépuscule, nous retournions confus, en grignotant les gâteaux, les galettes et les figues, que nous apportions pour les Rois.

Et quand nous arrivions, ensuite, à nos maisons :

« Eh bien ! les avez-vous vus ? nos mères nous disaient.

— Non, ils ont passé en delà, de l'autre côté de la montagne.

— Mais quel chemin avez-vous pris ?

— Le chemin Arlatan...

— Ah ! mes pauvres agneaux ! Les Rois ne viennent pas de là. C'est du Levant qu'ils viennent. Pardi, il vous fallait prendre le vieux chemin de Rome... Ah ! comme c'était beau, si vous aviez vu, si vous aviez vu, lorsqu'ils sont entrés dans Maillane ! Les tambours, les trompettes, les pages, les chameaux, quel vacarme, bon Dieu !... Maintenant, ils sont à l'église, où ils font leur adoration. Après le souper, vous irez les voir. »

Nous soupions vite, – moi, chez ma mère-grand Nanon ; puis, nous courions à l'église... Et, dans l'église pleine, dès notre entrée, l'orgue, accompagnant le chant de tout le peuple, entamait, lentement, puis déployait, formidable, le superbe noël :

Ce matin
J'ai rencontré le train
De trois grands Rois qui allaient en voyage
Ce matin
J'ai rencontré le train
De trois grands Rois dessus le grand chemin.

Nous autres, affolés, nous nous faufilions, entre les jupons des femmes, jusques à la chapelle de la Nativité, et là, suspendue sur l'autel, nous voyions la Belle Étoile ! nous voyions les trois Rois Mages en manteaux rouges, jaune et bleu, qui saluaient l'Enfant Jésus : le roi Gaspard avec sa cassette d'or, le roi Melchior avec son encensoir et le roi Balthazar avec son vase de myrrhe ! Nous admirions les charmants pages portant la queue de leurs manteaux traînants ; puis, les chameaux bossus qui élevaient la tête sur l'âne et sur le bœuf ; la Sainte Vierge et saint Joseph ; puis, tout autour sur une petite montagne en papier barbouillé, les bergers, les bergères, qui apportaient des fouaces, des paniers d'œufs, des langes ; le meunier, chargé d'un sac de farine ; la bonne vieille qui filait ; l'ébahi qui admirait ; le gagne-petit qui rémoulait ; l'hôtelier ahuri qui ouvrait sa fenêtre, et, bref, tous les *santons* qui figurent à la Crèche. Mais, c'était le *Roi Maure* que nous regardions le plus.

Maintes fois, depuis lors, il m'est arrivé, quand viennent les Rois, d'aller me promener, à la chute du jour, dans le chemin d'Arles. Le rouge-gorge et le troglodyte continuent d'y voleter le long des haies d'aubépine. Toujours quelque pauvre vieux y cherche, comme jadis, des escargots dans l'herbe, et la chevêche toujours y miaule ; mais, dans les nuées du couchant, je n'y vois plus la gloire, ni la couronne des vieux Rois...

— Où ont passé les Rois ?

— Derrière la montagne.

Hélas ! mélancolie, tristesse des choses vues, autrefois, dans la jeunesse ! Si grand, si beau que fût le paysage connu, quand nous voulons le revoir, quand nous voulons y retourner, il y manque toujours, toujours quelqu'un ou quelque chose !

Oh ! vers les plaines de froment
Laissez-moi me perdre pensif.
Dans les grands blés pleins de ponceaux

Où, petit gars, je me perdais !
Quelqu'un me cherche, de touffe en touffe,
En récitant son angélus ;
Et, chantantes, les alouettes,
Moi, je les suis dans le soleil...
Ah ! pauvre mère, beau cœur aimant,
Je ne t'entendrai plus, criant mon nom !

(Îles d'or.)

Qui me rendra le délice, le bonheur idéal de mon âme ignorante, quand, telle qu'une fleur, elle s'ouvrait toute neuve, aux chansons, aux sornettes, aux complaintes, aux fabliaux que ma mère en filant, cependant que j'étais blotti sur ses genoux, me disait, me chantait, en douce langue de Provence : le *Pater des Calendes, Marie-Madeleine la Pauvre Pécheresse,* le *Mousse de Marseille,* la *Porcheronne,* le *Mauvais Riche,* et tant d'autres récits, légendes et croyances de notre race provençale, qui bercèrent mon jeune âge d'un balancement de rêves et de poésie émue ! Après le lait que m'avait donné son sein, elle me nourrissait, la sainte femme, ainsi avec le miel des traditions et du bon Dieu.

MON « PLANTIÉ »

Vers les huit ans, et pas plus tôt, – avec mon sachet bleu pour y porter mon livre, mon cahier et mon goûter, – on m'envoya à l'école..., pas plus tôt, Dieu merci ! Car, en ce qui a trait à mon développement intime et naturel, à l'éducation et trempe de ma jeune âme de poète, j'en ai plus appris, bien sûr, dans les sauts et gambades de mon enfance populaire que dans le rabâchage de tous les rudiments.

De notre temps, le rêve de tous les polissons qui allions à l'école était de faire un *plantié.* Celui qui en avait fait un était regardé par les autres comme un lascar, comme un loustic, comme un luron fieffé !

Un plantié désigne, en Provence, l'escapade que fait l'enfant loin de la maison paternelle, sans avertir ses parents et sans savoir où il va. Les petits Provençaux font cette école buissonnière lorsque, après quelque faute, quelque grave méfait, quelque désobéissance, ils redoutent, pour leur rentrée au logis, quelque bonne rossée.

Donc, sitôt pressenti ce qui leur pend à l'oreille, mes péteux *plantent* là l'école et père et mère ; advienne que pourra, ils partent à l'aventure et vive la liberté !

C'est chose délicieuse, incomparable, à cet âge, de se sentir maître absolu, la bride sur le cou, d'aller partout où l'on veut et en avant dans les garrigues ! et en avant aux marécages ! et en avant par la montagne !

Seulement, puis vient la faim. Si c'est un *plantié* d'été encore c'est pain bénit. Il y a les carrés de fèves, les jardins avec leurs pommes, leurs poires et leurs pêches, les arbres de cerises, qui vous prennent par l'œil, les figuiers qui vous offrent leurs figues bien mûries, et les melons ventrus qui vous crient « Mangez-moi. » Et puis, les belles vignes, les ceps aux grappes d'or, ha ! il me semble les voir !

Mais si c'est un plantié d'hiver, il faut alors s'industrier... Parbleu, il est de petits drôles qui, passant par les fermes où ils ne sont pas connus, demandent l'hospitalité. Puis, s'ils peuvent, les fripons volent les œufs aux poulaillers et même les nichets, qu'ils boivent tout crus, avale !

Mais les plus fiers et les hautains, ceux qui ont délaissé l'école et la famille, non tant par cagnardise que par soif d'indépendance ou pour quelque injustice qui les a blessés au cœur, ceux-là fuient l'homme et son habitation. Ils passent le jour, couchés dans les blés, dans les fossés, dans les champs de mil, sous les ponts ou dans les huttes. Ils passent la nuit aux meules de paille ou bien dans les tas de foin. Vienne la faim, ils mangent des mûres (celles des haies, celles des chaumes), des prunelles, des amandes qu'on oublia sur l'arbre ou des grappillons de lambruche. Ils mangent le fruit de l'orme (qu'ils appellent du *pain blanc*), des oignons remontés, des poires d'étranguillon, des faînes, et, s'il le faut, des glands. Tout le jour n'est qu'un jeu, tous les sauts sont des cabrioles... Qu'est-il besoin de camarades ? Toutes les bêtes et bestioles là vous tiennent compagnie : vous comprenez ce qu'elles font, ce qu'elles disent, ce qu'elles pensent, et il semble qu'elles comprennent tout ce que vous leur dites.

Prenez-vous une cigale ? Vous regardez ses petits miroirs, vous la froissez dans la main pour la faire chanter, et puis vous la lâchez avec une paille dans l'anus.

Ou, couchés le long d'un talus, voilà une bête-à-Dieu qui vous grimpe sur le doigt ? Vous lui chantez aussitôt ;

Coccinelle, vole
Va-t-en à l'école.
Prends donc tes matines,
Va à la doctrine...

Et la bête-à-Dieu, déployant ses ailes, vous dit en s'envolant :

« Vas-y toi-même, à l'école. J'en sais assez pour moi. »

Une mante religieuse, agenouillée, vous regarde-t-elle ? Vous l'interrogez ainsi :

Mante, toi qui sais tout,
Où est le loup ?

Un insecte étend la patte et vous montre la montagne.

Vous découvrez un lézard qui se chauffe au soleil ? Vous lui adressez ces paroles :

Lézard, lézard
Défends-moi des serpents :
Quand tu passeras vers ma maison
Je te donnerai un grain de sel.

À ta maison, que n'y retoumes-tu ? a l'air de dire le finaud.

Et psitt, il s'enfuit dans son trou.

Enfin, si vous voyez un limaçon, voici la formule :

Colimaçon borgne,
Montre-moi tes cornes,
Ou j'appelle le forgeron
Pour qu'il te brise ta maison.

Et encore la maison, et toujours la maison, où l'esprit revient sans cesse, tellement, qu'à la fin, quand vous avez gâté assez de nids – et de culottes, – quand vous avez, avec de l'orge, fait assez de chalumeaux et assez décortiqué de brindilles de saule pour fabriquer des sifflets, et qu'avec des pommes vertes ou tout autre fruit suret vous avez agacé vos dents, aïe ! la nostalgie vous prend, le cœur vous devient gros – et vous rentrez, la tête basse.

Moi, comme les copains, en Provençal de race que j'étais ou devais être (ne vous en étonnez pas), au bout de trois mois à peine que j'étais à l'école, je fis aussi mon *plantié*. Et en voici le motif :

Trois ou quatre galopins (de ceux qui, sous prétexte d'aller couper de l'herbe ou ramasser du crottin, vagabondaient tout le jour) venaient m'attendre à mon départ pour l'école de Maillane et me disaient :

« Eh, nigaud ! que veux-tu aller faire à l'école, pour rester tout le jour entre quatre murs ! pour être mis en pénitence ! pour avoir sur les doigts, puis, des coups de férule ! Viens jouer avec nous… »

Hélas ! l'eau claire riait dans les ruisseaux ; là-haut, chantaient les alouettes ; les bleuets, les glaïeuls, les coquelicots, les nielles, fleurissaient au soleil dans les blés verdoyants… Et je disais :

« L'école, eh bien ! tu iras demain. »

Et, alors, dans les cours d'eau, avec culottes retroussées, houp ! on allait « guéer ». Nous barbotions, nous pataugions, nous pêchions des têtards, nous faisions des pâtés, pif ! paf ! avec la vase ; puis, on se barbouillait de limon noir jusqu'à mi-jambes (pour se faire des bottes). Et après, dans la poussière de quelque chemin creux, vite ! à bride abattue :

Les soldats s'en vont
À la guerre ils vont,
Et ra-pa-ta-plan,
Garez-vous devant !

Quel bonheur, mon Dieu ! Oh ! les enfants du roi n'étaient pas nos cousins ! Sans compter qu'avec le pain et la pitance de mon bissac, on faisait sur l'herbe, ensuite, un beau petit goûter… Mais il faut que tout finisse !

Voici qu'un jour mon père, que le maître d'école avait dû prévenir, me dit :

« Écoute, Frédéric, s'il t'arrive encore une fois de manquer l'école pour aller patauger dans les fossés, vois, rappelle-toi ceci : je te brise une verge de saule sur le dos... »

Trois jours après, par étourderie, je manquai encore la classe et je retournai « guéer ».

M'avait-il épié, ou est-ce le hasard qui l'amena ? Voilà que, sans culotte, pendant qu'avec les autres polissons habituels nous gambadions encore dans l'eau, soudain, à trente pas de moi, je vois apparaître mon père. Mon sang ne fit qu'un tour.

Mon père s'arrêta et me cria :

« Cela va bien... Tu sais ce que je t'ai promis ? Va, je t'attends ce soir. »

Rien de plus, et il s'en alla.

Mon seigneur père, bon comme le pain bénit, ne m'avait jamais donné une chiquenaude ; mais il avait la voix haute, le verbe rude, et je le craignais comme le feu.

« Ah ! me dis-je, cette fois, cette fois, ton père te tue... Sûrement, il doit être allé préparer la verge. »

Et mes gredins de compagnons, en faisant claquer leurs doigts, me chantaient par-dessus :

« Aïe ! aïe ! aïe ! la raclée ; aïe ! aïe ! aïe ! sur ta peau !

— Ma foi ! me dis-je alors, perdu pour perdu, il faut déguerpir et faire un *plantié*. »

Et je partis. Je pris, autant qu'il me souvient, un chemin qui conduisait, là-haut, vers la Crau d'Eyragues. Mais, en ce temps, pauvre petit, savais-je bien où j'allais ? Et aussi, lorsque j'eus cheminé peut-être une heure ou une heure et demie, il me parut, à dire vrai, que j'étais dans l'Amérique.

Le soleil commençait à baisser vers son couchant ; j'étais las, j'avais peur...

« Il se fait tard, pensai-je, et, maintenant, où vas-tu souper ? Il faut aller demander l'hospitalité dans quelque ferme. »

Et, m'écartant de la route, doucement je me dirigeai vers un petit Mas blanc, qui m'avait l'air tout avenant, avec son toit à porcs, sa fosse à fumier, son puits, sa treille, le tout abrité du mistral par une haie de cyprès.

Timide, je m'avançai sur le pas de la porte et je vis une vieille qui allait tremper la soupe, gaupe sordide et mal peignée. Pour manger ce qu'elle touchait, il eût fallu avoir bien faim. La vieille avait décroché la marmite de la crémaillère, l'avait posée par terre au milieu de la cuisine et, tout en remuant la langue et se grattant, avec une grande louche elle tirait le bouillon, que, lentement, elle épandait sur des lèches de pain moisi.

« Eh bien mère-grand, vous trempez la soupe ?

— Oui... me répondit-elle. Et d'où sors-tu, petit ? »

Je suis de Maillane, lui dis-je ; j'ai fait une escapade et je viens vous demander... l'hospitalité.

« En ce cas, me répliqua la vilaine vieille d'un ton grognon, assieds-toi sur l'escalier, pour ne pas user mes chaises. »

Et je me pelotonnai sur la première marche.

« Mon grand, comment s'appelle ce pays ?

— Papeligosse.

— Papeligosse ! »

Vous savez que lorsqu'on parle aux enfants d'un pays lointain, les gens, pour badiner, disent, parfois : *Papeligosse.* Jugez donc, à cet âge-là, moi, je croyais à Papeligosse, à ZibeZoube, à Gafe-l'Ase et autres pays fantastiques, comme à mon saint *pater*. Et aussi, à peine la vieille eut-elle dit ce nom que, de me voir si loin de chez moi, la sueur froide me vint dans le dos.

« Ah ça ! me fit la vieille, quand elle eut fini sa besogne, à présent ce n'est pas le tout, petit : en ce pays-ci, les paresseux, ne mangent rien..., et, si tu veux ta part de soupe, tu entends ? il faut la gagner.

— Bien volontiers... Et que faut-il faire ?

— Nous allons nous mettre tous deux, vois-tu, au pied de l'escalier et nous jouerons au saut ; celui qui sautera le plus loin, mon ami, aura sa part de bon potage... et l'autre mangera des yeux.

— Je veux bien. »

Sans compter que j'étais fier, ma foi, de gagner mon souper, surtout en m'amusant. Je pensais :

« Ça ira bien mal, si la vieille éclopée saute plus loin que toi. »

Et les pieds joints, aussitôt dit, nous nous plaçons au pied de l'escalier – qui, dans les Mas, comme vous savez, se trouve en face de la porte, tout près du seuil.

« Et je dis : un, cria la vieille en balançant les bras pour prendre élan.

— Et je dis : deux.

— Et je dis : trois ! »

Moi, je m'élance de toutes mes forces et je franchis le seuil. Mais la vieille coquine, qui n'avait fait que le semblant, ferme aussitôt la porte, pousse vite le verrou et me crie :

« Polisson ! retourne chez tes parents, qui doivent être en peine, va ! »

Je restai sot, pauvret, comme un panier percé... Et, maintenant, où faut-il aller ? À la maison ? Je n'y serais pas retourné pour un empire, car je voyais, me semblait-il, à la main de mon père, la verge menaçante. Et puis il était presque nuit et je ne me rappelais plus le chemin qu'il fallait prendre.

« À la garde de Dieu ! »

Derrière le Mas, était un sentier qui, entre deux hauts talus, montait vers la colline. Je m'y engage à tout hasard ; et marche, petit Frédéric.

Après avoir monté, descendu tant et plus, j'étais rendu de fatigue... Pensez-vous ? À cet âge, avec rien dans le ventre depuis midi. Enfin, je vais découvrir, dans une vigne inculte, une chaumière délabrée. Il devait, autrefois, s'y être mis le feu, car les murs, pleins de lézardes, étaient noircis par la fumée ; ni portes ni fenêtres ; et les poutres, qui ne tenaient plus que d'un bout, traînaient, de l'autre, sur le sol. Vous eussiez dit la tanière où niche le Cauchemar.

Mais (comme on dit), par force, à Aix, on les pendait. Las, défaillant, mort de sommeil, je grimpai et m'allongeai sur la plus grosse des poutres... Et, dans un clin d'œil, j'étais endormi.

Je ne pourrais pas dire combien de temps je restai ainsi. Toujours est-il qu'au milieu de mon sommeil de plomb, je crus voir tout à coup un brasier qui flambait, avec trois hommes assis autour, qui causaient et riaient.

« Songes-tu ? me disais-je en moi-même, dans mon sommeil, songes-tu ou est-ce réel ? »

Mais ce pesant bien-être, où l'assoupissement vous plonge, m'enlevait toute peur et je continuais tout doucement à dormir.

Il faut croire qu'à la longue la fumée finit par me suffoquer; je sursaute soudain et je jette un cri d'effroi… Oh ! quand je ne suis pas mort, mort d'épouvante, là, je ne mourrai jamais plus !

Figurez-vous trois faces de bohèmes qui, tous les trois à la fois, se retournèrent vers moi, avec des yeux, des yeux terribles…

« Ne me tuez pas ! ne me tuez pas ! leur criai-je, ne me tuez pas. »

Lors, les trois bohémiens, qui avaient eu, bien sûr, autant de peur que moi, se prirent à rire et l'un d'eux me dit :

« C'est égal ! tu peux te vanter, mauvais petit moutard, de nous avoir fichu une belle venette ! »

Mais, quand je les vis rire et parler comme moi, je repris un peu de courage, et je sentis, en même temps, extrêmement agréable, une odeur de rôti me monter dans les narines.

Ils me firent descendre de mon perchoir, me demandèrent d'où j'étais, de qui j'étais, comment je me trouvais là, que sais-je encore ?

Et rassuré, enfin complètement, un des voleurs (c'étaient, en effet, trois voleurs) :

« Puisque tu as fait un *plantié*, me dit-il, tu dois avoir faim… Tiens, mords là. »

Et il me jeta, comme à un chien, une éclanche d'agneau saignante, à moitié cuite. Alors, je m'aperçus seulement qu'ils venaient de faire rôtir un jeune mouton – qu'ils devaient avoir dérobé, probablement, à quelque pâtre.

Aussitôt que nous eûmes, de cette façon, tous bien mangé, les trois hommes se levèrent, ramassèrent leurs hardes, se parlèrent à voix basse ; puis, l'un d'eux :

« Vois, petit, me fit-il, puisque tu es un luron, nous ne voulons pas te faire de mal… Mais, pourtant, afin que tu ne voies pas où nous passons, nous allons te ficher dans le tonneau qui est là. Quand il sera jour, tu crieras, et le premier passant te sortira, s'il veut.

— Mettez-moi dans le tonneau, répondis-je d'un air soumis. »

J'étais encore bien content de m'en tirer à si bon marché. Et, effectivement, en un coin de la masure, se trouvait par hasard un tonneau défoncé où, sans doute à la vendange les maîtres de la vigne devaient faire cuver le moût.

On m'attrape par le derrière et, paf! dans le tonneau. Me voilà donc tout seul en pleine nuit, dans un tonneau, au fond d'une chaumière en ruine!

Je m'y blottis, pauvret! comme un peloton de fil et, tout en attendant l'aube, je priais à voix basse pour éloigner les mauvais esprits.

Mais figurez-vous que soudain j'entends, dans l'obscurité, quelque chose qui rôdait, qui s'ébrouait, autour de ma tonne!

Je retiens mon haleine comme si j'étais mort, en me recommandant à Dieu et à la grande Sainte Vierge... Et j'entendais tourner et retourner autour de moi, flairer et sabouler, puis s'en aller, puis revenir.. Que diable est-ce là encore? Mon cœur battait et bruissait comme une horloge.

Pour en finir, le jour commençait à blanchir et le piétinement qui m'effrayait s'étant éloigné un peu, je veux, tout doucement, épier par la bonde, et que vois-je? Un loup, mes bons amis, comme un petit âne! Un loup énorme avec deux yeux qui brillaient comme deux chandelles!

Il était, paraît-il, venu à l'odeur de l'agneau, et, n'ayant trouvé que les os, ma tendre chair d'enfant et de chrétien lui faisait envie.

Et chose singulière, une fois que je vis ce dont il s'agissait, n'est-il pas vrai que mon sang se calma légèrement. J'avais tellement craint quelque apparition nocturne que la vue du loup lui-même me rendit courage.

« Ah çà! dis-je, ce n'est pas tout si cette bête vient à s'apercevoir que la tonne est défoncée, elle va sauter dedans et, d'un coup de dents, elle t'étrangle... Si tu pouvais trouver quelque stratagème... »

À un mouvement que je fis, le loup, qui l'entendit, revint d'un bond vers le tonneau, et le voilà qui tourne autour et fouette les douves avec sa longue queue. Je passe ma menotte doucement par la bonde, je saisis la queue, je la tire en dedans et je l'empoigne des deux mains.

Le loup, comme s'il eût eu les cinq cents diables à ses trousses, part, traînant le tonneau à travers cultures, à travers cailloux, à travers vignobles. Nous dûmes rouler ensemble toutes les montées et descentes d'Eyragues, de Lagoy et de Bourbourel.

« Aïe ! mon Dieu ! Jésus, Marie ! Jésus, Marie, Joseph ! pleurais-je ainsi, qui sait où le loup t'emportera ! Et, si le tonneau s'effondre, il te saignera, il te mangera... »

Mais, tout à coup, patatras ! le tonneau se crève, la queue m'échappe... Je vis au loin, bien loin, mon loup qui galopait et, regardez les choses, je me retrouvai au Pont-Neuf, sur la route qui va de Maillane à Saint-Rémy, à un quart d'heure de notre Mas. La barrique, sans doute, avait frappé du ventre au parapet du pont et s'y était rompue.

Pas nécessaire de vous dire qu'avec de telles émotions la verge paternelle ne me faisait plus guère peur. En courant comme si j'avais encore le loup à ma poursuite, je m'en revins à la maison.

Derrière le Mas, le long du chemin, mon père émottait un labour. Il se redressa en riant sur le manche de sa massue et me dit :

« Ah ! mon gaillard, cours vite auprès de ta mère qui n'a pas dormi de la nuit. »

Auprès de ma mère je courus...

Point par point, à mes parents, je racontai tout chaud mes belles aventures. Mais arrivé à l'histoire des voleurs, du tonneau ainsi que du gros loup :

« Eh ! badaud me dirent-ils, ne vois-tu pas que c'est la peur qui t'a fait rêver tout cela ! »

Et j'eus beau dire et affirmer et soutenir obstinément que rien n'était plus vrai. Ce fut en vain. Personne ne voulut y ajouter foi.

[*Mémoires et Récits*, 1906.]

Marcel Pagnol

(1895-1974)

Né un 28 février – ouf pour les anniversaires ! – à Aubagne, dans les Bouches-du-Rhône, Marcel Pagnol fut romancier, auteur dramatique, producteur, scénariste et réalisateur de films, traducteur, passionné d'inventions et inventeur lui-même, champion de bilboquet et, accessoirement, bourré de talent ! Méridional mais universel – il a été traduit en plus de trente langues et pensait que « l'universel, on l'atteint en restant chez soi » –, il a écrit ses souvenirs d'enfance dans une tétralogie dont les trois premiers tomes (La Gloire de mon père, Le Château de ma mère, Le Temps des secrets) *ont été publiés de son vivant, entre 1957 et 1960, tandis que le dernier* (Le Temps des amours) *est paru à titre posthume, en 1977.*

Dans le passage sélectionné, extrait de La Gloire de mon père *et dont l'action se déroule à La Bastide Neuve, une maison de vacances près du village de La Treille, Marcel Pagnol nous raconte comment il provoqua, à l'occasion d'une dictée, une querelle homérique entre son oncle Jules, qui « allait à la messe », et son père, Joseph, instituteur et donc anticlérical. Un souvenir imprégné d'Histoire, un humour pince-sans-rire, des dialogues plus vrais que nature, une chute superbe : tout le génie de Pagnol est là, en bien peu de lignes…*

LE RAISIN DE LA DISPUTE

Vers le 10 août, les vacances furent interrompues, pendant tout un après-midi, par un orage, qui engendra, comme c'était à craindre, une dictée.

L'oncle Jules, dans un fauteuil près de la porte vitrée, lisait un journal. Paul, accroupi dans un coin sombre, jouait tout seul aux dominos, c'est-à-dire qu'il les plaçait bout à bout, au hasard, après des réflexions et des soliloques. Ma mère cousait près de la fenêtre. Mon père, assis devant la table, tout en aiguisant un canif sur une pierre noire, lisait à haute voix, en répétant deux ou trois fois chaque phrase, une histoire incompréhensible.

C'était une homélie de Lamennais, qui racontait l'aventure d'une grappe de raisin.

Le Père de Famille la cueillait dans sa vigne, mais il ne la mangeait pas : il la rapportait à la Maison, pour l'offrir à la Mère de Famille. Celle-ci, très émue, la donnait en cachette à son Fils, qui, sans rien en dire à personne, la portait à sa Sœur. Mais celle-ci n'y touchait pas non plus. Elle attendait le retour du Père, qui, en retrouvant la Grappe dans son assiette, serrait toute la Famille dans ses bras, en levant les yeux au Ciel.

Le périple de cette grappe s'arrêtait là, et je me demandais qui l'avait mangée, lorsque l'oncle Jules replia son journal, et me dit sur un ton grave :

« Voilà une page que tu devrais apprendre par cœur. »

Je fus indigné par cette proposition agressive d'un travail supplémentaire, et je demandai :

« Pourquoi ? »

— Voyons, dit l'oncle, tu n'as donc pas été touché par le sentiment qui anime ces humbles paysans ? »

À travers la vitre, je regardais tomber la pluie, qui vernissait en noir les branches du figuier, et je mordillais mon porte-plume.

Il insista :

« Pourquoi cette grappe a-t-elle fait le tour complet de la famille ? »

Il me regardait, de ses yeux pleins de bonté. Je voulus lui faire plaisir, et je concentrai toute mon attention sur ce problème : dans un éclair, je vis la vérité, et je m'écriai :

« C'est parce qu'elle était sulfatée ! »

L'oncle Jules me regarda fixement, serra les dents, et devint tout rouge. Il voulut parler ; l'indignation lui coupa le souffle. Il essaya successivement trois ou quatre syllabes gutturales, mais il était hors d'état de leur donner une suite qui eût précisé leur sens. Alors, il leva les bras au ciel, puis son derrière de sa chaise, et dit enfin, avec une grande violence :

« Voilà ! Voilà ! Voilà !... »

Ces trois exclamations débouchèrent le passage, et il put enfin s'écrier :

« Voilà le résultat d'une école Sans Dieu ! Les effets grandioses de l'Amour, il les attribue à la crainte du Sulfate de

Cuivre ! Cet enfant, qui n'est pas un monstre, vient donc de faire spontanément une réponse monstrueuse. Mesurez, mon cher Joseph, la grandeur de vos effrayantes responsabilités !

— Voyons, Jules, dit ma mère, vous pensez bien qu'il a dit ça pour rire !

— Pour rire ? s'écria l'oncle. Ce serait encore pire !... Je préfère croire qu'il n'a pas bien compris ma question. »

Il se tourna vers moi.

« Écoute-moi bien. Si tu trouvais une très belle grappe de raisin, une grappe admirable, unique, est-ce que tu ne la porterais pas à ta mère ?

— Oh oui ! dis-je, sincèrement.

— Bravo ! dit l'oncle. Voilà une parole qui vient du cœur !... »

Et il se tourna vers mon père, pour ajouter :

« Je suis heureux de constater que, malgré le matérialisme atroce que vous lui enseignez, il a trouvé dans son cœur la Loi de Dieu, et il garderait la grappe pour sa mère ! »

Je vis qu'il triomphait, et je vins au secours de mon père, car j'ajoutai :

« Mais j'en mangerais la moitié en route. »

L'oncle, mécontent, allait reprendre la parole, lorsque mon père s'écria avec force :

« Et il a raison ! Car enfin si ces gens-là avaient de si beaux sentiments, ils devaient aussi se repasser le cœur de la salade, le blanc de la poularde, et le foie du lapin ! Et comme une vertu parfaite est forcément inaltérable, cette ronde des bons morceaux a dû se poursuivre toute leur vie, pendant que ces malheureux – qui avaient tout de même besoin de se nourrir – se disputaient la tête du canard, l'os de la côtelette et le trognon du chou ! Je viens de comprendre, grâce à lui, que cette histoire est d'une stupidité verticale. La vérité, c'est que votre Lamennais était un cagot, et que pour édifier les fidèles, il est tombé, comme tous les curés, dans un absurde prêchi-prêcha. »

À cette attaque frontale, l'oncle, la moustache brusquement hérissée, allait répondre avec vigueur, lorsque ma tante Rose, qui du fond de la cuisine où elle surveillait un civet de lapin avait senti venir la bagarre, parut sur la porte. Elle brandissait le panier à salade, tandis que sa main gauche tenait par la pointe un capuchon noir de toile cirée, et elle cria gaiement :

« Jules ! Il ne pleut presque plus ! Vite, aux escargots ! »

[*La Gloire de mon père*, © Marcel Pagnol, 1995.]

Louis Pergaud

(1882-1915)

Né à Belmont dans le Doubs, fils d'instituteur et instituteur lui-même, Louis Pergaud connut la consécration en 1910, à l'âge de vingt-huit ans, grâce à De Goupil à Margot *pour lequel il reçut le prix Goncourt. Toutefois, son nom demeure plus attaché à* La Guerre des boutons, *publié en 1912, et qui fut par deux fois adapté au cinéma : en 1936 par Jacques Darroy sous le titre* La Guerre des gosses *et en 1962, avec le très beau film d'Yves Robert qui conserva le titre originel. Comme Alain-Fournier, Louis Pergaud est mort trop tôt, fauché à trente-trois ans par la Grande Guerre, celle des adultes…*
Œuvre d'un esprit indépendant, rebelle à toutes les morales « hypocrites » et « plus ou moins dégoûtantes » de la Famille, de l'École et de la Religion, La Guerre des boutons *est directement inspirée des souvenirs d'enfance de Louis Pergaud en Franche-Comté. Sous-titré « Roman de ma douzième année », l'ouvrage raconte la vie de deux bandes d'enfants, rivales et habitant des villages voisins, Les Longeverne et les Velrans. Dans le premier extrait, on lira le récit de la construction de la cabane des Longeverne, avec La Crique comme découvreur du site et Lebrac comme chef d'un chantier qui ressemble à s'y méprendre à celui d'une maison paysanne. Le second, qui se situe vers la fin du roman, juste après la punition du « traître » Bacaillé, relate la mémorable raclée administrée par les parents des Longeverne à leurs enfants. Deux moments trop brefs d'un roman joyeux, libre de ton et de style, qu'il faut savourer du premier au dernier mot tenu par La Crique : et « dire que, quand nous serons grands, nous serons peut-être aussi bêtes qu'eux ! »*

LA CABANE

Il ne fallait pas être trop près du chemin ni trop loin du Gros Buisson. Il fallait également ménager à la troupe un chemin de retraite parfaitement dissimulé, afin de pouvoir se rendre sans dangers du camp à la forteresse.

Ce fut La Crique qui trouva.

Au centre d'un labyrinthe de carrières, une excavation comme une petite grotte offrait son abri naturel qu'un rien suffirait à consolider, à fermer et à rendre invisible aux profanes.

Il appela par le signal d'usage Lebrac et Camus et les autres, et bientôt tous furent devant la caverne que le camarade venait de redécouvrir, car tous, parbleu, la connaissaient déjà. Comment ne s'en étaient-ils pas souvenus ?

Pardié, ce sacré La Crique, avec sa mémoire de chien, il se l'était rappelée tout de suite. Vingt fois, en effet, ils avaient passé là au cours d'incursions dans le canton en quête de nids de merles, de noisettes mûres, de prunelles gelées ou de guilleris boutons rintris [1].

Les carrières précédentes faisaient comme une espèce de chemin creux qui aboutissait à une sorte de carrefour ou de terre-plein bordé du côté du haut par une bande de bois rejoignant le Teuré, et semé vers le bas de buissons entre lesquels des sentiers de bêtes se rattachaient, en coupant le chemin, aux prés bois qui se trouvaient derrière le Gros Buisson.

Toute l'armée entra dans la caverne. Elle était, en réalité, peu profonde, mais se trouvait prolongée ou plutôt précédée par un large couloir de roc, de sorte que rien n'était plus facile que d'agrandir son abri naturel en plaçant sur ces deux murs, distants de quelques mètres, un toit de branches et de feuillage. Elle était d'autre part admirablement protégée, entourée de tous côtés, sauf vers l'entrée, d'un épais rideau d'arbres et de buissons.

On rétrécirait l'ouverture en élevant une muraille large et solide avec les belles pierres plates qui abondaient et on serait là-dedans absolument chez soi. Quand le dehors serait fait, on s'occuperait de l'intérieur.

Ici, les instincts bâtisseurs de Lebrac se révélèrent dans toute leur plénitude. Son cerveau concevait, ordonnait, distribuait la besogne avec une admirable sûreté et une irréfutable logique.

« Il faudra, dit-il, ramasser dès ce soir tous les morceaux de planches que l'on trouvera, les lattes, les baudrions [2], les vieux clous, les bouts de fer. »

1. Guilleris boutons rintris : fruits de l'églantier ridés par le gel.

2. Baudrion : petite poutrelle soutenant les lattes du toit.

Il chargea l'un des guerriers de trouver un marteau, un autre des tenailles, un troisième un marteau de maçon ; lui, apporterait une hachette, Camus une serpe, Tintin un mètre (en pieds et en pouces) et tous, ceci était obligatoire, tous devaient chiper dans la boîte à ferraille de la famille au moins cinq clous chacun, de préférence de forte taille, pour parer immédiatement aux plus pressantes nécessités de construction, savoir entre autres l'édification du toit.

C'était à peu près tout ce qu'on pouvait faire ce soir-là. En fait de matériaux, il fallait surtout de grosses perches et des planches. Or, le bois offrait suffisamment de fortes coudres droites et solides qui feraient joliment l'affaire. Pour le reste, Lebrac avait appris à dresser des palissades pour barrer les pâtures, tous savaient tresser des claies et, quant aux pierres, il y en avait, dit-il, en veux-tu, n'en voilà !

« N'oubliez pas les clous surtout, recommanda-t-il.

— On laisse le sac ici ? interrogea Tintin.

— Mais oui, fit La Crique : on va bâtir tout de suite, là au fond, avec des pierres, un petit coffre, et on va l'y mettre bien au sec, bien à l'abri ; personne ne veut venir l'y trouver. »

Lebrac choisit une grande pierre plate qu'il posa horizontalement, non loin de la paroi du rocher ; avec quatre autres plus épaisses, il édifia quatre petits murs, mit au centre le trésor de guerre, recouvrit le tout d'une nouvelle pierre plate et disposa alentour et irrégulièrement des cailloux quelconques afin de masquer ce que sa construction pouvait avoir de trop géométrique pour le cas, bien improbable, où un visiteur inopiné eût été intrigué par ce cube de pierres.

Là-dessus, joyeuse, la bande s'en retourna lentement au village, faisant mille projets, prête à tous les vols domestiques, aux travaux les plus rudes, aux sacrifices les plus complets.

Ils réaliseraient leur volonté : leur personnalité naissait de cet acte fait par eux et pour eux. Ils auraient une maison, un palais, une forteresse, un temple, un panthéon, où ils seraient chez eux, où les parents, le maître d'école et le curé, grands contrecarreurs de projets, ne mettraient pas le nez, où ils pourraient faire en toute tranquillité ce qu'on leur défendait à l'église, en classe et dans la famille, savoir : se tenir mal, se mettre pieds nus ou en manches de chemise, ou « à poil », allumer du feu, faire cuire des pommes de terre, fumer de la viorne et surtout cacher les boutons et les armes.

« On fera une cheminée, disait Tintin.

— Des lits de mousse et de feuilles, ajoutait Camus.

— Et des bancs et des fauteuils, renchérissait Grangibus.

— Surtout, calez tout ce que vous pourrez en fait de planches et de clous, recommanda le chef; tâchez d'apporter vos provisions derrière le mur ou dans la haie du chemin de la Saute : on reprendra tout, demain, en venant à la besogne. »

Ils s'endormirent fort tard, ce soir-là. Le palais, la forteresse, le temple, la cabane hantaient leur cerveau en ébullition. Leurs imaginations vagabondaient, leurs têtes bourdonnaient, leurs yeux fixaient le noir, les bras s'énervaient, les jambes gigotaient, les doigts de pieds s'agitaient. Qu'il leur tardait de voir poindre l'aurore du jour suivant et de commencer la grande œuvre.

On n'eut pas besoin de les appeler pour les faire lever ce matin-là et, bien avant l'heure de la soupe, ils rôdaient par l'écurie, la grange, la cuisine, le chari[3], afin de mettre de côté les bouts de planches et de ferrailles qui devaient grossir le trésor commun.

Les boîtes à clous paternelles subirent un terrible assaut. Chacun voulant se distinguer et montrer ce qu'il pouvait faire, ce ne fut pas seulement deux cents clous que Lebrac eut le soir à sa disposition, mais cinq cent vingt-trois bien comptés. Toute la journée, il y eut, du village au gros tilleul et aux murs de la Saute, des allées et venues mystérieuses de gaillards aux blouses gonflées, à la démarche pénible, aux pantalons raides, dissimulant entre toile et cuir des objets hétéroclites qu'il eût été fort ennuyeux de laisser voir aux passants.

Et le soir, lentement, très lentement, Lebrac arriva par le chemin de derrière au carrefour du vieux tilleul. Il avait la jambe gauche raide lui aussi et semblait boiter.

« Tu t'as fait mal ? interrogea Tintin.

— T'as tombé ? reprit La Crique. »

Le général sourit du sourire mystérieux de Bas de Cuir, ou d'un autre, d'un sourire qui disait à ses hommes : « Vous n'y êtes point. »

3. Chari : remise, hangar.

Et il continua à bancaler jusqu'à ce qu'ils fussent tous entièrement dissimulés derrière les haies vives du chemin de la Saute. Alors il s'arrêta, déboutonna sa culotte, saisit contre sa peau la hache à main qu'il avait promis d'apporter et dont le manche enfilé dans une de ses jambes de pantalon donnait à sa démarche cette roideur claudicante et disgracieuse. Ce fait, il se reboutonna et, pour montrer aux amis qu'il était aussi ingambe que n'importe lequel d'entre eux, il entama, brandissant sa hachette au centre de la bande, une sorte de danse du scalp qui n'aurait pas été déplacée au milieu d'un chapitre du *Dernier des Mohicans* ou du *Coureur des Bois.*

Tout le monde avait ses outils : on allait s'y mettre. Deux sentinelles toutefois furent postées au chêne de Camus pour prévenir la petite armée dans le cas où la bande de l'Aztec serait venue porter la guerre au camp de Longeverne, et l'on répartit les équipes.

« Moi, je ferai le charpentier, déclara Lebrac.

— Et moi, je serai le maître maçon, affirma Camus.

— C'est moi "que je poserai" les pierres avec Grangibus. Les autres les choisiront pour nous les passer. »

L'équipe de Lebrac devait avant tout chercher les poutres et les perches nécessaires à la toiture de l'édifice. Le chef, de sa hachette, les couperait à la taille voulue et on assemblerait ensuite quand le mur de Camus serait bâti.

Les autres s'occuperaient à faire des claies que l'on disposerait sur la première charpente pour former un treillage analogue au lattis qui supporte les tuiles. Ce lattis-là, en guise de produits de Montchanin, supporterait tout simplement un ample lit de feuilles sèches qui seraient maintenues en place, car il fallait prévoir les coups de vent, par un treillage de bâtons.

Les clous du trésor, soigneusement recomptés, allèrent se joindre aux boutons du sac. Et l'on se mit à l'œuvre.

Jamais Celtes narguant le tonnerre à coups de flèches, compagnons glorieux du siècle des cathédrales sculptant leur rêve de pierre, volontaires de la grande Révolution s'enrôlant à la voix de Danton, quarante-huitards plantant l'arbre de la Liberté n'entreprirent leur besogne avec plus de fougue joyeuse et de frénétique enthousiasme que les quarante-cinq soldats de Lebrac édifiant, dans une carrière perdue des prés-bois de la Saute, la maison commune de leur rêve et de leur espoir.

Les idées jaillissaient comme des sources aux flancs d'une montagne boisée, les matériaux s'accumulaient en monceaux; Camus empilait des cailloux; Lebrac, poussant des han! formidables, cognait et tranchait déjà à grands coups, ayant trouvé plus pratique, au lieu de fouiller le taillis pour y trouver des poutrelles, de faire enlever dans les «tas» voisins de la coupe une quarantaine de fortes perches qu'une corvée de vingt volontaires était allée voler sans hésitation.

Pendant ce temps, une équipe coupait des rameaux, une autre tressait des claies et lui, la hache ou le marteau à la main, entaillait, creusait, clouait, consolidait la partie inférieure de sa toiture.

Pour que la charpente fût solidement arrimée, il avait fait creuser le sol afin d'emboîter ses poutres dans la terre : il les entourerait, pensait-il, de cailloux enfoncés de force et destinés autant à les maintenir en place qu'à les protéger de l'humidité de la terre. Après avoir pris ses mesures, il avait ébauché son châssis et maintenant il l'assemblait à force de clous avant de l'ajuster dans les entailles creusées par Tintin.

Ah! c'était solide, et il l'avait éprouvé en posant l'ensemble sur quatre grosses pierres. Il avait marché, sauté, dansé dessus, rien n'avait bougé, rien n'avait frémi, rien n'avait craqué : c'était de la belle ouvrage vraiment!

LA RACLÉE

Et voilà que l'on vit surgir du «traje» des Cheminées, bancalant plus que jamais et courant et hurlant autant qu'on peut hurler, Bacaillé tout nu ou presque car il n'avait sur son dos que sa chemise et aux pieds des souliers sans cordons. Il tenait sur ses bras deux paquets d'habits et il sentait, il empoisonnait plus que trente-six charognes en train de pourrir.

Les premiers qui accoururent à sa rencontre reculèrent en se bouchant le nez, puis, un peu aguerris, se rapprochèrent tout de même, complètement ahuris, interrogeant :

« Qu'est-ce qu'il y a ? »

Bacaillé avait les fesses rouges de sang, des rigoles de crachat lui descendaient le long des cuisses, ses yeux chavirés n'avaient plus de larmes, ses cheveux étaient tout droits et agglutinés comme les poils d'un hérisson, et il tremblait comme une feuille morte qui va se détacher de son rameau et s'envoler au vent.

« Qu'est-ce qu'il y a ? Qu'est-ce qu'il y a ? »

Bacaillé ne pouvait rien dire : il hoquetait, râlait, se tordait, hochait la tête, se laissait aller.

Son père et sa mère accourus l'emportèrent à la maison à demi évanoui, cependant que tout le village intrigué les suivait.

On pansa les fesses de Bacaillé, on le débarbouilla, on mit tremper ses habits dans une seille à la remise, on le coucha, on lui chauffa des briques, des cruchons, des bouillottes, on lui fit boire du thé, du café, des grogs et, toujours hoquetant, il se calma un peu et baissa les paupières.

Un quart d'heure après, un peu remis, il rouvrait les yeux et racontait à ses parents, ainsi qu'aux nombreuses femmes qui entouraient sa couche, tout ce qui venait de se passer à la cabane, en omettant toutefois soigneusement de spécifier les motifs qui lui avaient valu ce traitement barbare, c'est-à-dire sa trahison.

Il dit tout le reste : il vendit tous les secrets de l'armée de Longeverne, il narra les escapades à la Saute et les batailles, il confessa les boutons chipés et la contribution de guerre, il dévoila tous les trucs de Lebrac, dénonça tous ses conseils ; il chargea Camus autant qu'il put ; il dit les planches dérobées, les clous soustraits, les outils empruntés et la noce, la goutte, le vin, les pommes et le sucre volés, les chants obscènes, la dégueulade au retour, et les farces à Bédouin et le culottage de saint Joseph avec les dépouilles de l'Aztec des Gués, tout, tout, tout ; il se dégonfla, se vida, se vengea et s'endormit là-dessus avec la fièvre et le cauchemar.

Marchant sur la pointe des pieds, une à une ou par petits groupes, s'arrêtant de temps à autre pour jeter un coup d'œil sur l'intéressant malade, les visiteuses se retirèrent. Mais elles s'attendirent au seuil de la porte, et, toutes réunies, conférèrent, s'animèrent, s'excitèrent, se montèrent jusqu'à la fureur folle : œufs volés, boutons raflés, clous chipés, sans compter ce qu'on ne savait pas, et bientôt pas un chat dans le village – si toutefois ces gracieux animaux eurent le mauvais goût de prêter l'oreille aux discours de leurs patronnes – n'ignora un mot de la terrible affaire.

« Les gredins ! les gouillands ! les gouapes ! les voyous ! les saligauds !

— Attendez un peu qu'il rentre, j'vais le soigner, le mien !

— J'vais lui servir quéque chose aussi, au nôtre !

— Si c'est permis, des gamins de leur âge !

— Y a pus d'enfants, voyez-vous !

— Moi, c'est son père qui va lui en foutre !

— Attendez seulement qu'ils reviennent ! »

Le fait est qu'ils ne paraissaient point autrement pressés de rentrer, les gars de Longeverne, et ils l'auraient été bien moins encore s'ils avaient pu se douter de l'état de surexcitation dans lequel le retour et les révélations de Bacaillé avaient mis les auteurs de leurs jours.

« Vous ne les avez pas encore revus ?

— Non ! quelles sottises peuvent-ils bien être encore en train de faire ? »

Les pères venaient de rentrer pour arranger les bêtes, leur donner à manger, les mener boire et renouveler la litière. Ils criaient moins que leurs épouses, mais ils avaient les traits crispés et durcis.

Le père Bacaillé avait parlé de maladie, procès, dommages-intérêts, et, dame ! quand il était question de leur faire desserrer les cordons de la bourse, cela n'allait point ; aussi promettaient-ils intérieurement, et même à haute voix, de fabuleuses raclées à leurs rejetons.

« Les voici, annonça la mère Camus, du haut de sa levée de grange, la main en abat-jour sur les yeux. »

Et, en effet, presque aussitôt, se poursuivant et discutant comme à l'ordinaire, les gamins du village apparurent dans le chemin près de la fontaine.

« File chez nous tout de suite, commanda sèchement à son fils le père Tintin, qui abreuvait ses bêtes.

— Lebrac, ajouta-t-il, et toi aussi, Camus, y a ton père qui t'a déjà appelé trois fois.

— Ah ! bien ! on y va alors, répondirent nonchalamment les deux chefs. »

Et bientôt, de tous les coins, sur tous les seuils, on vit surgir des mamans ou des papas hélant à haute voix leur fils et le priant de rentrer immédiatement.

Les Gibus et Gambette, presque instantanément abandonnés, se résolurent, puisqu'il en était ainsi, à regagner également leurs domiciles respectifs ; mais Gambette, en montant la côte, et les Gibus, la dernière bicoque dépassée, s'arrêtèrent court.

De toutes les maisons du village, des cris, des hurlements, des vociférations, des râles, mêlés à des coups de pied claquant, à des coups de poing sonnant, à des tonnerres de chaises et de meubles s'écroulant, se mariaient à des jappements épouvantés de chiens se sauvant, de chats faisant claquer les chatières pour le plus effroyable charivari qu'oreille humaine pût rêver.

On eût dit que partout à la fois on s'égorgeait.

Gambette, le cœur serré, immobile, écoutait.

C'étaient... oui, c'étaient bien les voix de ses amis : c'étaient les rugissements de Lebrac, les cris de putois de La Crique, les meuglements de Camus, les hurlements de Tintin, les piaillements de Boulot, les pleurs des autres et leurs grincements de dents : on les battait, on les rossait, on les étrillait, on les assommait !

« Qu'est-ce que ça pouvait bien signifier ? »

Et il revint par-derrière, à travers les vergers, n'osant repasser devant chez Léon, le buraliste, où quelques célibataires endurcis, fumant leur bouffarde, jugeaient des coups d'après les cris et discutaient avec ironie sur la vigueur comparée des poignes paternelles.

Il aperçut les deux Gibus, arrêtés, eux aussi, comme des lièvres qui écoutent la chasse, l'œil rond et les cheveux hérissés...

« Entends-tu ? entendez-vous ?

— Ils les éreintent ! Pourquoi ?

— Bacaillé !... fit Grangibus, c'est à cause de Bacaillé, je parierais ! Oui, il est rentré tout à l'heure au village, peut-être tel qu'on l'avait laissé, avec ses habits pleins de merde, et il a dû recafarder !

— Peut-être qu'il a tout raconté, le salaud !

— Alors, nous aussi, quand les vieux le sauront, on va recevoir la danse !

— S'il n'a pas dit nos noms et qu'on en parle chez nous, on dira qu'on n'y était pas.

— Écoute ! écoute !... »

Une bordée de sanglots et de râles et de cris et d'injures et de menaces s'évadait de chaque maison, montait, se mêlait, emplissait la rue pour une effarante cacophonie, un sabbat infernal, un vrai concert de damnés.

Toute l'armée de Longeverne, du général au plus humble soldat, du plus grand au plus petit, du plus malin au moins dégourdi, tous recevaient la pile et les paternels y allaient sans se retenir (la question d'argent ayant été évoquée), à grands coups de poings et de pieds, de souliers et de sabots, de martinets et de triques ; et les mères s'en mêlaient elles aussi, farouches, impitoyables sur les questions de gros sous, tandis que les sœurs, navrées et un peu complices, pleuraient, se lamentaient et suppliaient qu'on ne tuât pas pour si peu leur pauvre petit frère.

La Marie Tintin voulut intervenir directement. Elle reçut de sa mère une paire de gifles lancées à toute volée avec cette menace :

« Toi, petite garce, mêle-toi de ce qui te regarde, et que j'entende dire encore par les voisines que tu fricotes avec ce jeune gouilland de Lebrac, je veux t'apprendre ce qui est de ton âge. »

La Marie voulut lui répliquer : une nouvelle paire de claques du père lui en coupa l'envie et elle s'en fut pleurer silencieusement dans un coin.

[*La Guerre des boutons*, 1912.]

Jules Renard

(1864-1910)

Habitué des cafés littéraires parisiens, cofondateur du Mercure de France, membre de l'académie Goncourt, Jules Renard fut aussi, et peut-être davantage, un écrivain de la campagne. Non pas de son pays natal, la Mayenne, mais de la Nièvre où sa famille vint s'installer alors qu'il avait deux ans et où, après y avoir vécu toute sa jeunesse, il loua à partir de 1895 une maison, baptisée La Gloriette. Nombre de ses œuvres sont ainsi inspirées, imprégnées de son attachement à la nature et au monde rural nivernais : Poil de Carotte, Le Vigneron dans sa vigne, Histoires naturelles, Bucoliques, Nos frères farouches, Ragotte, *etc. Ses engagements politiques portent également la marque de cet enracinement. Républicain laïque et dreyfusard, ami de Jaurès et Blum, collaborateur de* L'Humanité *et de* L'Écho de Clamecy, *il fut en effet conseiller municipal de Chaumot de 1900 à 1904, puis conseiller et maire de Chitry-les-Mines de 1904 jusqu'à sa mort. Décédé à quarante-six ans dans son domicile parisien, rue du Rocher, il sera d'ailleurs transporté à Chitry pour y être enterré civilement.*

Plutôt que des extraits de Poil de Carotte, *j'ai choisi de présenter deux textes moins connus, issus de* Nos frères farouches, Ragotte, *publié en 1908, et de* Crime de village, *un recueil de nouvelles qu'il fit paraître en 1888 à compte d'auteur et en soixante-cinq exemplaires. L'un,* Petit gars de l'école, *est une historiette amusante, comme aimait tant en écrire Jules Renard, auteur d'innombrables formules et bons mots passés à la postérité. Telle cette définition du paysan reprise dans maints dictionnaires de citations : « Un paysan, écrivait-il, c'est un tronc d'arbre qui se déplace. » L'autre texte,* Une passionnette, *raconte l'histoire d'un petit paysan pauvre, Jac, qui tombe amoureux de Marthe, la fille des châtelains du village. Rappelant dans le ton comme par les thématiques – la cruauté des enfants, l'impossible rencontre des classes sociales – les nouvelles de Maupassant,* Une passionnette *est l'expression d'un tout autre Jules Renard, sombre et fragile. Pour qui, d'ailleurs, souhaiterait mieux connaître le double visage de ce grand écrivain, on ne saurait trop recommander la lecture de son œuvre majeure, son* Journal.

PETIT GARS DE L'ÉCOLE

Je viens de causer, sur la route, avec le petit Colas, qui ressemble, joufflu sous sa toque de laine, à une capsule de pavot, et je lui ai demandé :

« Qu'est-ce que tu fais là ?

— Rien.

— Comment rien ? Si, tu fais quelque chose, tu t'amuses. Mais il est trois heures, tu devrais être en classe. Il y a classe aujourd'hui. Pourquoi n'es-tu pas allé à l'école ? Réponds, n'aie pas peur.

— Coupé le bié, dit enfin Colas.

— Tu t'es coupé le pied, mon pauvre petit gars ! Tu as dû te faire mal… Mais tu ne boîtes pas ! »

Colas me regarde de ses yeux les plus inintelligents.

« Quel pied ? lui dis-je. Est-ce que ça se voit encore ? Montre un peu.

— Coupé le bié avec papa.

— Avec papa ?

— Oui, et maman.

— Tu t'es coupé le pied avec ton papa et ta maman. C'est bizarre ! En faisant quoi ? Tâche de t'expliquer. D'abord, on ne dit pas le bied, on dit le pied : ça prend un P et non un B. Prononce bien : pied.

— Bié.

— Non, pied ! pied !

— Bié ! bié ! répète Colas, le bié de notre champ, ce matin.

— Le bied de votre champ !… Ah ! J'y suis : le blé de votre champ. Tu as aidé ton papa et ta maman à couper le blé de leur champ, et ce soir tu te reposes, comme de juste.

— Oui, le bié.

— Le blé, le blé, mon camarade ! Il faut dire le blé et non le bié, je t'assure ; on comprend mieux. »

[*Nos frères farouches*, *Ragotte*, 1908.]

UNE PASSIONNETTE

I

Tous les rires, tous les cris tombèrent d'un coup, et les gens de la noce prirent des maintiens étudiés comme des paysans fraîchement descendus d'un tableau de Lhermitte.

Mme la comtesse venait d'entrer ; elle avait une toilette habilement composée, assez riche pour honorer, assez simple pour ne pas effaroucher, et dans sa taille, dans son regard, encore un peu de noblesse, mais si peu, que vraiment ces braves gens ne s'en offenseraient pas.

Elle s'avança dans la salle chaude d'émanations. Elle tenait par la main une petite fille qui ouvrait de grands yeux sans timidité.

Les paysans s'étaient levés. Le marié accourut ; d'un revers de main, il s'essuya la bouche et fit un compliment flatteur, mais point servile. Il présenta sa femme, une grosse veuve gênée dans son corsage. Son fils, petit garçon tout rouge et tout rond, se collait à elle, les yeux fixés sur la petite fille.

« Jac a douze ans », dit-elle.

Mme la comtesse dit :

« C'est comme Marthe. »

Le marié fut fier de la coïncidence.

Il fit défiler tous ses parents, qu'il nommait en faisant sonner les prénoms plus fortement que les noms dont il n'était pas sûr. Chacun d'eux, à sa présentation, avait un hochement de tête embarrassé, ébauchait un sourire contraint. Ils reprenaient lentement leur aplomb, comme des mannequins ébranlés par des boules. Mme la comtesse trouvait pour tous une phrase mesurée.

Le marié offrit quelque chose. Elle accepta une bouchée de brioche dans un rien de vin rouge. Elle suçait du bout des lèvres, en se cabrant, les doigts écartés, avec de délicates précautions. Les paysans la regardaient, silencieux, émerveillés, les coudes sur la table, les yeux humides, le visage coloré, vermeil. L'un d'eux, qui s'était oublié à parler bas, s'arrêta net, inquiet, comme s'il venait de faire un mauvais coup.

Cependant Marthe observait Jac. Tout son petit corps avait un mouvement de recul. Jac s'approchait de plus en plus. Sa crainte se dissipait. Il la toucha du bout des doigts, légèrement, de peur de la faner, elle et sa robe rose.

Il n'avait jamais vu de petite fille aussi raide et aussi bien mise, avec une telle blancheur et des cheveux bouclés de la sorte. Il tournait autour d'elle, muet, attentif, car, sans doute, elle allait parler. Marthe faisait retraite vers sa mère, grave, sans le quitter des yeux.

Mme la comtesse avait posé son verre sur la table et effleuré ses lèvres du coin d'un mouchoir fin comme un flocon de neige. Dans l'air pesant et chargé, elle se sentait un peu mal à l'aise.

Elle dit à Jac :

« Veux-tu venir jouer au château ? »

Jac ne répondit pas.

Embrassé, choyé, dorloté, bourré tout le jour, ébloui par la vision de Marthe, il allait de merveilles en merveilles. Le bonheur devenait accablant.

Mme la comtesse dit à la mère :

« Je l'emmène. »

La veuve répondit :

« C'est bien de l'honneur à nous. »

La comtesse se leva, salua tout le monde avec une grâce modérée, et sortit en disant :

« Je veux être marraine. »

La veuve pensa que le moment était venu de rougir et le marié de se redresser.

Marthe, à gauche de Mme la comtesse, gardait une indifférence de bon goût, et Jac, à droite, une seule main dans la poche, se demandait comment il allait bien s'y prendre pour jouer avec cette singulière petite fille, qui s'obstinait à se taire.

Derrière eux, dans la salle longue, aux coins emplis de meubles empilés, au-dessus de la table où les verres sonnaient, où les serviettes de toile s'agitaient, au-dessus des têtes en feu, secouées et somnolentes, de nouveau, vers le plafond, avec la fumée des pipes et les âcres odeurs, des voix montaient et de larges éclats de rire.

2

Jac entra dans la grande allée du château avec recueillement. Des statues de pierre le regardaient passer, nues ou largement drapées, et se le montraient l'une à l'autre avec un doigt cassé. Sous l'immense voûte, le son de ses pas lui parut démesuré. Quand un valet rigide ouvrit les portes d'une salle, que les glaces et le parquet luisant multipliaient avec régularité, il eut une impression de froid.

Vraiment, on ne devait pas crier ici comme ailleurs. On y courait autrement, avec le moins de bruit possible, et tout semblait mystérieux.

« Vous pouvez jouer », dit Marthe.

Et elle lui montra des jouets compliqués, finement peints, des jouets merveilleux, qui n'étaient pas cassés.

« Et vous ? dit Jac.

— Oh ! moi, je suis trop grande. C'était pour quand j'étais petite fille, il y a longtemps. »

Elle disait cela sérieusement, le teint pâle, avec, dans tout son corps fluet, quelque chose de grêle et de souffrant.

Jac avait bien envie de s'en aller.

On lui apprit que désormais il resterait au château et qu'il serait le camarade de Marthe.

On lui donna un costume de velours et une chambrette mignonnement arrangée, d'où il pouvait voir en se penchant le balcon de Marthe, et plus bas, presque au pied des tours, la rivière blanche couler dans les prés. Il eut la liberté d'aller partout, à condition de ne pas quitter Marthe. Il devint un petit esclave, soumis à toutes ses fantaisies de despote débile, d'abord avec ennui ; mais, par degrés, il se fit à la monotonie qu'on s'imposait, au silence peu troublé. Il finit par aimer, un peu par vanité, ce château solitaire qui l'effrayait. Le parc, surtout, l'éblouit. Il avait des gazons menus et moelleux pour ses repos ; il avait des allées réglées pour faciliter ses courses, des perspectives infinies pour les brouiller, et de grands lacs où des sapins se contemplaient éternellement. Ses impressions jeunes s'ouvraient comme des yeux pour tout voir, pour tout guetter. Il sentait en lui l'éveil d'une petite âme trop sensible.

Quand, autrefois, sa mère passait avec lui près du château, le long du mur environnant, elle lui en parlait complaisamment, comme d'un monde merveilleux, qu'il s'efforçait de se figurer avec de riches images, en y mêlant volontiers des apparitions de fées puissantes et maternelles.

Maintenant, il y vivait, à l'aise, sûr de n'en pas sortir, un peu vain, quand il traversait le village, côte à côte avec Marthe, propre comme une pièce neuve, droit, regardé, envié.

Les jours de promenade étaient ses plus beaux jours, l'enivraient de petits triomphes, le haussaient au milieu d'un tas de petits bonshommes en mauvaise humeur.

Il devait toutes ces joies à Marthe, et l'adorait.

Mais Marthe avait pour toute chose et pour lui une indifférence d'enfant débile et maladive. Comme une châtelaine en miniature, héréditaire de goûts affinés et d'une morbidesse dolente, mince et blanche, elle avait une façon qui navrait Jac de n'y point prendre garde et de le tenir à distance.

Petite fille silencieuse, elle revenait de loin, et elle en savait long. Jac en pleurait. Sa sensibilité s'aiguisait. Il devenait irritable, accessible aux impressions les plus fugitives. Un rien le froissait.

Au moment où tous ses efforts d'enfant désireux de plaire allaient égayer Marthe, quand il se trouvait bien là, certain que les fleurs sentaient bon, que tout croissait, que tout chantait pour lui comme pour elle, quand il se croyait pour moitié dans ses joies, dans sa vie, entré plus avant dans son affection, tout près d'une intimité de petit frère d'élection, avec le regard qu'on a pour un joujou de passage, avec un mot blessant, une comparaison moqueuse, une attitude hautaine, Marthe le rejetait loin d'elle, nonchalante souveraine en robe courte.

C'étaient là pour Jac des chutes où il se faisait mal. Il se relevait les yeux remplis de pleurs, sans se plaindre, et suivant à travers ses larmes comme une part volée qu'on ne lui rendrait pas.

Et d'autant moins que Marthe, chétive et languissante, peut-être amusée à la torture d'un être plus fort qu'elle, ménageait ses boutades et ses saillies d'humeur, Jac multipliait autour d'elle ses soins étudiés, resserrait ses prévenances, l'entourait d'attentions où il mettait sans compter tout ce qu'il avait de délicatesse et d'envie d'être un peu plus aimé.

Marthe, par oubli, se laissait envelopper de ce culte enfantin. Puis le dédain perçait, et elle avait le caprice de casser le feuillage épais d'où coulaient sur elle la fraîcheur et l'ombre pour voir un peu plus loin.

La comtesse, nostalgique et ennuyée, ne s'apercevait pas de ces choses frivoles. Jac souffrait ; elle ne vit rien.

Un matin, brusquement, Marthe joyeuse dit à Jac que le château était vendu, qu'elle allait partir vers un pays plus ensoleillé, et qu'ils allaient se quitter.

Il entendit sans bien comprendre, bouleversé.

« Ah ! vous partez.

— Oui, dit-elle, nullement émue, prête à railler Jac pour sa figure, qu'elle trouvait drôle.

— C'est pour longtemps ?

— Certainement, puisque le château est vendu. Maman dit que nous ne reviendrons jamais. Ta mère va venir te reprendre tout à fait. »

Il n'avait plus rien à entendre. C'était fini. Il ne pouvait pas se dire que cela s'arrangerait, qu'il y avait peut-être un moyen.

Cette petite grande personne lui avait appris son départ certain, tranquillement, comme une nouvelle simple. C'était bien pour jamais. Il retournait ce mot avec entêtement pour y trouver une échappée, une issue, pour en sortir. Il s'en alla, tout pâle. Tout ce qu'un enfant peut avoir de révolte se soulevait en lui. Il sortit du château, descendit le village, inconscient. Sa mère habitait tout au bas. Il s'arrêta devant la porte et la trouva fermée. Sa mère n'y était pas.

3

C'était une de ces vieilles maisons comme on en voit encore, bâties comme à coups de hache, avec de grandes portes lourdes de clous, des fenêtres à barreaux, solitaires prisons à peine dégrossies en maisons bourgeoises.

Sur la route, dans un large rayon de soleil, Jac pleurait, secoué de sanglots, s'arrêtant parfois, comme s'il oubliait son chagrin, ses poings humides frottés contre ses yeux.

Deux femmes jeunes et gaies, en toilettes claires, avec des ombrelles blanches, s'arrêtaient devant lui.

« Tu pleures, mon petit ?

— Tu boudes, mon ami ? »

Jac ne dit rien.

« Voyons, pourquoi pleures-tu ?

— Oh ! le vilain, qui pleure et qui ne sait pas pourquoi ! »

Et les deux femmes, donnant chacune une petite tape sur la joue de l'enfant, s'éloignèrent, redevenues subitement joyeuses, trouvant le soleil trop beau pour s'attarder à une douleur.

Jac suivait du regard les deux belles dames, si peu secourables, qui s'en allaient lentement.

Elles montaient une route pittoresque, se signaient devant une vieille croix penchée, pareilles à toutes celles qu'on plante aux extrémités d'un village, et se dirigeaient vers un bois qu'on apercevait dans le lointain comme une grande tache noire.

L'œil de Jac restait fixé sur elles avec d'autant moins de larmes qu'elles s'éloignaient plus. Insensiblement, leurs ombrelles se rapprochaient, se touchaient, mêlaient leurs bords, et Jac les vit bientôt se confondre. Il lui sembla qu'un immense champignon blanc marchait au loin sur un grand pied noir.

Cela fit diversion à sa douleur, et il se mit à rire.

Il s'éloigna de la maison, arriva à la rivière et la remonta. Elle était séparée du château par une grande étendue de pelouse plantée de pins.

Quand il fut au pied des tours, il leva la tête et regarda longuement la fenêtre.

Sa croisée était ouverte, et le vent tirait un coin du rideau blanc, comme un mouchoir d'une large poche.

En ce moment, la fenêtre de Marthe s'ouvrit. Et au-dessus d'un pot d'œillets rouges, entre les clématites flexibles qui l'encadraient, sa tête apparut, fine et blanche, comme une fleur pâle qui viendrait se mettre à l'air.

Jac lui souriait.

Elle le regarda, surprise.

« Je vais me baigner », dit-il.

Marthe répondit :

« Tu sais que maman te l'a défendu.

— Elle ne me grondera pas, dit Jac, et cela vous amusera. »

Marthe resta, retenue par la curiosité éveillée d'une petite fille qui, plus d'une fois, avait surpris un bout de conversation entre des domestiques, une phrase obscure pour elle, un mot étrange.

Jac ôta sa veste et la jeta sur l'herbe. Il retourna ses poches et en laissa tomber tout ce qu'elles contenaient. Il rangea par terre ses belles boules de toutes couleurs.

« Je vous les donne, dit-il à Marthe ; elles sont pour vous. »

Il entra dans l'eau. Le bout de son pied l'avait à peine touchée, qu'il le retira vivement.

Marthe se mit à rire. Elle se penchait le plus possible.

Jac s'assit sur la mousse du bord, et, frissonnant un peu, se laissa glisser lentement. Il se tourna vers Marthe, et avec une voix rieuse de petit saltimbanque, il cria :

« Attention ! je vais faire celui qui se noie. »

Les membres frappaient l'eau : son corps avait des contorsions. Des gouttes jaillissaient et pendaient aux feuilles, petites larmes claires.

Marthe, heureuse, battait des mains, et des points roses tremblaient sur ses joues.

Quand Jac, les cheveux plaqués, reparut, triton frêle, elle lui cria : « Tu imites joliment bien ! »

« Maintenant, reprit Jac, avec la même voix de boniment, nous allons faire le mort. »

Le rire suspendu, attentive, Marthe se pencha à tomber.

Jac se mit sur le dos. Il resta quelques instants immobile, les bras tendus.

L'eau était à peine troublée. Il regardait Marthe, fixement, sa tête affleurant un peu.

Là-haut, bien haut, dans le miroir bleu d'un air pur, des hirondelles tournaient, minces cercles noirs.

Puis il enfonça, suivant une ligne oblique. Ses yeux restaient ouverts. Ils se voilèrent de paupières d'eau. Son front disparut. Son corps se rapetissa, devint pas plus grand qu'un Christ d'alcôve. L'eau le prit, le caressa doucement, l'enveloppa comme un lange, et le coucha sur les cailloux polis.

Autour de lui, des tessons de bouteilles brillaient, énormes émeraudes.

Une bulle d'air vint crever à fleur d'eau.

Sur le bord, un petit chien bouclé, lavé, peigné, au collier blanc, jappait.

Marthe, tout entière à l'acuité d'une sensation intense, muette, immobile, sans souffle, attendait :

« Car c'était parfait comme apparence. »

[*Crime de village*, 1888.]

Arthur Rimbaud

(1854-1891)

Poèmes, proses, phrases, Rimbaud a écrit sur la nature, la campagne, des œuvres fulgurantes, inégalables, dont un bon nombre lui fut inspiré par ses Ardennes natales. Mais, dans le même temps, il en détesta l'univers social, peuplé de bourgeois, de péquenauds et de chrétiens, qu'il ne cessera jamais, sa vie durant, de pourfendre, de provoquer et de fuir.
De ce double Rimbaud, génie de la Nature autant que de la Révolte, on trouve trace dès le plus jeune âge, dans le Prologue *aux* Premières proses *reproduit ci-dessous. Pour apprécier pleinement ce texte, il faut avoir en tête que le jeune Arthur, né d'un père capitaine d'infanterie et d'une mère fille de cultivateurs, l'écrivit alors qu'il venait tout juste d'avoir dix ans ! Tout autre commentaire, comme souvent avec Rimbaud, est superflu…*

PROLOGUE

1

Le soleil était encore chaud ; cependant il n'éclairait presque plus la terre ; comme un flambeau placé devant les voûtes gigantesques ne les éclaire plus que par une faible lueur, ainsi le soleil, flambeau terrestre, s'éteignait en laissant échapper de son corps de feu une dernière et faible lueur, laissant encore cependant voir les feuilles vertes des arbres, les petites fleurs qui se flétrissaient, et le sommet gigantesque des pins, des peupliers et des chênes séculaires. Le vent rafraîchissant, c'est-à-dire une brise fraîche, agitait les feuilles des arbres avec un bruissement à peu près semblable à celui que faisait le bruit des eaux argentées du ruisseau qui coulait à mes pieds. Les fougères courbaient leur front vert devant le vent. Je m'endormis, non sans m'être abreuvé de l'eau du ruisseau.

2

Je rêvai que… j'étais né à Reims, l'an 1503. Reims était alors une petite ville ou, pour mieux dire, un bourg cependant renommé à cause de sa belle cathédrale, témoin du sacre du roi Clovis.

Mes parents étaient peu riches, mais très honnêtes : ils n'avaient pour tout bien qu'une petite maison qui leur avait toujours appartenu et qui était en leur possession vingt ans avant que je ne fusse encore né, en plus, quelque mille francs auxquels il faut encore ajouter les petits louis provenant des économies de ma mère.

Mon père était officier dans les armées du roi. C'était un homme grand, maigre, chevelure noire, barbe, yeux, peau de même couleur… Quoiqu'il n'eût guère, quand j'étais né, que 48 ou 50 ans, on lui en aurait certainement bien donné 60 ou… 58. Il était d'un caractère vif, bouillant, souvent en colère et ne voulant rien souffrir qui lui déplût.

Ma mère était bien différente : femme douce, calme, s'effrayant de peu de chose, et cependant tenant la maison dans un ordre parfait. Elle était si calme que mon père l'amusait comme une jeune demoiselle. J'étais le plus aimé. Mes frères étaient moins vaillants que moi et cependant plus grands. J'aimais peu l'étude, c'est-à-dire d'apprendre à lire, écrire et compter… Mais si c'était pour arranger une maison, cultiver un jardin, faire des commissions, à la bonne heure, je me plaisais à cela.

Je me rappelle qu'un jour mon père m'avait promis vingt sous, si je lui faisais bien une division ; je commençai ; mais je ne pus finir. Ah ! combien de fois ne m'a-t-il pas promis… de sous, des jouets, des friandises, même une fois cinq francs, si je pouvais lui… lire quelque chose… malgré cela, mon père me mit en classe dès que j'eus dix ans.

Pourquoi – me disais-je – apprendre du grec, du latin ? Je ne le sais. Enfin, on n'a pas besoin de cela. Que m'importe à moi que je sois reçu… à quoi cela sert-il d'être reçu, à rien, n'est-ce pas ? Si, pourtant ; on dit qu'on n'a une place que lorsqu'on est reçu. Moi, je ne veux pas de place ; je serai rentier. Quand même on en voudrait une, pourquoi apprendre le latin ; personne ne parle cette langue. Quelquefois j'en vois sur les journaux ; mais, dieu merci, je ne serai pas journaliste.

Pourquoi apprendre et de l'histoire et de la géographie ? On a, il est vrai, besoin de savoir que Paris est en France, mais on ne demande pas à quel degré de latitude. De l'histoire, apprendre la vie de Chinaldon, de Nabopolassar, de Darius, de Cyrus, et d'Alexandre, et de leurs autres compères remarquables par leurs noms diaboliques, est un supplice ?

Que m'importe à moi qu'Alexandre ait été célèbre ? Que m'importe... Que sait-on si les Latins ont existé ? C'est peut-être quelque langue forgée ; et quand même ils auraient existé, qu'ils me laissent rentier et conservent leur langue pour eux. Quel malheur ai-je fait pour qu'ils me flanquent au supplice ?

Passons au grec... Cette sale langue n'est parlée par personne, personne au monde !... Ah ! saperlipotte de saperlopopette ! sapristi ! moi je serai rentier ; il ne fait pas si bon de s'user les culottes sur les bancs, saperlipopettouille !

Pour être décrotteur, gagner la place de décrotteur, il faut passer un examen ; car les places qui vous sont accordées sont d'être ou décrotteur, ou porcher, ou bouvier. Dieu merci, je n'en veux pas, moi, saperlipouille !

Avec ça des soufflets vous sont accordés pour récompense ; on vous appelle animal, ce qui n'est pas vrai, bout d'homme, etc...

La suite prochainement.
ah ! saperpouillotte !... »

Arthur.

[*Premières proses*, 1864.]

George Sand

(1804-1876)

La gloire, bien souvent, finit par occulter les chemins qui y conduisent... De cette vérité, George Sand représente un bon exemple. Si son nom fait immédiatement penser à « la bonne dame de Nohant » et à ses grands romans rustiques (La Mare au diable, François le Champi, La Petite Fadette, Les Maîtres sonneurs), *si ses opinions révolutionnaires ou ses amours tumultueuses ont également beaucoup contribué à sa notoriété, les raisons en demeurent largement méconnues du grand public. Or, pour nous en instruire, George Sand nous a laissé un témoignage capital :* Histoire de ma vie, *publié en 1854-1855.*

De cette œuvre longuement mûrie – sa rédaction durera sept ans – j'ai extrait deux passages qui permettent de mieux comprendre comment s'est forgée, dès l'enfance et dans son Berry d'adoption, la personnalité de George Sand. Dans le premier texte, elle évoque Corambé, personnage romanesque et incarnation, surtout, de son sentiment religieux, mi-chrétien mi-païen, fruit de ses élans mystiques et de ses amitiés avec les petits paysans de Nohant. Dans le second, elle revient sur la naissance, vers l'âge de douze ou treize ans, de ses idées politiques, de son « rêve d'égalité fraternelle », dont les polémiques avec son précepteur, Deschartres, le partage quotidien de la condition paysanne et la culpabilité d'être née « dame et châtelaine contre [son] gré », constituent alors les principaux aliments.

Au fil de ces quelques pages, trop brèves mais éclairantes, on verra combien le paradoxe George Sand doit à ses campagnes d'enfance : idéalisées et tournées vers le passé, celles-ci donneront les peintures idylliques, aisément critiquables, de La Mare au diable *ou de* La Petite Fadette *; fraternelles, lieu d'un monde nouveau à construire, elles viendront nourrir, autant que les contacts entretenus avec le monde ouvrier, la militante socialiste et féministe, la femme indépendante d'esprit et de corps qui fit si souvent, sa vie durant, scandale. « Laissez verdure... », auraient été, dit-on, ses derniers mots...*

CORAMBÉ

Et voilà qu'en rêvant la nuit, il me vint une figure et un nom. Le nom ne signifiait rien que je sache : c'était un assemblage fortuit de syllabes comme il s'en forme dans les songes. Mon fantôme s'appelait *Corambé*, et ce nom lui resta. Il devint le titre de mon roman et le dieu de ma religion.

En commençant à parler de *Corambé*, je commence à parler non seulement de ma vie poétique, que ce type a remplie si longtemps dans le secret de mes rêves, mais encore de ma vie morale, qui ne faisait qu'une avec la première. Corambé n'était pas, à vrai dire, un simple personnage de roman, c'était la forme qu'avait prise et que garda longtemps mon idéal religieux.

De toutes les religions qu'on me faisait passer en revue comme une étude historique pure et simple, sans m'engager à en adopter aucune, il n'y en avait aucune, en effet, qui me satisfît complètement, et toutes m'attiraient par quelque endroit. Jésus-Christ était bien pour moi le type d'une perfection supérieure à toutes les autres; mais la religion qui me défendait, au nom de Jésus, d'aimer les autres philosophes, les autres dieux, les autres saints de l'antiquité, me gênait et m'étouffait pour ainsi dire. Il me fallait *L'Iliade* et *La Jérusalem* dans mes fictions. Corambé se créa tout seul dans mon cerveau. Il était pur et charitable comme Jésus, rayonnant et beau comme Gabriel; mais il lui fallait un peu de la grâce des nymphes et de la poésie d'Orphée. Il avait donc des formes moins austères que le dieu des chrétiens et un sentiment plus spiritualisé que ceux d'Homère. Et puis il me fallait le compléter en le vêtant en femme à l'occasion, car ce que j'avais le mieux aimé, le mieux compris jusqu'alors, c'était une femme, c'était ma mère. Ce fut donc souvent sous les traits d'une femme qu'il m'apparut. En somme, il n'avait pas de sexe et revêtait toute sorte d'aspects différents.

Il y avait des déesses païennes que je chérissais : la sage Pallas, la chaste Diane, Iris, Hébé, Flore, les muses, les nymphes; c'étaient là des êtres charmants dont je ne voulais pas me laisser priver par le christianisme. Il fallait que Corambé eût tous les attributs de la beauté physique et morale, le don de l'éloquence, le charme tout-puissant des arts, la magie de l'improvisation musicale surtout ; je voulais l'aimer comme un ami, comme une sœur, en même temps que le révérer comme un dieu. Je ne voulais pas le craindre, et, à cet effet, je souhaitais qu'il eût quelques-unes de nos erreurs et de nos faiblesses.

Je cherchai celle qui pourrait se concilier avec sa perfection, et je trouvai l'excès de l'indulgence et de la bonté. Ceci me plut particulièrement, et son existence, en se déroulant dans mon imagination (je n'oserais dire par l'effet de ma volonté, tant ces rêves me parurent bientôt se formuler d'eux-mêmes), m'offrit une série d'épreuves, de souffrances, de persécutions et de martyres. J'appelais livre ou chant chacune de ses phases d'humanité, car il devenait homme ou femme en touchant la terre, et quelquefois le dieu supérieur et tout-puissant dont il n'était, après tout, qu'un ministre céleste, préposé au gouvernement moral de notre planète, prolongeait son exil parmi nous, pour le punir de trop d'amour et de miséricorde envers nous.

Dans chacun de ces chants (je crois bien que mon poème en a eu au moins mille sans que j'aie été tentée d'en écrire une ligne), un monde de personnages nouveaux se groupait autour de Corambé. Tous étaient bons. Il y avait des méchants qu'on ne voyait jamais (je ne voulais pas les faire paraître), mais dont la malice et la folie se révélaient par des images de désastre et des tableaux de désolation. Corambé consolait et réparait sans cesse. Je le voyais, entouré d'êtres mélancoliques et tendres, qu'il charmait de sa parole et de son chant, dans des paysages délicieux, écoutant le récit de leurs peines et les ramenant au bonheur par la vertu.

D'abord je me rendis bien compte de cette sorte de travail inédit ; mais, au bout de très peu de temps, de très peu de jours même, car les jours comptent triple dans l'enfance, je me sentis possédée par mon sujet bien plus qu'il n'était possédé par moi. Le rêve arriva à une sorte d'hallucination douce, mais si fréquente et si complète parfois, que j'en étais comme ravie hors du monde réel.

D'ailleurs, le monde réel se plia bientôt à ma fantaisie. Il s'arrangea à mon usage. Nous avions, aux champs, mon frère, Liset et moi, plusieurs amis, filles et garçons, que nous allions trouver tour à tour pour jouer, courir, marauder ou grimper avec eux. J'allais, quant à moi, plus souvent avec les filles d'un de nos métayers, Marie et Solange, qui étaient un peu plus jeunes de fait et plus enfants que moi par caractère. Presque tous les jours, de midi à deux heures, c'était l'heure de ma récréation permise, je courais à la métairie et je trouvais mes jeunes amies occupées à soigner leurs agneaux, à chercher les œufs de leurs poules, épars dans les buissons, à cueillir les fruits du verger, ou à garder les *ouailles*, comme on dit chez nous, ou à *faire de la feuille* pour leur provision d'hiver, suivant la saison. Elles étaient toujours à l'ouvrage, et je les aidais avec ardeur afin d'avoir le plaisir d'être avec elles. Marie était une enfant fort sage et fort simple. La plus jeune, Solange, était assez volontaire et nous cédions à toutes ses fantaisies. Ma grand'mère était fort aise que je prisse de l'exercice avec elles, mais elle disait qu'elle ne concevait pas le plaisir que je pouvais trouver, moi qui faisais de si belles descriptions et qui asseyais la lune *dans une nacelle d'argent*, avec ces petites paysannes crottées, avec leurs dindons et leurs chèvres.

Moi, j'avais le secret de mon plaisir et je le gardais pour moi seule. Le verger où je passais une partie de ma journée était charmant (il l'est encore), et c'est là que mon roman venait en plein me trouver. Quoique ce verger fût bien assez joli par lui-même, je ne le voyais pas précisément tel qu'il était. Mon imagination faisait d'une butte de trois pieds une montagne, de quelques arbres une forêt, du sentier qui allait de la maison à la prairie le chemin qui mène au bout du monde, de la mare bordée de vieux saules un gouffre ou un lac, à volonté ; et je voyais mes personnages agir, courir ensemble, ou marcher seuls en rêvant, ou dormir à l'ombre, ou danser en chantant dans ce paradis de mes songes creux. La causette de Marie et de Solange ne me dérangeait nullement. Leur naïveté, leurs occupations champêtres ne détruisaient rien à l'harmonie de mes tableaux, et je voyais en elles deux petites nymphes déguisées en villageoises et préparant tout pour l'arrivée de Corambé, qui passerait par là un jour ou l'autre et les rendrait à leur forme et à leur destinée véritables.

D'ailleurs, quand elles parvenaient à me distraire et à faire disparaître mes fantômes, je ne leur en savais pas mauvais gré, puisque j'arrivais à m'amuser pour mon propre compte avec elles. Quand j'étais là, les parents se montraient fort tolérants sur le temps perdu, et bien souvent nous laissions quenouilles, moutons ou corbeilles pour nous livrer à une gymnastique échevelée, grimper sur les arbres, ou nous précipiter du haut en bas des montagnes de gerbes entassées dans la grange, jeu délirant, je l'avoue, et que j'aimerais encore si je l'osais.

Ces accès de mouvement et de gaieté enivrante me faisaient trouver plus de plaisir encore à retomber dans mes contemplations, et mon cerveau excité physiquement était plus riche d'images et de fantaisie. Je le sentais et ne m'en faisais pas faute.

Une autre amitié que je cultivais moins assidûment, mais où mon frère m'entraînait quelquefois, avait pour objet un gardeur de cochons qui s'appelait Plaisir. J'ai toujours eu peur et horreur des cochons, et pourtant, peut-être précisément à cause de cela, Plaisir, par la grande autorité qu'il exerçait sur ces méchants et stupides animaux, m'inspirait une sorte de respect et de crainte. On sait que c'est une dangereuse compagnie qu'un troupeau de porcs. Ces animaux ont entre eux un étrange instinct de solidarité. Si l'on offense un individu isolé, il jette un certain cri d'alarme qui réunit instantanément tous les autres. Ils forment alors un bataillon qui se resserre sur l'ennemi commun et le force à chercher son salut sur un arbre ; car, de courir, il n'y faut point songer, le porc maigre étant, comme le sanglier, un des plus rapides et des plus infatigables jarrets qui existent.

Ce n'était donc pas sans terreur que je me trouvais aux champs au milieu de ces animaux, et jamais l'habitude n'a pu me corriger de cette faiblesse. Pourtant Plaisir craignait si peu et dominait tellement ceux auxquels il avait affaire, leur arrachant sous le nez les féveroles et autres tubercules sucrés qu'ils trouvent dans nos terres, que je travaillais à m'aguerrir auprès de lui. La plus terrible bête de son troupeau, c'était le maître porc, celui que nos pasteurs appellent le *cadi*, et qui, réservé à la reproduction de l'espèce, atteint souvent une taille et une force extraordinaires. Il l'avait si bien dompté, qu'il le chevauchait avec une sorte de maestria sauvage et burlesque.

Walter Scott n'a pas dédaigné d'introduire un gardeur de pourceaux dans *Ivanhoë*, un de ses plus beaux romans. Il aurait pu tirer un grand parti de la figure de Plaisir. C'était un être tout primitif, doué des talents de sa condition barbare. Il abattait les oiseaux à coups de pierre avec une habileté remarquable et s'exerçait principalement sur les pies et les corneilles qui viennent, en hiver, faire société intime avec les troupeaux de porcs. On les voit se tenir autour de ces animaux pour chercher dans les mottes de terre qu'ils retournent avec leur nez les vers et les graines en germe. Cela donne lieu à de grandes altercations entre ces oiseaux querelleurs; celui qui a saisi la proie saute sur le cochon pour la dévorer à son aise, les autres l'y suivent pour le houspiller, et le dos ou la tête du quadrupède indifférent et impassible devient le théâtre de luttes acharnées. Quelquefois aussi, ces oiseaux se perchent sur le pourceau seulement pour se réchauffer, ou pour mieux observer le travail dont ils doivent profiter. J'ai vu souvent une vieille corneille cendrée se tenir ainsi sur une jambe, d'un air pensif et mélancolique, tandis que le pourceau labourait profondément le sol et, par ses efforts, lui imprimait des secousses qui la dérangeaient, l'impatientaient et la décidaient à le corriger à coups de bec.

C'est dans cette farouche société que Plaisir passait sa vie; vêtu en toute saison d'une blouse et d'un pantalon de toile de chanvre qui avaient pris, ainsi que ses mains et ses pieds nus, la couleur et la dureté de la terre, se nourrissant, comme son troupeau, des racines qui rampent sur le sol, armé de l'instrument de fer triangulaire qui est le sceptre des porchers et qui leur sert à creuser et à couper sous les sillons, toujours enfoui dans quelque trou, ou rampant sous les buissons pour y poursuivre les serpents et les belettes, quand un pâle soleil d'hiver faisait briller le givre sur les grands terrains bouleversés par l'incessant travail de son troupeau, il me faisait l'effet du gnome de la glèbe, une sorte de diable entre l'homme et le loup-garou, entre l'animal et la plante.

À la lisière du champ où nous vîmes Plaisir pendant toute une saison, le fossé était couvert d'une belle végétation. Sous les branches pendantes des vieux ormes et l'entrecroisement des ronces, nous autres enfants, nous pouvions marcher à couvert, et il y avait des creux secs et sablonneux avec des revers de mousse et d'herbes desséchées, où nous pouvions nous tenir à l'abri du froid ou de la pluie. Ces retraites me plaisaient singulièrement, surtout quand j'y étais seule et que les rouges-gorges et les roitelets, enhardis par mon immobilité, venaient curieusement tout auprès de moi pour me regarder. J'aimais à me glisser inaperçue sous les berceaux naturels de la haie, et il me semblait entrer dans le royaume des esprits de la terre. J'eus là beaucoup d'inspirations pour mon roman.

MON IDÉAL D'ÉGALITÉ FRATERNELLE

J'annonçais devoir être grande et robuste ; de douze à treize ans, je grandis de trois pouces et j'acquis une force exceptionnelle pour mon âge et pour mon sexe. Mais j'en restai là, et mon développement s'arrêta au moment où il commence souvent pour les autres. Je ne dépassai pas la taille de ma mère, mais je fus toujours très forte et capable de supporter des marches et des fatigues presque viriles.

Ma grand'mère, ayant enfin compris que je n'étais jamais malade que faute d'exercice et de grand air, avait pris le parti de me laisser courir, et, pourvu que je ne revinsse pas avec des déchirures à ma personne ou à mes vêtements, Rose m'abandonnait peu à peu à ma liberté physique. La nature me poussait par un besoin invincible à seconder le travail qu'elle opérait en moi, et ces deux années, celles où je rêvai et pleurai pourtant le plus, furent aussi celles où je courus et où je m'agitai davantage. Mon corps et mon esprit se commandaient alternativement une inquiétude d'activité et une fièvre de contemplations, pour ainsi dire. Je dévorais les livres qu'on me mettait entre les mains, et puis tout à coup je sautais par la fenêtre du rez-de-chaussée, quand elle se trouvait plus près de moi que la porte, et j'allais m'ébattre dans le jardin ou dans la campagne, comme un poulain échappé. J'aimais la solitude de passion, j'aimais la société des autres enfants avec une passion égale ; j'avais partout des amis et des compagnons. Je savais dans quel champ, dans quel pré, dans quel chemin je trouverais Fanchon, Pierrot, Liline, Rosette ou Sylvain. Nous faisions le ravage dans les fossés, sur les arbres, dans les ruisseaux. Nous gardions les troupeaux, c'est-à-dire que nous ne les gardions pas du tout, et que, pendant que les chèvres et les moutons faisaient bonne chère dans les jeunes blés, nous formions des danses échevelées, ou bien nous goûtions sur l'herbe avec nos galettes, notre fromage et notre pain bis. On ne se gênait pas pour traire les chèvres et les brebis, voire les vaches et les juments quand elles n'étaient pas trop récalcitrantes. On faisait cuire des oiseaux ou des pommes de terre sous la cendre. Les poires et les pommes sauvages, les prunelles, les mûres de buisson, les racines, tout nous était régal. Mais c'était là qu'il ne fallait pas être surpris par Rose, car il m'était enjoint de ne pas manger *hors des repas*, et, si elle arrivait, armée d'une houssine verte, elle frappait impartialement sur moi et sur mes complices.

Chaque saison amenait ses plaisirs. Dans le temps des foins, quelle joie que de se rouler sur le sommet du charroi, ou sur les miloches [1] ! Toutes mes amies, tous mes petits camarades rustiques venaient glaner derrière les ouvriers dans nos prairies, et j'allais rapidement faire l'ouvrage de chacun d'eux, c'est-à-dire que, prenant leurs râteaux, j'entamais dans nos récoltes et qu'en un tour de main je leur en donnais à chacun autant qu'il en pouvait emporter. Nos métayers faisaient la grimace et je ne comprenais pas qu'ils n'eussent pas le même plaisir que moi à donner. Deschartres se fâchait ; il disait que je faisais de tous ces enfants des pillards qui me feraient repentir, un jour, de ma facilité à donner et à laisser prendre.

C'était la même chose en temps de moisson ; ce n'étaient plus des javelles qu'emportaient les enfants de la commune, c'étaient des gerbes. Les pauvresses de La Châtre venaient par bandes de quarante et cinquante. Chacune m'appelait pour suivre sa *rège*, c'est-à-dire pour tenir son sillon avec elles, car elles établissent entre elles une discipline et battent celle qui glane hors de sa ligne. Quand j'avais passé cinq minutes avec une glaneuse, comme je ne me gênais pas pour prendre à deux mains dans nos gerbes, elle avait gagné sa journée, et, lorsque Deschartres me grondait, je lui rappelais l'histoire de Ruth et de Booz.

C'est de cette époque particulièrement que datent les grandes et fastidieuses instructions que le bon Deschartres entreprit de me faire goûter sur les avantages et les plaisirs de

1. Miloche : petite meule de foin.

la propriété. Je ne sais pas si j'étais prédisposée à prendre la contre-partie de sa doctrine, ou si ce fut la faute du professeur, mais il est certain que je me jetai par réaction dans le communisme le plus aveugle et le plus absolu. On pense bien que je ne donnais pas ce nom à mon utopie, je crois que le mot n'avait pas encore été créé ; mais je décrétai en moi-même que l'égalité des fortunes et des conditions était la loi de Dieu, et que tout ce que la fortune donnait à l'un, elle le volait à l'autre. J'en demande bien pardon à la société présente, mais cela m'entra dans la tête à l'âge de douze ans et n'en sortit plus que pour se modifier en se conformant aux nécessités morales des faits accomplis. L'idéal resta pour moi dans un rêve de fraternité paradisiaque, et, lorsque je devins catholique plus tard, ce rêve s'appuya sur la logique de l'évangile. (...)

J'exposais naïvement mon utopie à Deschartres. Pauvre homme ! S'il vivait aujourd'hui, avec ses instincts réactionnaires développés par les circonstances, dans quelles fureurs certaines idées nouvelles lui feraient achever ses jours ! Mais en 1816 l'utopie ne lui paraissait pas menaçante, et il prenait la peine de la discuter méthodiquement. « Vous changerez d'avis, me disait-il, et vous arriverez à mépriser trop l'humanité pour vouloir vous sacrifier à elle. Mais, dès à présent, il faut combattre en vous ces instincts de prodigalité que vous tenez de votre pauvre père. Vous n'avez pas la moindre idée de ce que c'est que l'argent ; vous vous croyez riche parce que vous voyez autour de vous de la terre qui est à vous, des moissons qui mûrissent pour vous, des bestiaux qu'on soigne et qu'on engraisse pour vous fournir tous les ans quelques sacs d'écus. Mais avec tout cela vous n'êtes pas riche, et votre bonne maman a bien de la peine à tenir sa maison sur un pied honorable.

— Eh bien, voyons, disais-je, qui est-ce qui force ma bonne maman à ces dépenses, qui sont principalement une bonne cave et une bonne table pour ses amis ? Car, quant à elle, elle mange comme un oiseau, et une bouteille de muscat lui durerait bien deux mois. Croyez-vous qu'on vienne la voir pour boire et manger ses friandises ?

— Mais il faut ceci, il faut cela », disait Deschartres. Je niais tout ; j'accordais qu'il fallait à ma bonne maman tout le bien-être dont je la voyais jouir avec plaisir, mais je prétendais que, Deschartres et moi, nous pouvions bien nous mettre au brouet noir des Lacédémoniens. Cela ne lui souriait pas du tout. Il raillait ma ferveur de novice en stoïcisme, et il m'emmenait voir nos champs et nos prés, assurant que je devais me mettre au courant de ma fortune et que je ne pouvais de trop bonne heure me rendre compte de mes dépenses et de mes recettes. Il me disait : « Voilà un morceau de terre qui vous appartient. Il a coûté tant, il vaut tant, il rapporte tant. » Je l'écoutais d'un air de complaisance, et, lorsqu'au bout d'un instant il voulait me faire répéter ma leçon de propriétaire, il se trouvait que je ne l'avais pas entendue, ou que je l'avais déjà oubliée. Ses chiffres ne me disaient rien ; je savais très bien dans quel blé poussaient les plus belles nielles et les plus belles gesses sauvages, dans quelle haie je trouverais des coronilles et des saxifrages, dans quel pré des mousserons ou des morilles, sur quelles fleurs, au bord de l'eau, se posaient les demoiselles vertes et les petits hannetons bleus ; mais il m'était impossible de lui dire si nous étions sur nos terres ou sur celles du voisin, où était la limite du champ, combien d'ares, d'hectares ou de centiares renfermait cette limite, si la terre était de première ou de troisième qualité, etc. Je le désespérais, j'étouffais des bâillements spasmodiques et je finissais par lui dire des folies qui le faisaient rire et gronder en même temps. « Ah ! pauvre tête, pauvre cervelle, disait-il en soupirant. C'est absolument comme son père ; de l'intelligence pour certaines choses inutiles et brillantes, mais néant en fait de notions pratiques ! Pas de logique, pas un grain de logique ! » Que dirait-il donc aujourd'hui s'il savait que, grâce à ses explications, j'ai pris une telle aversion pour la possession de la terre que je ne suis pas plus avancée à quarante-cinq ans que je ne l'étais à douze ! Je l'avoue à ma honte, je ne connais pas mes terres d'avec celles du voisin, et, quand je me promène à trois pas de ma maison, j'ignore absolument chez qui je suis.

Il semblerait qu'il fît tout son possible, ce brave homme, pour me dégoûter à tout jamais de ce qu'il appelait l'agriculture. Moi, j'adorais déjà, j'ai toujours adoré la poésie des scènes champêtres, mais il ne voulait m'y laisser voir rien de ce que j'y voyais. Si j'admirais la physionomie imposante des grands bœufs ruminant dans les herbes, il fallait entendre toute l'histoire du marché où le prix de ce bœuf avait été discuté, et la surenchère de tel fermier, et les grandes raisons que Deschartres, secondé par un intelligent marchois de sa connaissance, avait fait valoir pour le payer trente francs de moins. Et puis ce bœuf avait une maladie qu'il fallait connaître et examiner. Il avait le pied tendre, la corne usée, une maladie de peau, que sais-je ? Adieu la poésie et l'idéale sérénité de mon bœuf Apis, le roi des prairies ! Ces bons moutons qui venaient m'étouffer de leurs empressements pour manger dans mes poches, il fallait les voir trépaner parce qu'ils avaient une affection cérébrale ; c'était horrible. Il grondait terriblement les bergères, mes douces compagnes, qui tremblaient devant lui et s'en allaient en pleurant, tandis que moi, plantée à son côté comme juge et comme partie intéressée en même temps, je prenais en exécration mon rôle de *propriétaire* et de *maître* qui tôt ou tard devait me faire haïr. Haïr pour ma parcimonie ou railler par mon insouciance, c'était l'écueil inévitable, et j'y suis tombée. Les paysans de chez nous ont un grand mépris pour mon incurie, et je passe parmi eux depuis longues années pour une espèce d'imbécile.

Quand je voulais aller d'un côté, Deschartres m'emmenait d'un autre. Nous partions pour la rivière, qui, dans tout son parcours, sous les saules et le long des écluses du petit ravin, offre une suite de paysages adorables, des ombrages frais et des fabriques rustiques du style le plus pittoresque. Mais, en route, Deschartres armé de sa lunette de poche, voyait des oies dans un de nos blés. Il fallait remonter la côte aride, et, sous l'ardente chaleur de l'été, aller verbaliser sur ces oies, ou sur la chèvre qui pelait des ormeaux, déjà si pelés que je ne comprends guère le mal qu'elle y pouvait faire. Et puis on surprenait dans un arbre touffu un gamin volant de la feuille. L'âne du voisin avait franchi la haie et tondait dans nos foins la *largeur de sa langue*. C'étaient des délits continuels à réprimer, des exécutions, des menaces, des querelles de tous les instants, et qui s'engageaient parfois avec mes meilleurs amis. Cela me serrait le cœur, et, quand je le disais à ma grand'mère, elle me donnait de l'argent pour que je pusse, en cachette de Deschartres, aller rembourser les frais de l'amende au délinquant, ou porter de sa part les paroles de grâce.

Mais ce rôle ne me plaisait pas non plus ; il était loin de satisfaire mon idéal d'égalité fraternelle. En faisant grâce à ces villageois, il me semblait que je les rabaissais dans mon propre cœur. Leurs remerciements me blessaient et je ne pouvais pas m'empêcher de leur dire que je ne faisais là qu'un acte de justice. Ils ne me comprenaient pas. Ils s'avouaient coupables, très coupables dans la personne de leurs enfants, mauvais gardiens du petit troupeau. On voulait les battre en ma présence pour me donner satisfaction ; cela m'était odieux, et véritablement, me sentant devenir chaque jour artiste, avec des instincts de poésie et de tendresse, je maudissais le sort qui m'avait fait naître dame et châtelaine contre mon gré. J'enviais la condition des pasteurs. Mon plus doux rêve eût été de m'éveiller un beau matin sous leur chaume, de m'appeler Naniche ou Pierrot, et de mener mes bêtes au bord des chemins, sans souci de M. Lhomond et compagnie, sans solidarité avec les riches, sans appréhension d'un avenir qu'on me présentait si compliqué, si difficile à soutenir et si antipathique à mon caractère. Je ne voyais dans cette petite fortune qu'on voulait me faire compter et recompter sans cesse, qu'un embarras dont je ne saurais jamais me tirer, et je ne me trompais nullement.

[*Histoire de ma vie*, 1854.]

Marcel Scipion

Né en 1922

Berger, apiculteur, sourcier, Marcel Scipion est né dans une ferme du hameau de Vénascle, au-dessus de Moustiers-Sainte-Marie, dans les Alpes-de-Haute-Provence. Conteur de talent, il est l'auteur de plusieurs ouvrages autobiographiques (L'Arbre du mensonge, Le Sentier de Vénascle, L'homme qui courait après les fleurs) *dont le premier et le plus célèbre est* Le Clos du Roi, *publié en 1978.*
De ce livre, dédié à ceux qui furent ses « vrais maîtres : les bergers, les braconniers, les paysans, qui tous [lui] enseignèrent le goût de l'effort, de la vie modeste et des grands espaces », j'ai retenu un court extrait où Marcel Scipion revient, en guise de conclusion, sur l'un de ses plus chers souvenirs d'écolier. Le témoignage, émouvant, d'un temps où nature, transhumance et devoir scolaire ne faisaient qu'un…

L'ÉCOLIER DES ALPAGES

C'est à cet endroit, à 1 700 mètres d'altitude, que par un chaud jeudi de juin, j'ouvris mon cahier d'écolier pour rédiger la composition française que je devais présenter à la maîtresse le lendemain. Mon troupeau étant à la chaume, je m'étais installé sur la pierre plate d'une sembre, un de ces trous dans le rocher, en forme de cuvette que les bergers agrandissent au fer à froid et qui peuvent contenir une dizaine de litres d'eau de pluie. Ils le recouvrent d'une autre grosse pierre plate pour éviter que l'eau ne se souille : c'est là qu'ils viendront s'abreuver avec leurs chiens, car cette eau de roche est d'une fraîcheur incomparable.

« Le berger transhumant », tel était le sujet que j'allais traiter, en donnant tous les détails sur cette coutume ancestrale qui, chaque année, un pas après l'autre, monte bergers et troupeaux de la Basse-Provence jusqu'aux plus hautes vallées des Alpes. C'était encore le temps où on pouvait voir onduler, en juin, sur nos routes, ces flots laineux, à la cadence de quatre kilomètres à l'heure, et par étapes journalières de vingt-cinq kilomètres. Il leur fallait quinze jours de marche pour, de la plaine brûlée de Crau, rejoindre la haute et verdoyante vallée de l'Ubaye. Toisons grises des brebis, têtes cornues des boucs ensonnaillées d'énormes tabassons, dos bâtés des ânes chargés de victuailles, charreton traîné par la mère ânesse où s'entassaient les frusques des bergers et par-dessus, parfois, une bête blessée ou un agnelet, chiens fougueux et puissants, tout cela formait une masse compacte, toute de force et d'endurance. À l'arrière du flot, le maître baïle, tel un capitaine de vaisseau, l'œil rivé sur la longue houle, faisait monter, toujours plus haut, avec son gros bâton orné de clous bariolés, hommes et bêtes emmêlés. En juin, c'était bien le plus beau spectacle de notre Provence, ces migrations d'hommes et de bêtes totalement confondus pendant trois semaines de vie commune sur les routes. Et quelle attraction fascinante quand tout cela traversait nos villages !

Maladroitement sans doute, ma plume d'écolier essayait avec les mots de faire bruire sur le papier posé à même la pierre, le bêlement des bêtes, l'aboiement des chiens, les cris rauques des bergers de tête ou de queue, le tout enroulé dans le gai tintement des sonnailles. À ma grande surprise et à ma confusion, ma rédaction fut lue par la maîtresse à tous mes camarades d'école.

Antoine Sylvère

(1888-1963)

Né à Ambert, dans le Puy-de-Dôme, Antoine Sylvère fut une personnalité hors du commun. Venu au monde dans une famille de métayers très pauvres, il devient ouvrier à l'âge de treize ans et s'engage à dix-sept, sous un faux nom, dans la Légion étrangère, afin d'échapper aux poursuites de la police pour un vol et un meurtre accidentel. Acquitté par la cour d'assises de Riom en 1907, il entame des études d'autodidacte et obtient avant 1914 un diplôme d'instituteur, puis d'ingénieur. Après la première guerre mondiale, il est directeur d'usine dans le Nord, à Cambrai, mais, fidèle à ses origines sociales, entre rapidement en conflit avec le patronat sucrier de la région. Fondateur d'une coopérative anticapitaliste, dénoncée comme une intolérable « tentative subversive », il doit démissionner et vit alors, à Paris, de la publication d'articles scientifiques et d'une pension que lui verse, reconnaissante, la famille de ses anciens patrons. Résistant pendant la deuxième guerre mondiale, il doit peu à peu abandonner, dans l'après-guerre, toute activité professionnelle à cause de graves problèmes de santé. Il s'est éteint, en 1963, des suites d'un cancer, sans avoir pu achever ses mémoires. Intitulées Toinou *– le diminutif d'Antoine – et sous titrées « Le cri d'un enfant auvergnat », elles seront publiées en 1980 dans la belle collection « Terre humaine », fondée par Jean Malaurie. On lira ci-dessous les pages dans lesquelles Toinou, puisant dans ses plus anciens souvenirs, évoque l'éveil du besoin d'aimer, chez le petit paysan qu'il fut et n'aura, en définitive, jamais cessé d'être. À la fin de sa vie, Antoine Sylvère disait n'avoir pas voulu faire « œuvre littéraire » mais simplement souhaité témoigner, « rendre compte ». Il a eu tort. Il aura fait les deux, grâce à une écriture délicate, intelligente mise au service d'une introspection de la psychologie paysanne et humaine.*

LE PETIT PAYSAN ET LE BESOIN D'AIMER

C'est vers l'âge de deux ans et demi que se fixent mes premiers souvenirs. Ce fut un brusque réveil, à l'issue d'une nuit sans origine.

Ce jour-là, je me traînais sous la grande table en poussant des clameurs désespérées. J'avais un immense besoin de consolation et ma mère, très absorbée par un épluchage de légumes, affectait une coupable indifférence. Je considérais cette attitude comme une violation de mes droits. J'en déduisis que, si mes pleurs ne servaient à rien, je n'avais aucun moyen d'obtenir justice. Enfin, puisque ma mère s'entêtait à ne pas vouloir me consoler, je pris mon parti de me tirer d'affaire par mes propres moyens, de me consoler tout seul et je me formai l'opinion que les grandes personnes sont des utilités, intervenant quand il leur plaît, sans qu'on puisse les contraindre si elles se dérobent à leurs devoirs. Les pleurs cessèrent donc et l'exercice de la pensée fut dès lors pratiqué comme un jeu plein d'intérêt, le remède efficace contre tous les maux. À midi, ce même jour, je fis la connaissance de mon père qui me souleva pour m'embrasser, sans s'apercevoir que je le considérais avec un regard très différent, sans doute, de celui qu'il pouvait connaître. Je notai que sa barbe piquait douloureusement.

À partir de là, les jours se lièrent aux veilles et aux lendemains en une suite ininterrompue dont je n'avais encore jamais eu conscience... Plus tard, à cent reprises, je tentai d'extraire de ma mémoire quelque fait antérieur. Je me heurtais toujours à cet instant précis où je m'éveillai, criant mon chagrin sous la grande table. Je fis des efforts inouïs pour franchir ce mur de l'oubli total et remonter le cours du temps. J'attaquai l'obstacle avec opiniâtreté, sans autre résultat que de fixer d'une manière profonde et définitive la scène de mon plus ancien souvenir.

Dès mes premières pensées, je séparai donc complètement mes affaires de celles de mes parents. La règle ne connut que peu d'exceptions. Elle fut appliquée avec une rigueur absolue. J'avoue avec tristesse que les sentiments éprouvés pour mon père et ma mère, tant que dura mon enfance, ne méritent pas le terme, cependant très large, d'affection. Ils restèrent pour moi des personnages nécessaires, redoutables, et je n'ai pas d'explication valable à donner à cette brisure qui me sépara de ces braves gens ; ils aimaient leur petit comme ils le pouvaient, avec une tendresse malhabile constamment refoulée par le travail et les peines.

Notre vie familiale n'admettait pas d'effusions. Sur ce point, mes parents se montrèrent d'une pudeur rigoureuse et je ne me souviens pas de les avoir vus échanger un simple baiser au cours des années que je vécus près d'eux. Pour moi, la pratique du baiser tant maternel que paternel cessa bien avant l'époque fameuse de ma première culotte, non parce que je n'avais pas de goût à la chose, mais parce qu'on me déclarait trop grand. Je ne puis situer ni l'instant précis ni les circonstances qui m'imposèrent cette notion. Elle fut, en tout cas, une des premières que je devais acquérir.

Pourtant, dans le fond de mon cœur d'enfant, le besoin d'aimer se fit jour immédiatement et trouva ses objets. Grand-mère obtint d'emblée mon affection totale et ma confiance illimitée, débarrassées de tout mélange de crainte ou de simple intérêt. Tous les jeudis, quand elle venait nous voir avec son châle noir croisé sur la poitrine, son tablier de paysanne, ses rides et sa bouche édentée, je l'embrassais et lui marquais ma sympathie sans le moindre refoulement.

Et puis, surtout, il y eut le Duret, le petit domestique qui aidait mon père dans les travaux de la ferme. C'était un garçon de treize ou quatorze ans, hilare et plein de résolution. À mes yeux, il apparaissait comme un hercule bienveillant ayant pour mission de me protéger et de m'instruire de mille choses toutes plus amusantes les unes que les autres.

Quand il partait garder les vaches, sous les chênes, dans les prairies bordant la rivière, il m'emmenait avec lui et je vivais des heures de bonheur, ma petite main serrée dans la grosse patte de mon ami. Il me soulevait pour franchir des fossés profonds. Nous mettions en fuite des bêtes redoutables et, s'il n'y avait rien de mieux à faire, nous prenions du poisson. Insensible aux ronces qui me griffaient au passage, je furetais le long des haies à la recherche d'une brèche. J'apercevais parfois alors la grande tache lumineuse d'un champ de colza : quand les tiges ondulaient sous le vent, on aurait dit une rivière de pièces d'or.

Le jour où je fus lancé en l'air par un coup de corne de la génisse l'Étoile qui était très méchante, le Duret la roua de coups un long après-midi. Il lui donna, avec son bâton, une chasse furieuse qu'il interrompit juste un instant pour me rassurer :

« *À djà pa peùr, Toinou !*[1] »

Dans un tas de fagots, nous dénichâmes un putois : la bête fila vers la rivière, poursuivie par la Mourette, la chienne noire. Une bataille violente s'engagea, rougissant les eaux. Le Duret sauta tout habillé dans la rivière pour prêter main-forte. Il revint, tenant dans sa main une longue bête grise à l'odeur forte et dont il souleva les lèvres pour me faire tâter les dents.

Certes non, je n'avais pas peur avec le Duret...

Un jour, le garçon vint m'embrasser en pleurant pendant que ma mère, me portait au lit. Il ne me répondit pas quand je lui demandai :

« *Perque tü puris, Duré ?*[2] »

Les travaux saisonniers de la métairie avaient pris fin. Pendant l'hiver, mes parents ne pouvaient s'embarrasser d'un aide qu'ils ne payaient qu'avec bien des difficultés tant que durait le travail productif. Son temps fini, vers la Saint-Martin, le Duret regagnait son village.

Dès mon réveil, je cherchai mon ami :

« Il est parti, le Duret, dit ma mère, il est allé avec son père et il ne reviendra plus dans la maison... »

Je ne répondis rien et ne laissai point voir ma conviction que, si la maison n'était pas celle du Duret, il n'y avait pas de raison qui pût m'y garder plus longtemps. Je ne concevais pas la vie sans le Duret, je n'avais qu'à me mettre à sa recherche pour aller vivre avec lui. Très certainement il m'attendait quelque part.

Le soir même, je partis à l'aventure et pris le premier chemin venu qui, par hasard, conduisait vers la ville. Je marchai tant que mes jambes voulurent me porter. J'errai jusqu'à la nuit close dans les rues, sans répondre aux gens surpris de voir un bambin en robe qui semblait parfaitement savoir où il allait et ne donnait pas le moindre signe d'indécision ou d'inquiétude.

1. Aie pas peur, Toinou !

2. Pourquoi tu pleures, Duret ?

Enfin, épuisé, gêné par l'obscurité, j'avisai les marches d'un perron. Je vins m'y asseoir en pensant au Duret que je retrouverais sûrement – il n'y en avait pas deux comme lui ! Là-dessus, je m'endormis.

Je fus réveillé par mon père qui, d'une main, me secouait, cependant que de l'autre il me fouettait. Autour de nous, se tenait un grand nombre de voisins porteurs de lanternes. Je fus ramené à la maison où ma mère, pendant ce temps, connaissait mille transes. Lorsqu'on me mit au lit, il y avait longtemps que je ne souffrais plus de la fessée qu'on m'avait donnée mais la perte de mon ami, le Duret, fut une plaie vive qui saigna longtemps.

Claude Vigée

Né en 1921

Docteur en philosophie, spécialiste de littérature française, poète de renommée internationale, Claude Vigée est né à Bischwiller, dans le Bas-Rhin. Issu d'une famille juive installée en Alsace depuis plus de trois siècles, il est expulsé de sa région natale, avec tous les siens, à la suite de l'occupation hitlérienne. Durant les deux premières années de la guerre, il participe à l'organisation de la Résistance juive à Toulouse et publie alors ses premiers vers dans Poésie 42, *la revue de Pierre Seghers. En 1943, après l'invasion de la zone libre par les Allemands, il doit à nouveau s'exiler et se réfugie aux États-Unis, où il demeurera dix-sept ans, enseignant la littérature française dans plusieurs universités. Arrivé en Israël au cours de l'été 1960, il est nommé professeur de littérature française et comparée à l'université hébraïque de Jérusalem et y exerce, jusqu'à la retraite, en 1983. Auteur d'une œuvre poétique de nombreuses fois couronnée (prix Johann-Peter Habel 1984, Grand prix de poésie de la Société des gens de lettres 1987, Grand prix de poésie de l'Académie française 1996, etc.) et aujourd'hui installé à Paris, Claude Vigée a raconté l'Alsace de son enfance dans* Un panier de houblon, *dont le premier tome, sous-titré «La Verte Enfance du monde», est paru en 1994 et le second, «L'Arrachement», l'année suivante.*

«Je suis un Juif alsacien ; donc doublement Juif et doublement Alsacien, écrivait en 1982 Claude Vigée dans Les Orties noires. *Je me reconnais tous les jours des traits de caractère alsaciens : l'obstination au travail, l'humour par-delà les interdits assimilés inconsciemment. Des traits de caractère juifs aussi : et avant tout cette joie sans raison goûtée chaque jour dans la vie, quand il n'y a vraiment pas de quoi ! (…) Moitié apocalyptique, moitié messianique et toujours un peu danseur de cordes : c'est peut-être cela, être Juif alsacien.» On retrouvera, dans les pages du* Panier de houblon *reproduites ci-dessous, les marques de cette double identité. Ainsi que la langue du poète et l'intelligence de l'homme…*

À VÉLO, AVEC GEORGI

L'animal, le végétal, le minéral, tous les règnes de la nature à la fois, entre lesquels je ne faisais alors que peu de distinctions, satisfaisaient ma passion de savoir innée. Mais plus que tout m'enchantaient les balades en rase campagne, campé solidement sur le porte-bagages de la bicyclette, accroché des deux mains à la selle de cuir brune derrière mon cousin favori, qui pédalait à travers champs à toute allure. Il savait éviter au dernier instant les ornières boueuses remplies de bouses de vache ou de purin odorant, puis contournait avec adresse les gros cailloux branlants semés sur les chemins de terre meuble, encore détrempés par les averses du printemps, qui sillonnaient autour de nous à perte de vue les champs de tabac, de colza, de maïs, les carrés des houblonnières et la lisière des bois. Au printemps, déjà, Georgi et moi nous passions comme un bolide par les roselières et les prairies humides des bords du Rhin, fleuries de primevères, de jonquilles, de hautes marguerites blanches, de boutons d'or qui éclataient à la lumière du matin. Dans nos régions, dès le début du mois de mai, la nature encore libre se parait de fleurs sauvages sans nombre. Les petites collines de l'avant-Ried, couvertes de bluets, piquées çà et là de bouquets de coquelicots écarlates, rivalisaient avec le jardin d'Éden par l'abondance de leur végétation d'un vert acide juteux. Leurs vastes lignes ondulantes étaient entrecoupées par les bosquets d'aulnes, de bouleaux, de trembles aux teintes plus sombres, qui frissonnaient au moindre souffle venu du grand fleuve tout proche. On entendait de loin le mugissement des sirènes sur les péniches qui remontaient le Rhin. Leur appel poignant, sourd et bref, nous parvenait à travers d'obscurs marécages riverains plantés de rangées de saules trapus et de peupliers élancés. Leur jeune feuillage murmurait inlassablement dans la brise matinale, très haut là-bas, au-dessus de nos têtes, parmi les petits nuages blancs de l'été.

On s'attardait parfois dans le sous-bois, avec l'espoir d'y faire, selon les richesses de la saison, provision de noisettes fraîches, ou de myrtilles aux pupilles noires et luisantes, à l'abri de la frondaison des vieux chênes reverdis. À l'approche de l'automne, nous nous arrêtions en forêt pour la sieste ou le goûter de quatre heures, en grignotant quelques biscuits Lu au pourtour carré et dentelé, couchés sur la mousse où les feuilles dorées de septembre commençaient à descendre en tournoyant lentement, avant de virer au rouge sombre annonciateur de l'agonie.

Mais au début de l'été, quand Georgi arrivait de Strasbourg pour les grandes vacances, c'est en divisant un océan de blés mûrissants, dont la houle de cuivre vert ondoyait doucement au vent du soir, que nous rentrions tout grisés d'air tiède à la maison, par les sentiers étroits saturés de lumière vespérale qui délimitaient alors la surface minuscule des champs de céréales alsaciens. Les barbiches des épis déjà hauts fouettaient mes cuisses nues et piquaient mes oreilles au passage de la bicyclette entre les rangées de la moisson. Parfois même elles s'accrochaient en crissant le long de la chaîne d'acier luisante de notre Terrot ; elles tournaient dans sa roue de traction aux dents aiguës, comme une crinière fauve qui sifflait entre les jambes agiles du cycliste. Georgi, encouragé par mes cris de joie, s'efforçait en ahanant de remonter les pentes du dernier coteau, avant l'instant divin entre tous de la descente en roue libre au milieu des vergers de la Bleich, croulants tantôt sous le poids des cerises aigres, tantôt sous le fardeau des reines-claudes aux joues fendues par le bec des oiseaux, éclairés enfin par le feu des mirabelles coulées dans l'or pur de l'arrière-saison.

Ces randonnées précoces autour de Bischwiller, emporté à califourchon sur le porte-bagages de mon cousin Georgi, comptent parmi mes plus chers souvenirs d'enfance. Je leur dois ma découverte de l'immensité d'un monde pourtant si proche, l'initiation encore innocente à la beauté gratuite et infinie des choses, l'affrontement initial – vécu brièvement sans angoisse ni regrets –, de l'espace qui nous engloutit.

En faisant derrière Georgi l'apprentissage heureux et insouciant de la vie, j'éprouvais comme un avant-goût du destin qui nous lance en avant, nous porte un instant sur ses ailes moqueuses et complices, puis nous abandonne sans merci, nous laissant tomber soudain comme une pierre au fond des ténèbres à venir.

LES JUIFS DE BISCHWILLER

Les Juifs en Alsace, en général, ne dissimulaient leur identité ni dans les villes, ni dans les villages. À Bischwiller, par exemple, j'entendais souvent en me réveillant au petit jour un martèlement sourd de sabots sur la voie publique. Une vraie corrida passait, me semblait-il, à côté de la maison. Me penchant vite à ma fenêtre, je voyais défiler dans la rue des Rames une cavalcade de bovins, vaches, génisses, veaux et bœufs mêlés, qu'un berger curieusement accoutré poussait devant lui sur le chemin de l'abattoir ou de la foire aux bestiaux hebdomadaire. Celui qui faisait avancer dans nos ruelles étroites les bêtes à cornes récalcitrantes était fréquemment un marchand de bestiaux juif, un « Kühjudd » au dire des chrétiens, un « Péimèsshèndler » dans le patois de mes ancêtres. La plupart de nos coreligionnaires étaient encore désignés, à l'époque, par le métier qu'ils exerçaient. Même les grands professeurs de médecine à Strasbourg avaient leur sobriquet professionnel. Aussi existait-il dans notre folklore familial une dynastie de « Cœurs-Blum », de « Mayer aux Os », de « Sucre-Cahn » (contre le diabète), de « Bloch les Tripes », sans compter les spécialistes attitrés du rein, des poumons, ou du système nerveux, « Dr Nerfe-Lévy ».

Dans mon enfance vivaient encore une bonne demi-douzaine de Juifs-aux-bestiaux dans notre petite cité. La procession matinale arrivait en trombe sous nos volets encore clos, le marchand courant après les animaux effarés qu'il surveillait de près. Coiffé d'une casquette à visière plate en cuir bouilli ou d'un bonnet de nuit à pompon, il portait en guise de sarrau une longue tunique de coton noir ou bleu roi, dont les manches lui pendaient jusqu'aux genoux. Il tenait en main un gros bâton, à l'aide duquel il caressait occasionnellement les flancs des bêtes pour les empêcher de rebrousser chemin ou de divaguer à gauche et à droite. Ce n'était pas un métier de tout repos de guider un troupeau entier vers l'abattoir, sur la route d'Oberhoffen. Les bestiaux semblaient deviner ce qui les attendait au bout du chemin, mus par un instinct universel face à la mort prochaine. Près des rives de la Moder, en été, on voyait souvent quelques têtes de bœufs fraîchement coupées descendre pensivement le fil de l'eau, à côté de plongeoirs en bois branlants de la vieille Natation municipale.

Le marchand, pour maîtriser les animaux affolés, criait sur les flancs et les cornes à tue-tête. Il articulait ses jurons dans un dialecte juif des plus savoureux, afin que nul d'entre eux ne s'y méprenne : « Mammzèr-béniddé, ratz, géih... ». Ce qui veut dire en bon français : « Bâtard issu des menstrues de ta mère, grouille-toi, avance ! » Parmi les maquignons, personne n'avait honte de parler le patois immémorial des Juifs d'Alsace. Ils ne s'embarrassaient encore ni de *Schneckedäntz,* de « danses d'escargots », ni d'entrechats à la parisienne. Leur idiome judaïque leur paraissait tout à fait naturel, puisqu'il avait cours depuis tant de générations. Ce jargon spécial faisait partie de l'odeur de fumier forte et saine que l'on respirait avec le parfum des champs, des prés, des vergers et des vignobles dans nos campagnes bas-rhinoises. On ignorait encore dans ces heureux temps ce qu'était la pollution atmosphérique, et personne alors ne se préoccupait d'écologie, sauf les bœufs sur le chemin de l'abattoir.

Dans mes oreilles retentissent toujours les appels et les cris qui remplissaient notre petite rue dans les heures grises des matins de l'enfance. J'entends le piétinement confus des sabots sur le chemin de terre battue, le bruit de chute du gravier qui retombe, les blasphèmes du cow-boy juif en galoches et en blouse bleue qui s'évertue comme un beau diable derrière son troupeau de bovins en délire.

Henri Vincenot

(1912-1985)

Né à Dijon, Henri Vincenot fut un Bourguignon dans l'âme, un bon vivant qui pensait que « bien manger et bien boire, c'est aussi communier avec Dieu ». Diplômé d'HEC, longtemps journaliste à La Vie du rail, *il aura goûté à toutes les formes d'art, théâtre, musique, sculpture, peinture ou dessin, mais il aura surtout excellé dans l'écriture, commencée très tôt, dès l'âge de huit ans. « Ce qui m'intéressait, dira-t-il plus tard, c'était de "conter". » Romans, nouvelles ou essais, il a publié de très nombreux ouvrages sur les chemins de fer* (La Vie quotidienne dans les chemins de fer aux XIXe siècle, Les Voyages du professeur Lorgnon) *ou sa Bourgogne natale* (Récits des Friches et des Bois, Le Pape des escargots, Le Maître des abeilles), *souvent primés, et dont le plus célèbre est* La Billebaude, *cette « chasse au hasard » qu'il pratiquait, enfant, avec son grand-père.*

Tout en ne manquant jamais de régler ses comptes avec le monde urbain, Henri Vincenot relate dans ce livre ses souvenirs de jeunesse, dans la Bourgogne des années vingt et trente, à Commarin, dans l'Auxois. J'en ai sélectionné un court extrait, consacré au passage du certificat d'études. On y appréciera le talent du conteur, assorti d'un hommage plein d'humour à l'accent bourguignon.

LA DICTÉE FRANCO-BOURGUIGNONNE

Le maître d'école présentait cette année-là quatre élèves. Tout le village était aux portes pour nous regarder partir, à l'aube, en grande pompe, dans le char à banc du château, prêté comme de coutume par M. le Comte et conduit par Hippolyte, le cocher. Attelage de luxe qui nous conférait, dès notre arrivée parmi les autres concurrents, une sorte de supériorité fort gênante : « Toujours fiers les Pèle-chiens de Commarin » (c'était le sobriquet trivial que nous avait valu notre réputation plus de deux fois millénaires).

La première épreuve fut la dictée. Affreux souvenir qui me donne encore des cauchemars. En effet, n'avait-on pas choisi, pour dicter, un bel homme, fort imposant, tout de noir vêtu, avec col cassé, cheveux en brosse, barbichette, manchette, chaîne et pendeloque en or sur son gilet gris (c'était là l'uniforme des inspecteurs primaires et des francs-maçons) qui était un « étranger », un « homme de Paris », je l'ai su plus tard et, de ce fait, parlait une drôle de langue qui provoqua parmi nous la panique dès qu'il annonça le titre de la dictée. Qu'on en juge :

« Le bon dégustatar… ? »

Nous nous regardâmes atterrés. Le texte qui venait ensuite n'était pas plus clair, et c'est la mort dans l'âme que nous nous mîmes à écrire, comme nous le pouvions, cette langue bizarre qui pourtant avait, par moments, des ressemblances indiscutables avec la nôtre. Nous donnions des signes d'un tel affolement que les instituteurs qui nous surveillaient se penchèrent sur nos feuilles et, à leur tour, levèrent les bras au ciel. Les meilleurs élèves avaient, pour les deux premières phrases, plus de vingt fautes. Les examinateurs se concertèrent, et il fut décidé que l'on recommençait immédiatement l'épreuve, mais cette fois sous la dictée d'un maître indigène qui, lui, prononça comme il faut : « Le bon dégustateur », avec ce « eur » local dont aucun signe orthophonique ne peut donner l'idée à ceux qui ne l'ont jamais entendu de la bouche d'un Auxois. La « foré » redevint, comme il se doit, la « forêt », les « pattes » redevinrent les « pâtes », la « botté » redevint la « beauté » et les passés simples furent enfin ce qu'ils étaient : des imparfaits.

Les autres épreuves se déroulèrent normalement et, pour le repas de midi, la plupart des élèves le prirent sur le pouce, assis par terre sous le préau de l'école. Moi, j'étais invité chez l'oncle Bouhier, un emboucheur à forte moustache. La tante, dont la parenté m'échappait alors, me servit un repas léger comme cela s'impose un jour d'examen : une meurette de tanches avec des croûtons aillés et une daube aux carottes, avec une simple tarte aux pruneaux. Il est évident qu'ainsi lesté, j'étais mieux armé que mes camarades pour affronter les épreuves de l'après-midi.

À table, j'avais bien sûr conté à l'oncle la mésaventure de la matinée. D'un naturel sanguin, il piqua une colère rouge en disant, en patois :

« Mais non, mais non, mais c'est pas possible ! Pour faire passer un examen sérieux comme celui-là, on pourrait tout de même mettre des instruisous qui parlent français ! »

Et la tante, en français, car, née au chef-lieu de canton, elle se devait de surveiller son langage :

« ... Ou tout au moins des gens qui ne fassent pas de fautes d'orthographe en parlant ! »

Quoi qu'il en fût, le soir, mon nom venait en tête de la liste des candidats reçus aux épreuves de ce sacré certificat d'études...

Émile Zola

(1840-1902)

Auteur prométhéen et prolifique, Émile Zola a déclenché par ses écrits littéraires ou politiques de nombreuses polémiques, de L'Assommoir, *son premier grand succès populaire, à l'illustre* J'accuse *de l'affaire Dreyfus.* La Terre, *roman beauceron inséré dans l'édifice des* Rougon-Macquart *et par lequel Zola voulait faire pour le paysan ce qu'il avait fait pour l'ouvrier avec* Germinal, *provoqua lui aussi, dès sa parution, en 1887, un flot de réactions indignées. Méconnaissance du monde rural « visité à bord d'une calèche », vision caricaturale et délibérément noircie du paysan, obsession de la luxure et du bestial, « maître [du naturalisme] descendu au fond de l'immondice », « recueil de scatologie » ou « Géorgiques de la crapule », tels furent quelques-uns des commentaires, quolibets et autres insultes que s'attirèrent* La Terre *et son auteur.*

De cette œuvre, il est vrai peu amène à l'égard de la paysannerie mais témoignant bien, par là même, de la face noire du monde rural, j'ai retenu deux passages consacrés à la vie sexuelle des adolescentes. On lira d'abord le récit du dépucelage de Françoise, une jeune fille de quinze ans qui, après avoir repoussé les assauts de Buteau, son beau-frère, finit par céder à Jean, un ancien menuisier devenu valet de ferme. Dans le second extrait, on suivra la Trouille, une fillette de douze ans, et son père, Hyacinthe Fouan, dit Jésus-Christ, un buveur invétéré, vivant de braconnage, de menus larcins et donc obsédé par la crainte de se faire lui-même voler ; déjà très attirée par « la chose », la Trouille recevra en ce jour de fête au village les coups de fouet qu'elle mérite !

Malgré la présence de quelques clichés – ah la terre féconde ! – on admirera dans ces pages la puissance évocatrice de Zola, faite d'une phrase rapide, d'un langage cru et d'observations sociales toujours pertinentes. Mais, surtout, on lui saura gré d'avoir mis l'accent sur les ravages de la société paysanne patriarcale. Là où tant d'autres, avant ou après lui, ne surent qu'encenser le pater familias…

LE DÉPUCELAGE DE FRANÇOISE

Côte à côte, Buteau et Françoise s'étaient couchés. Ils fumaient de sueur, maintenant qu'ils ne bougeaient plus, silencieux, les yeux clos. Tout de suite, un sommeil de plomb les accabla, ils dormirent une heure ; et la sueur ne cessait pas, coulait de leurs membres, sous cet air immobile et pesant de fournaise. Lorsque Françoise rouvrit les yeux, elle vit Buteau, tourné sur le flanc, qui la regardait d'un regard jaune. Elle referma les paupières, feignit de se rendormir. Sans qu'il lui eût encore rien dit, elle sentait bien qu'il voulait d'elle, depuis qu'il l'avait vue pousser et qu'elle était une vraie femme. Cette idée la bouleversait : oserait-il, le cochon, que toutes les nuits elle entendait s'en donner avec sa sœur ? Jamais ce rut hennissant de cheval ne l'avait irritée à ce point. Oserait-il et elle l'attendait, le désirant sans le savoir, décidée, s'il la touchait, à l'étrangler.

Brusquement, comme elle serrait les yeux, Buteau l'empoigna.

« Cochon ! cochon ! » bégaya-t-elle en le repoussant.

Lui, ricanait d'un air fou, répétait tout bas :

« Bête ! laisse-toi faire !... je te dis qu'ils dorment, personne ne regarde. »

À ce moment, la tête blême et agonisante de Palmyre apparut au-dessus des blés, se tournant au bruit. Mais elle ne comptait pas, celle-là, pas plus qu'une vache qui aurait allongé son mufle. Et, en effet, elle se remit à ses gerbes, indifférente. On entendit de nouveau le craquement de ses reins, à chaque effort.

« Bête ! goûtes-y donc ! Lise n'en saura rien. »

Au nom de sa sœur, Françoise qui faiblissait, vaincue, se raidit davantage. Et, dès lors, elle ne céda pas, tapant des deux poings, ruant de ses deux jambes nues, qu'il avait déjà découvertes jusqu'aux hanches. Est-ce qu'il était à elle, cet homme ? est-ce qu'elle voulait les restes d'une autre ?

« Va donc avec ma sœur, cochon ! crève-la, si ça l'amuse, fais-lui un enfant tous les soirs ! »

Buteau, sous les coups, commençait à se fâcher, grondait, croyait qu'elle avait seulement peur des suites.

« Foutue bête ! quand je te jure que je m'ôterai, que je ne t'en ferai pas, d'enfant ! »

D'un coup de pied, elle l'atteignit au bas-ventre, et il dut la lâcher, il la poussa si brutalement, qu'elle étouffa un cri de douleur.

Il était temps que le jeu finît, car Buteau, lorsqu'il se mit debout, aperçut Lise qui revenait, apportant le goûter. Il marcha à sa rencontre, la retint, pour permettre à Françoise de rabattre ses jupes. L'idée qu'elle allait tout dire, lui donnait le regret de ne pas l'avoir assommée d'un coup de talon. Mais elle ne parla pas, elle se contenta de s'asseoir au milieu des javelles, l'air têtu et insolent. Et, comme il recommençait à faucher, elle resta là, oisive, en princesse.

« Quoi donc ? lui demanda Lise, allongée aussi, lasse de sa course, tu ne travailles pas ?

— Non, ça m'embête ! » répondit-elle rageusement.

Alors, Buteau, n'osant la secouer, tomba sur sa femme. Qu'est-ce qu'elle foutait encore là, étendue comme une truie, à chauffer son ventre au soleil ? Ah ! quelque chose de propre, une fameuse courge à faire mûrir ! Elle s'égaya de ce mot, ayant gardé sa gaieté de grasse commère : c'était peut-être bien vrai que ça le mûrissait, que ça le poussait, le petiot ; et, sous le ciel de flamme, elle arrondissait ce ventre énorme, qui semblait la bosse d'un germe, soulevée de la terre féconde. Mais, lui, ne riait pas. Il la fit se redresser brutalement, il voulut qu'elle essayât de l'aider. Gênée par cette masse qui lui tombait sur les cuisses, elle dut s'agenouiller, elle ramassa les épis d'un mouvement oblique, soufflante et monstrueuse, le ventre déplacé, rejeté dans le flanc droit.

« Puisque tu ne fiches rien, dit-elle à sa sœur, rentre au moins à la maison… Tu feras la soupe. »

Françoise, sans une parole, s'éloigna. Dans la chaleur encore étouffante, la Beauce avait repris son activité, les petits points noirs des équipes reparaissaient, grouillants, à l'infini. Delhomme achevait ses ruches avec ses deux serviteurs ; tandis que la Grande regardait monter sa meule, appuyée sur sa canne, toute prête à l'envoyer par la figure des paresseux. Fouan alla y donner un coup d'œil, revint s'absorber devant la besogne de son gendre, erra ensuite de son pas alourdi de vieillard qui se souvient et qui regrette. Et Françoise, la tête bourdonnante, mal remise de la secousse, suivait le chemin neuf, lorsqu'une voix l'appela.

« Par ici ! viens donc ! »

C'était Jean, à demi caché derrière les gerbes, que, depuis le matin, il charriait des pièces voisines. Il venait de décharger sa voiture, les deux chevaux attendaient, immobiles au soleil. On ne devait se mettre à la grande meule que le lendemain, et il avait simplement fait des tas, trois sortes de murs entre lesquels se trouvait comme une chambre, un trou de paille profond et discret.

« Viens donc ! c'est moi ! »

Machinalement, Françoise obéit à cet appel. Elle n'eut pas même la défiance de regarder en arrière. Si elle s'était tournée, elle aurait aperçu Buteau qui se haussait, surpris de lui voir quitter la route.

Jean plaisanta d'abord.

« Tu es bien fière, que tu passes sans dire bonjour aux amis !

— Dame ! répondit-elle, tu te caches, on ne te voit pas. »

Alors, il se plaignit du mauvais accueil qu'on lui faisait maintenant chez les Buteau. Mais elle n'avait pas la tête à cela, elle se taisait, elle ne lâchait que des paroles brèves. D'elle-même, elle s'était laissée tomber sur la paille, au fond du trou, comme brisée de fatigue. Une seule chose l'emplissait, était restée dans sa chair, matérielle, aiguë : l'attaque de cet homme au bord du champ, là-bas, ses mains chaudes dont elle se sentait encore l'étau aux cuisses, son odeur qui la suivait, son approche de mâle qu'elle attendait toujours, l'haleine coupée, dans une angoisse de désir combattu. Elle fermait les yeux, elle suffoquait.

Jean, alors, ne parla plus. À la voir ainsi, renversée, s'abandonnant, le sang de ses veines battait à grands coups. Il n'avait point calculé cette rencontre, il résistait, dans son idée que ce serait mal d'abuser de cette enfant. Mais le bruit de son cœur l'étourdissait, il l'avait tant désirée ! et l'image de la possession l'affolait, comme dans ses nuits de fièvre. Il se coucha près d'elle, il se contenta d'abord de sa main, puis de ses deux mains, qu'il serrait à les broyer, en n'osant même les porter à sa bouche. Elle ne les retirait pas, elle rouvrit ses yeux vagues, aux paupières lourdes, elle le regarda, sans un sourire, sans une honte, la face nerveusement allongée. Et ce fut ce regard muet, presque douloureux, qui le rendit tout d'un coup brutal. Il se rua sous les jupes, l'empoigna aux cuisses, comme l'autre.

« Non, non, balbutia-t-elle, je t'en prie… c'est sale… »

Mais elle ne se défendit point. Elle n'eut qu'un cri de douleur. Il lui semblait que le sol fuyait sous elle ; et, dans ce vertige, elle ne savait plus : était-ce l'autre qui revenait ? elle retrouvait la même rudesse, la même âcreté du mâle, fumant de gros travail au soleil. La confusion devint telle, dans le noir incendié de ses paupières obstinément closes, qu'il lui échappa des mots, bégayés, involontaires.

« Pas d'enfant… ôte-toi… »

Il fit un saut brusque, et cette semence humaine, ainsi détournée et perdue, tomba dans le blé mûr, sur la terre, qui, elle, ne se refuse jamais, le flanc ouvert à tous les germes, éternellement féconde.

Françoise rouvrit les yeux, sans une parole, sans un mouvement, hébétée. Quoi ? c'était déjà fini, elle n'avait pas eu plus de plaisir ! Il ne lui en restait qu'une souffrance. Et l'idée de l'autre lui revint, dans le regret inconscient de son désir trompé. Jean, à son côté, la fâchait. Pourquoi avait-elle cédé ? elle ne l'aimait pas, ce vieux ! Il demeurait comme elle immobile, ahuri de l'aventure. Enfin, il eut un geste mécontent, il chercha quelque chose à lui dire, ne trouva rien. Gêné davantage, il prit le parti de l'embrasser ; mais elle se reculait, elle ne voulait plus qu'il la touchât.

« Faut que je m'en aille, murmura-t-il. Toi, reste encore ».

Elle ne répondit point, les regards en l'air, perdus dans le ciel.

« N'est-ce pas ? attends cinq minutes, qu'on ne te voie pas reparaître en même temps que moi. »

Alors, elle se décida à desserrer les lèvres.

« C'est bon, va-t'en ! »

Et ce fut tout, il fit claquer son fouet, jura contre ses chevaux, s'en alla à côté de sa voiture, d'un pas alourdi, la tête basse.

Cependant, Buteau s'étonnait d'avoir perdu Françoise derrière les gerbes, et lorsqu'il vit Jean s'éloigner, il eut un soupçon. Sans se confier à Lise, il partit, courbé, en chasseur qui ruse. Puis, d'un élan, il tomba au beau milieu de la paille, au fond du trou. Françoise n'avait point bougé, dans la torpeur qui l'engourdissait, ses yeux vagues toujours en l'air, ses jambes restées nues. Il n'y avait pas à nier, elle ne l'essaya pas.

« Ah ! garce ! ah ! salope ! c'est avec ce gueux que tu couches, et tu me flanques des coups de pied dans le ventre, à moi !... Nom de Dieu ! nous allons bien voir. »

Il la tenait déjà, elle lut clairement sur sa face congestionnée qu'il voulait profiter de l'occasion. Pourquoi pas lui, maintenant, puisque l'autre venait d'y passer ? Dès qu'elle sentit de nouveau la brûlure de ses mains, elle fut reprise de sa révolte première. Il était là, et elle ne le regrettait plus, elle ne le voulait plus, sans avoir elle-même conscience des sautes de sa volonté, dans une protestation rancunière et jalouse de tout son être.

« Veux-tu me laisser, cochon !... je te mords ! »

Une seconde fois, il dut y renoncer. Mais il bégayait de fureur, enragé de ce plaisir qu'on avait pris sans lui.

« Ah ! je m'en doutais que vous fricassiez ensemble !... J'aurais dû le foutre dehors depuis longtemps... Nom de Dieu de cateau ! qui te fais tanner le cuir par ce vilain bougre ! »

LA « FÊTE » À LA TROUILLE

« Père, v'la pluie, je sors mes oies ! »

C'était la Trouille, la fille à Jésus-Christ, une gamine de douze ans, maigre et nerveuse comme une branche de houx, aux cheveux blonds embroussaillés. Sa bouche grande se tordait à gauche, ses yeux verts avaient une fixité hardie, si bien qu'on l'aurait prise pour un garçon, vêtue, en guise de robe, d'une vieille blouse à son père, serrée autour de la taille par une ficelle. Et, si tout le monde l'appelait la Trouille, quoiqu'elle portât le beau nom d'Olympe, cela venait de ce que Jésus-Christ, qui gueulait contre elle du matin au soir, ne pouvait lui adresser la parole, sans. Ajouter : « Attends, attends ! je vas te régaler, sale trouille ! »

Il avait eu ce sauvageon d'une rouleuse de routes, ramassée sur le revers d'un fossé, à la suite d'une foire, et qu'il avait installée dans son trou, au grand scandale de Rognes. Pendant près de trois ans, le ménage s'était massacré ; puis, un soir de moisson, la gueuse s'en était allée comme elle était venue, emmenée par un autre homme. L'enfant, à peine sevrée, avait poussé dru, en mauvaise herbe ; et, depuis qu'elle marchait, elle faisait la soupe à son père, qu'elle redoutait et adorait. Mais sa passion était ses oies. D'abord, elle n'en avait eu que deux, un mâle et une femelle, volés tout petits, derrière la haie d'une ferme. Puis, grâce à des soins maternels, le troupeau s'était multiplié, et elle possédait vingt bêtes à cette heure, qu'elle nourrissait de maraude.

Quand la Trouille parut, avec son museau effronté de chèvre, chassant devant elle les oies à coups de baguette, Jésus-Christ s'emporta.

« Tu sais, rentre pour la soupe, ou gare !... Et puis, sale trouille, veux-tu bien fermer la maison, à cause des voleurs ! »

(...) La veille, Jésus-Christ, enchanté, ayant eu la faiblesse de montrer à la Trouille les quatre pièces de cent sous, ne s'était endormi qu'en les tenant dans son poing fermé ; car la garce, la dernière fois, lui en avait effarouché une sous son traversin, en profitant de ce qu'il était rentré gris, pour prétendre qu'il devait l'avoir perdue. À son réveil, il eut une terreur, son poing avait lâché les pièces, dans le sommeil ; mais il les retrouva sous ses fesses, toutes chaudes, et cela le secoua d'une joie énorme, salivant déjà à la pensée de les casser chez Lengaigne : c'était la fête, cochon qui reviendrait chez soi avec de la monnaie ! Vainement, pendant la matinée, la Trouille le cajola pour qu'il lui en donnât une, une toute petite, disait-elle. Il la repoussait, il ne fut même pas reconnaissant des œufs volés qu'elle lui servit en omelette. Non ! ça ne suffisait pas d'aimer bien son père, l'argent était fait pour les hommes. Alors, elle s'habilla de rage, mit sa robe de popeline bleue, un cadeau des temps de bombance, en disant qu'elle aussi allait s'amuser. Et elle n'était pas à vingt mètres de la porte, qu'elle se retourna, criant :

« Père, père ! regarde ! »

La main levée, elle montrait, au bout de ses doigts minces, une belle pièce de cent sous qui luisait comme un soleil.

Il se crut volé, il se fouilla, pâlissant. Mais les vingt francs étaient bien dans sa poche, la gueuse avait dû faire du commerce avec ses oies; et le tour lui sembla drôle, il eut un ricanement paternel, en la laissant se sauver.

Jésus-Christ n'était sévère que sur un point, la morale. Aussi, une demi-heure plus tard, entra-t-il dans une grande colère. Il s'en allait à son tour, il fermait sa porte, lorsqu'un paysan endimanché, qui passait en bas, sur la route, le héla.

« Jésus-Christ! ohé, Jésus-Christ!

— Quoi?

— C'est ta fille qu'est sur le dos.

— Et puis?

— Et puis, y a un homme dessus.

— Où ça donc?

— Là, dans le fossé, au coin de la pièce à Guillaume. »

Alors il leva ses deux poings au ciel, furieusement.

« Bon! merci! je prends mon fouet!... Ah! nom de Dieu de salope qui me déshonore! »

Il était rentré chez lui, pour décrocher, derrière la porte, à gauche, le grand fouet de roulier dont il ne se servait que dans ces occasions; et il partit, le fouet, sous le bras, se courbant, filant le long des buissons, comme à la chasse, afin de tomber sur les amoureux sans être vu.

Mais, lorsqu'il déboucha, au détour de la route, Nénesse qui faisait le guet, du haut d'un tas de pierres, l'aperçut. C'était Delphin qui était sur la Trouille, et chacun son tour d'ailleurs, l'un en sentinelle avancée, lorsque l'autre rigolait.

« Méfiance! cria Nénesse, v'là Jésus-Christ! »

Il avait vu le fouet, il détala comme un lièvre, à travers champs.

Dans le fossé herbu, la Trouille, d'une secousse, avait jeté Delphin de côté. Ah! fichu sort, son père! Et elle eut pourtant la présence d'esprit de donner au gamin la pièce de cent sous.

« Cache-la dans ta chemise, tu me la rendras... Vite, tire-toi des pieds, nom d'un chien! »

Jésus-Christ arrivait en ouragan, ébranlant la terre de son galop, faisant tournoyer son grand fouet, dont les claquements sonnaient ainsi que des coups de feu.

« Ah, salope ! ah, catin ! tu vas la danser ! »

Dans sa rage, lorsqu'il eut reconnu le fils au garde champêtre, il le manqua, pendant que celui-ci, mal reculotté, s'enfuyait à quatre pattes parmi les ronces. Elle, empêtrée, la jupe en l'air, ne pouvait nier. D'un coup, qui cingla les cuisses, il la mit debout, la tira hors du fossé. Et la chasse commença.

« Tiens, fille de putain !... Tiens, vois si ça va te le boucher ! »

La Trouille, sans une parole, habituée à ces courses, galopait avec des sauts de chèvre. L'ordinaire tactique de son père était de la ramener ainsi à la maison, où il l'enfermait. Aussi essayait-elle de s'échapper vers la plaine, espérant le lasser. Cette fois, elle faillit réussir, grâce à une rencontre. Depuis un instant, M. Charles et Elodie, qu'il menait à la fête, étaient là, arrêtés, plantés au milieu de la route. Ils avaient tout vu, la petite les yeux écarquillés de stupéfaction innocente, lui rouge de honte, crevant d'indignation bourgeoise. Et le pis encore fut que cette Trouille impudique, en le reconnaissant, voulut se mettre sous sa protection. Il la repoussa, mais le fouet arrivait ; et, pour l'éviter, elle tourna autour de son oncle et de sa cousine, tandis que son père, avec des jurons et des mots de caserne, lui reprochait sa conduite, tournant lui aussi, claquant à la volée, de toute la vigueur de son bras. M. Charles, emprisonné dans ce cercle abominable, étourdi, ahuri, dut se résigner à enfoncer la face d'Elodie dans son gilet. Et il perdait la tête à ce point, qu'il devint lui-même très grossier.

« Mais, sale trou, veux-tu bien nous lâcher ! Mais qui est-ce qui m'a foutu cette famille, dans ce bordel de pays ! »

Délogée, la Trouille sentit qu'elle était perdue. Un coup de fouet, qui l'enveloppa aux aisselles, la fit virer comme une toupie ; un autre la culbuta, en lui arrachant une mèche de cheveux. Dès lors, ramenée dans le bon chemin, elle n'eut plus que l'idée de rentrer au terrier, le plus vivement possible. Elle sauta les haies, franchit les fosses, coupa à travers les vignes, sans craindre de s'empaler au milieu des échalas. Mais ses petites jambes ne pouvaient lutter, les coups pleuvaient sur ses épaules rondes, sur ses reins encore frémissants, sur toute cette chair de fillette précoce, qui s'en moquait d'ailleurs, qui finissait par trouver ça drôle, d'être chatouillée si fort. Ce fut en riant d'un rire nerveux qu'elle rentra d'un bond et qu'elle se réfugia dans un coin, où le grand fouet ne l'atteignait plus.

« Donne tes cent sous, dit le père. C'est pour te punir. »

Elle jura qu'elle les avait perdus en courant. Mais il ricana d'incrédulité, et il la fouilla. Comme il ne trouvait rien, il s'emporta de nouveau.

« Hein ? tu les as donnés à ton galant... Nom de Dieu de bête ! qui leur fout du plaisir et qui les paye ! »

Et il s'en alla, hors de lui, en l'enfermant, en criant qu'elle resterait là toute seule jusqu'au lendemain, car il comptait ne pas rentrer.

La Trouille, derrière son dos, se visita le corps, zébré seulement de deux ou trois bleus, se recoiffa, se rhabilla. Ensuite, tranquillement, elle défit la serrure, travail pour lequel elle avait acquis une extrême adresse ; puis, elle décampa, sans même prendre le soin de refermer la porte : ah bien ! les voleurs seraient joliment volés, s'il en venait ! Elle savait où retrouver Nénesse et Delphin, dans un petit bois, au bord de l'Aigre. En effet, ils l'y attendaient ; et ce fut le tour de son cousin Nénesse. Lui, avait trois francs, l'autre, six sous. Lorsque Delphin lui eut rendu sa pièce, elle décida en bonne fille qu'on mangerait le tout ensemble. Ils revinrent vers la fête, elle leur fit tirer des macarons, après s'être acheté un gros nœud de satin rouge, qu'elle se piqua dans les cheveux.

[*La Terre*, 1887.]

Annexes

Index thématique

Index des œuvres [1]

1. Les titres en italiques renvoient aux œuvres d'où sont issus les extraits.

Table des matières

Maquette et mise en pages
Jean-François Bourdic, Alain Mala.

Achevé d'imprimer
en mai deux mil cinq
sur les presses de l'Imprimerie de la Manutention, à Mayenne,
pour le compte des Éditions Cénomane, au Mans.

Dépôt légal : mai 2005.